교과서가 담지 못한

에피소드
독립운동사

교과서가 담지 못한

에피소드
독립운동사

표학렬 지음

앨피

조선인들은 *비겁하지 않았다*

독립운동가는 모두 몇 명일까?

책을 쓰겠다고 마음먹고 처음 떠올린 질문이다. 그때만 해도 이 평범한 질문의 답을 찾는 것이 이토록 어려울 줄 몰랐다. '독립운동가'를 어떻게 정의 내리느냐에 따라 숫자가 달라질 테니 정답은 없더라도 인터넷을 검색해 보거나 관련 도서를 찾아보면 근거가 될 만한 자료를 금세 찾을 수 있을 줄 알았다. 하지만 몇몇 학자들이 인터뷰에서 짤막하게 답한 것 외에는, 이 질문의 답을 찾기가 정말 힘들었다.

누군가 지금 내게 똑같은 질문을 던진다면, 최소 100만 명 이상이라고 답하겠다. 100만 명이라니, 대단하지 않은가! 실제로는 이보다 더 많을 수도 있다. 근거가 무엇이냐고? 여러 주장과 자료를 찬찬히 살펴보자.

우선 일제에 학살당한 사람만 수십만 명에 이른다. 무단통치기인

1910년대 지방에서 즉결 처형당한 사람만 10만 명 이상으로 추정된다. 항일 시위에 참가한 사람의 수는, 일단 3·1운동 때만 200만 명이다. 이들이 모두 독립투사가 되지는 않았겠지만, 조선 독립을 가슴에 담고 일제 지배에 비협조적이었다면 독립운동가에 포함시킬 수 있을 것이다. 일제 지배에 협조할 수 없어 해외로 이주한 동포들은 또 얼마나 많은가. 연해주로 이주한 사람만 30만 명 이상이요, 30년대 일제가 만주 이주를 장려하기 전에 이미 만주로 이주한 사람도 수십만 명이다.

독립운동 단체에 가입한 사람으로 국한하면 많이 줄어들겠지만 이 역시 만만치 않은 숫자다. 일제가 학살한 독립군이 수만 명이고, 국내에서 독립운동을 펼칠 목적으로 학생단체를 만들거나 노조·농민회에 참가한 사람이 수만 명이며, 정기적으로 독립운동 모금에 참가한 사람(후원인)도 수만 명 이상이다. 이들만 합쳐도 10만 명을 훌쩍 넘는다. 그렇다면 아무리 적게 잡아도 독립운동에 참여한 사람은 수십만 명이며, 일제에 협조하지 않거나 희생당한 사람까지 포함하면 100만 명이 훨씬 넘는다. 그분들이 모두 지금 이 나라를 만든 '건국 세력'이다.

• • •

이 많은 사람들 중 우리가 아는 이가 얼마나 될까?

우리가 독립운동사를, 독립운동을 했던 사람들을 알아야 하는 이유는 무엇일까? 알아야 왜곡을 막을 수 있다. 지금도 근현대사를 둘러싸고 '건국 세력' 논쟁이 한창인데, 도대체 '건국 세력'은 어떤 이들을 지칭하는 말인가? 일제에 협력한 사람들인가, 아니면 일제에 협조하기를 거부하고 독립운동을 한 사람들인가? 일제가 패망한 뒤 대한민국 건국에 참여했다는 이유만으로 과거 친일의 혐의를 벗고 건국 공신이 될 수 있을까?

어느 강의에서 우리나라가 놀라운 경제성장을 이룬 것에서 우리 민족의 저력을 확인할 수 있다고 말했더니, 한 분이 반론을 제기하셨다. 한민족은 우매하며 오직 박정희 덕에 이만큼 살게 된 것이라고 했다. 왜 그분은 우리가 우매하다고 생각했을까? 비슷한 이야기를 많이 들어 봤을 것이다. '우리는 비겁하고 우매한 민족이어서 독립운동도 하지 않고 일제에 협력하다 재수 좋게 일제가 패망한 덕에 얼결에 독립은 했지만 가난에 분단에 고통만 받다가 겨우 박정희 덕에 이만큼 살게 되었다….'

독립운동사가 그래서 중요하다. 일제 침략의 역사만 강조하는 것은 반쪽 역사이다. 우리 힘으로 독립을 쟁취했다는 것, 그 속에서 민족의 자존을 찾아야만 현대사 발전의 동력을 우리 자신에게서 찾을 수 있다.

독립운동을 한다는 것은 스스로 고난의 가시밭길을 찾아 걸어들어가는 것이다. 도대체 무엇이 그들을 독립운동의 길로 이끌었을까? 독립을 해야 살 수 있었기 때문에, 독립은 선이고 친일은 악이었기 때문이다. 독립은 생존의 문제이자 시대 정의의 문제였다. 살기 위한, '정의로운 삶'을 살기 위한, 당연한 선택이었다.

독립운동가들은 결코 영웅이 아니다. 운동권이 아니다. 2016년 겨울 광화문 광장을 채운 사람들이 운동권이나 조직원들이 아니라 상식적인 사회를 만들고 잘못된 정치를 바로잡고자 하는 평범한 사람들이었던 것처럼, 독립운동가들 역시 식민지라는 사회적 모순에 고통 받는 평범한 사람들로서 상식이 통하는 세상을 만들기 위해 모순을 해결하려고 실천의 광장에 나선 사람들이었다.

이제 그들의 삶과 독립운동을 살펴보고자 한다. 나라를 잃은 것은 1910년이지만 일제 국권 침탈에 저항하는 독립운동은 을사조약(1905) 때부터 시작되었다. 외교권을 잃고 통감부가 설치되면서 통치권이 사실상 일제에 넘어갔기 때문이다. 이때부터 우리 민족은 전 민족적 저항을 시작하였으니, 그것이 바로 의병전쟁이었다. 당시 영국《데일리 메일Daily Mail》지 기자 프레더릭 매킨지Frederick McKenzie는 평민 의병들을 인터뷰하고 다음과 같이 말했다.

"조선인들은 비겁하지도 않았고 자기 운명에 대해 무심하지도
않았다."

• • •

이 책과 관련해 한 가지 고백할 것이 있다. 이 책의 초고를 완성
했을 때 48개 원고 중 여성 독립운동가 이야기는 유관순, 정종명,
가네코 단 3개뿐이었다. 한민족 3천만 명이 독립운동을 했건만, 교
과서를 비롯하여 거의 대부분의 책은 1,500만 명의 독립운동만 서
술한다. 나 또한 전작인 《에피소드 한국사》(근현대편)에서 일부만
다루었던 독립운동 이야기를 좀 더 다양하고 본격적으로 소개해
보겠다는 결심을 했으면서도, 여성 독립운동가들의 이야기는 오히
려 그때보다 더 적게 다룬 것이다. 그것이 나의 수준이자 한계였다.

그러던 중 도서관에서 정운현 선생의 《조선의 딸, 총을 들다》라
는 책을 만났다. 2016년 3월에 출간된 이 책은 여성 독립운동가 24
인의 이야기를 다루고 있다. 이 책을 보고서야 비로소 숨통이 트였
다. 이후 《한국 근대 여성 63인의 초상》, 《한국 근현대 여성사》, 《여
성사 다시 쓰기》를 비롯한 여러 책을 통해 퍼즐 맞추기가 가능해졌
다. 또 각종 전문 서적에 부기된 참고 자료와 관련 인물을 참고하여

연결된 이야기를 찾아보며 내용을 더 풍부하게 할 수 있었다.

　개인적으로 교과서에 실려 있는 광복군 결성식 기념사진 중 오른쪽에 있는 4명의 여성 대원들이 항상 궁금했다. 이들의 이름은 오광심, 조순옥, 김정숙, 지복영이다. 2016년 임정 기념사업회에서 발간한《사진으로 보는 대한민국 임시정부》에 단체 사진 속 인물들의 이름이 모두 밝혀져 있다. 항상 그렇지만, 다시 한 번 선배 역사학자와 작가 분들께 머리 숙여 감사를 표한다.

오광심, 조순옥, 김정숙, 지복영

● ● ●

　2014년 〈에피소드 한국사〉(전3권) 시리즈를 출간한 뒤, 독립운동가 이야기를 좀 더 풍부하게 다루지 못한 것이 아쉬움으로 남았다. 머릿속 구상이 현실화된 직접적 계기는 2016년 촛불집회였다. 10

월 하순부터 두 달간 하루에 원고지 10장 이상씩 써 내려갈 동력을 주신, 추운 겨울 뜨겁게 광장을 달구었던 모든 분들께 존경의 뜻을 표하고 싶다.

'지식 노동자'를 자처하는 필자에게 새로운 생산 목표를 던져 주고 그 결과물이 책으로 탄생하도록 애써 주는 앨피출판사에 감사드린다. 하루의 많은 시간을 학교에서 보내야 하는 고 3 담임이 공부하고 책을 쓰는 데 가장 큰 어려움은 책을 구해서 보는 것이다. 그런 점에서 한대부고 도서관과 사서 선생님은 은인 같은 존재이다. 또 절판된 책들을 비롯하여 구하기 어려운 책들을 여러 도서관에서 구해 준 아내와 응원해 준 아들에게 새삼 고마움을 표하고 싶다. 마지막으로 지식을 생각과 글로 풀 수 있도록 내 수업을 열심히 들어주고 자극을 주는 한대부고 학생들에게도 감사의 뜻을 전한다.

2017년 6월

표학렬

| 차례 |

제국주의와 독립운동

일제의 식민지배 정책과 독립운동의 관계를 살펴보려면, 먼저 20세기의 시대적 특성을 이해해야 한다. 20세기는 19세기의 민족주의를 넘어 '지구촌' 개념이 지배하던 시대였다.

초국적 자본이 지배하는 세계시장을 구축하려는 자본주의와 국제 프롤레타리아주의에 입각하여 세계혁명을 지향하는 사회주의가 대립했다. 세계를 하나의 '주의'로 통일하려는 두 이데올로기는 필연적으로 충돌하였고, 각 국가와 민족은 생존을 위해 연대하고 투쟁해야 했다.

일본 역시 세계시장을 향한 팽창을 일본의 나아갈 길로 정하고, 그 연장선상에서 조선 식민지배 정책을 결정했다. 따라서 독립운동도 일본의 총노선을 파탄시키는 방향으로 나아가야 했다. 세계사와 일본사, 독립운동을 떼어 놓고 볼 수 없는 것이다.

1910년대, 무단통치에 맞선 민족적 저항

1910년 8월 22일 한일병합조약이 체결되면서 대한제국이 멸망하고, 35년간의 일제강점기가 시작되었다. 1910년대는 제국주의 시대 말기에 해당한다. 제국주의 시대란 자본주의 시장을 식민지 형태로 확보하는 시대, 곧 자본주의 생존경쟁에서 식민지 확보가 반드시 필요한 시대였다. 강대국에게 식민지 운영과 유지는 '정의'이자 '질서'였으며, 이에 맞서는 독립운동은 '악'이고 '파괴'였다. 국제사회는 독립운동을 억압하는 데 발을 맞추었고, 강대국들에게 독립운동 세력은 오늘날의 반세계화 집단 같은 존재였다.

이런 시대에 국제적으로 고립된 독립운동은 매우 어려울 수밖에 없었다. 반대로 제국주의는 목적을 달성하고자 더욱 극악하게 날뛰었으니, 일제의 무단통치(헌병경찰 통치)가 바로 그러했다. 무단통치의 핵심은 토지조사사업 같은 시장 재편과 소유권 약탈이다. 일제는 토지조사사업으로 100만 정보(1정보=3천 평) 이상의 토지를 약탈했고, 이렇게 약탈한 토지를 총독부·동양척식주식회사(약칭 '동척')·일본인·친일파 조선인 등의 소유로 넘겼다.

또한 일제는 조선 경제를 일본 산업을 뒷받침하는 식량 생산 기지, 원료 기지, 노동력 제공지 등으로 재편하였다. 동학농민운동(1894) 이후 약화되었던 지주소작인 제도가 확대 강화되었고, 내수 산업은 몰락하고 일본 하청산업이 발전하기 시작했으며, 많은 노동자들이 일본으로 이주하였다.

1910년대 독립운동은 일제의 토지 약탈, 산업체 약탈에 맞선 민족의 저항이 그 핵심이었다. 그러나 즉결처분권을 가진 헌병경찰의 폭력적 탄압으로 강력한 투쟁을 펼칠 수 없었다. 독립운동 조직은 모두 비밀결사일 수밖에 없었으며, 따라서 독립운동 조직과 투쟁은 분산되고 산발적으로 이루어졌다. 독립운동 노선도 대한제국 부활을 추진하는 '복벽파復辟派'와 대한민국 수립을 주장하는 '공화파'로 나뉘었으며, 통일 조직을 만들 기회조차 없었다.

그럼에도 1910년대 독립운동은 국민 정서 속에 광범위하게 자리 잡고 있었다. '대한광복회', '독립의군부' 등 수많은 비밀결사 단체들이 활동하였고, 곳곳에서 일제의 재산 약탈에 저항하는 몸부림이 있었다. 농촌 지역에서 10만 명 이상이 즉결처분* 당했다고 할 만큼 토지조사사업에 맞선 지역의 저항도 격렬했다. 이는 정세 변화에 따라 독립운동이 폭발할 가능성을 예고하는 것이었다.

한편, 해외로 탈출하여 독립운동을 하는 이들도 많았다. 가장 많이 이주한 지역은 중국령 만주와 러시아령 연해주였다. 이들은 곳곳에 '신한촌新韓村' 등의 한인 집단 거주지를 만들고 민족교육과 독립자금 모금 등의 활동을 펼쳤으며, 독립군 비밀기지를 세워 전투훈련을 실시했다.

간도의 독립운동 기지인 삼원보三源堡에 독립군 사관학교인 '신흥무관학교'를 세워 장교들을 양성하였으며, 그 외에도 '경학사'·'중

----

* 즉결처분은 볼기를 치는 태형에서 처형까지 다양한 형태를 띠었다. '조선태형령' 11조 "태형은 감옥 또는 즉결관서에서 비밀리에 행한다." 같은 법령을 통해 알 수 있듯이, 즉결처분은 비밀리에, 제대로 보고되거나 집계되지 않고 이루어졌을 가능성이 높다. 따라서 당시 즉결처분의 형태와 횟수는 정확히 파악하기 어렵다. 1918년 1년 동안 즉결처분한 건수가 9만 4,640건, 태형 건수는 1918년부터 3년간 5만 7,324건이라는 기록이 있다.

광단'·'대한국민회' 등을 조직하였다. 연해주에서는 헤이그 밀사 이상설이 고종의 밀지를 명분으로 최초의 망명정부인 '대한광복군 정부'를 만들고 고종의 망명을 추진하였다. 미주(아메리카)에서는 이승만, 박용만 등이 '대한인국민회'와 '대조선국민군단'을 만들었 다. 이들 중 일부는 대한광복회 같은 국내 비밀결사와 연계하여 대 규모 투쟁을 준비하였다.

제1차 세계대전 이후, 문화통치와 전열 재정비

1914년부터 1918년까지 이어진 제1차 세계대전은 본질적으로 제 국주의 국가 간의 식민지 쟁탈전이었다. 또한, 산업혁명 이후 발달 한 '대량생산 – 대량소비' 시스템이 전쟁에 응용된 최초의 대학살 전쟁이었다. 즉, 공장의 대량생산 – 철도를 통한 대량 운송 – 시장의 대량소비 시스템이, 도시의 대량 징병 및 무기 대량생산 – 철도를 통한 대량 병력 수송 – 병력의 대량 소모로 응용된 것이다. 그 결과 제1차 세계대전은 병력 동원 6,500만 명, 사상자 3천여 만 명을 기 록하는 대학살극으로 치달았다. 19세기 최대 전쟁이었던 미국 남 북전쟁의 결과(병력 동원 300만 명, 사상자 70만 명)를 훌쩍 상회하는 엄청난 참사였다.

전쟁이 이처럼 대학살극으로 비화되자, 세계는 식민지 쟁탈전을 중지하고 평화로운 자유무역 시장을 만들기 위한 실천을 모색하 기 시작했다. 그 결과 제출된 것이 우드로 윌슨의 국제평화안 14개 조였다. 국제연맹 창설, 군축, 민족자결주의 등으로 요약할 수 있는

14개조는 승전국의 욕망 때문에 절반의 성공에 그쳤으나, 그래도 이로 인해 동유럽과 중동 등 일부 지역의 식민지가 독립하고 국제 연맹이 창설되었으며, 워싱턴회의(1921) 및 런던군축회의(1930) 등에서 해군력 등 많은 군비 축소가 합의되었다.

제1차 세계대전 결과 주목할 만한 또 하나의 세계사적 사건은, 러시아에서 일어난 사회주의 혁명이다. 이상理想으로만 존재했던 사회주의 국가가 출현하면서 자본주의 대 사회주의의 대립이 본격화되었다. 특히 소련의 지도자 레닌이 자본주의는 식민지를 통해 이윤을 창출하므로 식민지가 독립하면 자본주의도 무너질 것이라고 주장하면서, 식민지들의 강력한 후원국으로 등장했다.

일본은 제1차 세계대전에서 영·미·일 동맹을 계속 유지하여 승전국이 되었지만 전리품은 별로 얻지 못했다. 중국 진출은 미국의 반대로 좌절되었고, 전쟁 특수로 중화학공업이 비정상적으로 발달하여 농업과 경공업의 발목을 잡으면서 경제 불균형이 심화되었다. 전쟁 이후 군축 합의로 군사력은 오히려 약화되었고, 이에 대한 군수산업체와 군부의 불만은 커져 갔다. 권력은 천황에게 집중되어 있었지만, 다이쇼 천황(1912~1926)은 정신질환을 앓고 있는 정치적 무능력자였다.

일본은 사회불안을 억누를 폭압적 법안을 만드는 한편, 조선을 일본 자본의 숨통을 열어 줄 투자시장으로 적극 활용하기 위해 그동안 군부가 시행한 조선의 규제 중심 경제정책을 폐지하고 자유경제 체제를 도입했다. 회사령을 폐지해 기업 투자를 자유롭게 하고, 각종 상공업 활동을 허가제에서 신고제로 바꾸었으며, 도시의 소비문화를 육성해 시장 규모를 키우고, 산미증식계획(1920)을 수립하여 조선을 일본의 식량 부족을 해결할 쌀 생산기지로 만들고자 했다. 하지만 미국과 소련이 식민지 독립에 우호적 태도를 취하면서 이전처럼 폭압적인 식민지 착취가 어려워지자, 문화통치를 내세워 친일파를 통한 간접통치 방식으로 전환을 꾀하였다.

제1차 세계대전 종전과 윌슨의 14개조는 우리에게는 약간의 숨통을 틔워 주는 정세 변화였다. 이에 국내외 독립운동 세력은 적극적인 활동을 펼치는 것으로 방향을 전환했다. 해외에서는 1918년 만주에서 '무오독립선언'을 발표하고 비밀 독립군 기지들을 전투 부대로 재편하면서 북간도의 '북로군정서'와 '대한독립군', 서간도의 '서로군정서' 등이 국경 지대에서 전투를 시작했으며, 김규식을 파리에 파견하여 외교 활동을 펼쳤다. 국내에서는 1919년 고종의 장례식을 계기로 대규모 항쟁인 3·1운동이 일어났다. 3·1운동은 1918년 제1차 세계대전 종전 이후 바뀐 정세에서 일어난 최초의 전 민족적 대중투쟁이었다. 이후 중국 5·4운동, 인도 독립투쟁 등 세계 각지에서 대중적 독립운동이 연이어 일어났다.

3·1운동 진압 이후 해외 독립운동 세력은 임시정부를 수립하여 국제적 연대 속에 독립운동을 지속하였다. 소련·미국·중국 등 여러 나라의 진보 세력이 조선 독립운동을 지원하였고, 일본에서도 공산당이나 무정부주의자, 양심 세력 등이 독립운동을 후원하였다.

한편, 국내에서는 회사령 등 각종 규제가 풀리면서 민족 기업이 설립되고 이를 토대로 실력양성운동이 일어났으며, 농촌에서는 산미증식계획에 저항하는 대규모 소작쟁의가 일어났다. 고종의 죽음으로 복벽파가 몰락하고 공화파가 주도권을 잡자, 대한민국 수립을 목표로 노동운동·여성운동·학생운동·청년운동 등 다양한 계급·계층의 운동이 봇물 터지듯 벌어졌으며, 소련의 독립운동 지원 속에 사회주의 운동이 힘을 받아 1925년에는 일부 사회주의자들이 조선공산당 창당을 선포하기도 했다.

일제는 1925년 '치안유지법'을 제정하고 '미쓰야 협정'(조선총독부 경무국장 미쓰야 미야마쓰와 중국 만주의 지배자 장쭤린이 체결한 협약. 만주에서 활약하는 독립군을 체포하여 넘기면 일본이 대가를 지불하기로 함)을 체결하면서 독립운동 탄압에 박차를 가했다. 독립운동은 일본의 거센 탄압과 내부 분열로 잠시 어려움에 빠졌다.

임시정부는 분열되었고 독립군은 명맥만 유지하는 수준이었으며, 국내 운동은 이념 대립과 친일파의 배신으로 전열이 흐트러졌다. 이에 독립운동 세력은 '민족 유일당 운동'을 전개하며 독립운동 조직의 통일에 나섰고, 그 결과 국내에서는 1927년 신간회로, 만주에서는 1929년 국민부로 통일되었다.

일제의 팽창과 몰락, 독립운동의 국제적 연대

1926년 다이쇼 천황이 죽고 쇼와 천황이 즉위했다. 천황에게 모든 권력이 집중되는 절대 천황제에서 25세의 젊은 쇼와 천황은 군부와 재벌에게 경도되어 있었다. 군축과 자유무역에 불만을 품은 그들은 팽창을 원했다. 바로 대륙 침략이었다.

1929년 세계 경제 대공황이 일어나면서, 제1차 세계대전 이후 미국이 주도하던 자유무역 체제 속에서 누리던 호황이 무너져 버렸다. 살 길은 과거로 돌아가는 것뿐이었다. 영국은 파운드 블록, 프랑스는 프랑 블록을 구축하여 본국과 식민지를 연결하는 배타적 경제권을 만들었다. 이에 독일·일본 등은 새로운 식민지를 찾아 군비를 팽창하고 이웃 나라를 침략했다. 그것이 바로 1931년 만주 사변, 1937년 중일전쟁, 1939년 제2차 세계대전, 1941년 태평양전쟁으로 이어지는 이른바 '15년 전쟁'이다.

현대전은 경제력을 바탕으로 한 소모전이므로 자원이 절대적으로 중요했다. 일본은 이미 30년대 초반부터 조선에서의 수탈을 강화했다. 남쪽에서는 목화를 가꾸고 북쪽에서는 양을 기르는 남면북양南綿北羊 정책으로 공업 원료 증산을 꾀하고, 북한 지역에 중화학 공업 단지를 조성하여 조선의 자원과 노동력을 바탕으로 군수산업을 육성했다. 군량미를 확보하고자 제2 산미증식계획을 추진하고, 중일전쟁 이후에는 징용·징병·정신대 등을 통해 무제한 인력 징발을 꾀하였다.

사실상 전시체제로 전환하면서 독립운동에 대한 탄압도 극심해졌다. 독립운동 전담 경찰인 고등계의 무자비한 고문으로 많은 독립운동가들이 목숨을 잃었다. 일제는 만주의 독립군은 비적떼, 국내 독립운동가들은 공산당으로 몰아 흉악범이나 사상범 취급을 했다. 1940년대에는 단지 한글을 연구한다는 이유만으로도 처벌하여(조선어학회 사건), 이 중 2명이 고문 후유증으로 옥사하기도 했다. 이 시기에는 독립운동을 하는 것뿐 아니라 일제 지배에 협조하지 않아도 처벌 대상이었다. 창씨개명을 거부하거나, 신사참배를 하지 않거나, 일본어를 사용하지 않아도 '불령선인不逞鮮人'(말 안 듣고 불량한 조선인)으로 몰려 처벌당했다.*

이처럼 어려운 상황에서도 국내에서는 독립운동이 꾸준히 이어졌다. 30년대 초반 학생들이 중심이 되어 문맹퇴치운동을 펼치면서 민족의식을 북돋우고, 이육사·윤동주·심훈 등이 독립의식을 고취하는 문학작품을 발표했다. 농민들은 일제 군량미 생산 정책에 항거하여 20년대보다 더 격렬한 대규모 소작쟁의를 벌였으며, 노동자들은 노조의 파업 투쟁을 통해 저항하였다.

기자들은 보천보 사건(1937), 일장기 말소 사건(1936) 등의 독립 투쟁을 보도하였고, 역사학자들은 식민사관에 맞서 민족주의 사학·사회경제사학 등을 발전시켰다. 일제의 전쟁 동원에 끌려가지 않으려고 지리산 등으로 도망친 사람도 많았으며, 마지막 발악을 하는 친일파를 처단하려는 부민관 투탄 사건(1945) 같은 대담한 의거도 있었다.

해외에서는 중국을 침략한 일본군과 맞서 싸우는 과감한 한·중연합작전이 전개되었다. 국민부 분열로 조선혁명군과 한국독립군으로 나뉘었지만 각각 남만주와 북만주에서 중국군과 함께 싸웠으며, 중일전쟁이 일어났을 때에는 조선의용대를 만들어 일본군과 격돌하였다. 조선의용대 분열(조선의용대는 2지대, 화북지대로 분열되어 각각 광복군과 조선의용군에 흡수되었다.) 전후에는 만주에서 동북항

---

* 이들도 당연히 독립운동가라고 할 수 있을 것이다. 1941년까지 80여 만 호가 창씨개명을 거부했으며, 이름을 엉터리로 바꾸어 처벌받은 사람도 수천여 명에 이른다고 한다.

일연군을 조직해 유격전을 감행했고, 화북 지방에서 조선의용군이 일본군과 맞섰다. 임시정부는 조선의용대를 흡수한 광복군을 창설(1940)하여 일제에 선전포고하고 연합군의 일원으로서 태평양전쟁에 참전하였다.

일본이 미국과 전쟁을 벌이면서 일제 패망은 자명해졌다. 이에 독립운동가들의 인명 손실을 최소화하면서 독립을 대비한 조직 정비가 시작되었다. 40년대 해외 독립운동 단체들은 임시정부로 통합되었다. 임시정부는 한국독립당을 만들고 김구를 주석에 임명하여 조직 개편을 마쳤다. 또 정치·경제·교육의 균등으로 개인 간 민족 간 국가 간 균등을 이루자는 '삼균주의三均主義'를 제창하여 새로운 대한민국의 나아갈 길을 밝혔다. 국내에서는 여운형·조만식 등이 건국동맹을 조직하여 독립을 대비하였다. 건국동맹은 해방 직후 건국준비위원회로 조직을 개편하고 건국 사업에 착수하였다.

우리 민족사의 가장 빛나는 날, 1945년 8월 15일

일제 35년 동안 조선은 일본 자본주의를 지탱하는 수탈의 땅이었다. 수많은 농민과 노동자들이 고율의 소작료와 저임금 장시간 노동으로 고통을 받았다. 그렇게 창출한 이윤은 일본인에게 돌아갔다. 당시 일본 노동자의 평균임금은 조선 노동자보다 최고 8배나 되었다. 또한 조선은 일본의 투자시장, 소비시장의 역할도 담당했다.

일제는 우민화 교육을 통해 조선 민족을 어리석게 만들어 화려한 소비사회로 끌어들여 어렵게 번 돈을 탕진하도록 한 뒤, 오히려 조선인을 우매하다고 조롱하였다. 전쟁 수행을 위해 군수산업을 일으키고 식량 생산 기지로 만들기 위해 쌀 중심 농업 구조를 만듦으로써, 자립이 불가능한 반신불수 산업구조를 만들었다. 해방 이후 한반도 전역이 생필품 부족과 굶주림에 시달린 것은 당연한 결과였다.

이에 대항한 우리 민족의 저항은 자랑스러운 역사이다. 일찍이 인도의 성인 타고르가 조선을 '동방의 등불'이라 찬양하고, 네루가 딸에게 보낸 편지에서 조선을 보고 배우라고 한 것은, 우리 민족이 전개한 전 민족적 저항 때문이다. 간디가 말했듯이, 식민지 독립운동의 요체는 '불복종'이다. 식민 종주국의 지배에 복종하지 않는 것이 바로 독립운동이다.

우리는 그 모습들을 기록 곳곳에서 확인할 수 있다. 일제는 자신들의 지배를 근대화로 포장하고 우리의 저항을 "무지몽매한, 과거의 봉건적 악습에 찌든" 행동으로 매도했지만, 일본인과 친일파들에 대한 분노와 저항은 끈질기게 이어졌다. 그리하여 마침내 우리 힘으로 독립을 쟁취하였으니, 우리 민족사에서 가장 빛나는 날, 바로 1945년 8월 15일이다.

"나는 의열단원이다.
조선 독립을 위해
너를 죽이러 왔다."

포기를 모르는 '레전드' 평민 대장

신돌석

교과서 속 한 줄 역사   을사조약이 체결되자 농민들도 의병투쟁에 적극 참여하였고, 신돌석 같은 평민 의병장도 등장하였다.

평민 의병장 신돌석(1878~1908), 그의 이름 '돌석乭石'은 '돌 돌乭' 자에 '돌 석石'자이니 한글로 하면 '돌돌이', 길가에 차이는 흔한 돌 같은 놈이란 뜻이다. 돌돌이는 그 이름처럼 평범한 경상도 농민의 집에서 태어났다. 그가 태어날 때는 신분제가 거의 붕괴된 상태여서 '평민'이라 하면 대대로 관직에 오르지 못하고 농사만 지은 집안이라는 의미였다. 역사학자 이이화 선생은 돌돌이의 아버지가 열심히 농사를 지어 땅을 약간 소유하였으며 아들 돌돌이도 어느 정도 공부를 시켰을 것이라고 보았다. 아마도 그것이 돌돌이가 의병장으로 성장하는 데 밑바탕이 되었을 것이다.

'태백산 호랑이' 서울 탈환에 가세했으나

만 열여섯 살에 동학농민운동을 경험한 돌돌이는 열여덟 살에 을미사변(1895)에 항거하는 을미의병이 일어나자 친구들과 함께 의병을 일으켜 중군장의 직함을 얻었다. 힘이 장사에 글도 읽은 그는 맹활약을 펼쳤으나, 의병부대가 해산되면서 도망자 신세가 되었다. 그는 용케 잡히지 않고 종종 일본인들을 때려눕혔다고 한다. 이런 경험이 훗날 그가 대장군으로 거듭나는 데 좋은 훈련이 되었을 것이다.

1905년 11월 을사조약 체결 소식이 전해지자 곳곳에서 의병 모집 움직임이 일어났다. 돌돌이 장군도 고향 근처에서 의병을 규합하였다. 엄동설한이 물러간 1906년 4월 경상북도 영해에서 봉기한 돌돌이 장군 부대는 태백산맥 동쪽 동해안 일대의 일본군 부대를 집요하게 기습 공격하였다.

이 통에 일본군은 병선 9척을 잃었으며 한때 주둔군이 철수하기도 했다. 일본군은 돌돌이 장군을 두려워했고, 지역민들은 그를 '태백산 호랑이'라 부르며 추앙하고 그의 의병부대에 참가하여 힘을 보태려 했다. 청송에서는 그의 작전에 지역민 3천여 명이 가세하기도 했다.

1907년 군대 해산과 헤이그 밀사 사건으로 정미의병이 일어났다. 해산된 군인들이 가세하면서 화력과 전력이 오른 의병은 연합부대를 만들어 서울을 탈환하기로 했다. 이로써 '13도 창의군'이 만들어지자 돌돌이 장군도 경기도까지 부대를 이끌고 북상했다. 그는 영남 의병 대장에 해당하는 교남창의대장에 임명됐다. 하지만

신돌석 같은 의병은 1910년 국권 침탈 전에 일제 침략에 항거한, 초기 독립운동가들이다. 사진은 동학농민운동과 을미사변이 이어진 1890년대 산포수(사냥꾼) 의병.

얼마 후 조직 개편에서 양반 출신 박정빈이 교남창의대장에 임명되고 돌돌이 장군은 배제되었다. 이유는 돌돌이 장군이 평민이었기 때문에. 돌돌이 장군뿐 아니라 홍범도 등 엄청난 활약을 펼친 평민 대장들도 밀려났다. 돌돌이 장군은 결국 고향으로 회군하였다.

하지만 평민이라는 멸시 속에서도 돌돌이 장군은 더욱 맹렬히 싸웠다. 그의 활동 범위에 포함된 태백산맥 동서면 강원·경상·충청 일대의 일본군은 마음을 놓을 수 없었다. 일본군은 전력을 다해 돌돌이 장군 부대를 공략했다. 산을 거점으로 활동하는 의병이 가장 힘겨운 시기가 겨울이다. 13도 창의군의 와해, 일본군의 끈질긴 공격, 환경적 불리함까지 겹치면서 의병부대는 죽고 흩어졌다. 하지만 돌돌이 장군은 포기하지 않았다.

싸워도 죽고, 돌아가도 죽는다

평민들은 왜 그토록 끈질기고 용맹하게 싸웠을까? 나라를 잃으면 가장 서러운 사람들이 그들이었다. 나라를 잃어도 양반은 지위와 재산으로 침략자와 타협할 수 있다. 실제로 많은 양반들이 지위를 보장받는 대가로 일제와 타협하였다. 일본은 특권을 미끼로 양반들을 회유했다. 1894년 신분제가 폐지된 뒤에도 오랫동안, 심지어 대한민국 초기까지도 '양반' '쌍놈'의 잔재가 남아 있었던 것도 그 때문이다. 평민들은 일본 자본주의를 살찌우는 데 필요한 수탈의 대

유생 의병장 최익현의 항복

을사의병 당시 유생 의병장의 대표 인물인 최익현(1833~1906)은, 척사파의 리더이자 고루한 유생으로 알려져 있지만 실학의 학풍을 이은 진보적 학자였다. 19세기 말 시대적 상황에서 유학의 한계를 넘지 못해 '꼴통 보수'로 보일 수 있으나 나라를 위하는 마음은 지고지순했다. 그가 의병을 일으키자 최익현 이름 석 자만 듣고 지원자가 구름처럼 모여들었다. 대부대를 이끌고 일본군을 몰아내고자 진군할 때 그 앞을 가로막은 것은 일본군이 아니라 대한제국 정부군이었다. 최익현은 고종의 칙명을 받은 군대와 싸울 수 없어 항복하였다. 그는 대한제국 법정에 서기를 원했지만 그의 신병은 일본으로 넘겨져 쓰시마 감옥에 갇혔다. 그는 일본 놈이 주는 음식을 먹을 수 없다며 단식 끝에 죽었다. 혹자는 그가 단식을 중단하고 음식을 먹었다며 단식사가 아니라고 주장하지만, 단식을 끝낸 직후 그로 인해 생긴 병으로 며칠 뒤 사망했으니 단식사가 맞다. 사소한 것으로 의로운 죽음을 폄하하지 않았으면 한다.

정작 최익현의 한계는 다른 데 있다. 유생들은 자신이 배운 학문과 정의감을 바탕으로 의병을 일으켰으므로 명분과 의리에 얽매일 수밖에 없었다. 돌돌이 장군이라면 그것이 정부군인지 일본군인지, 왕의 칙명인지 따지지 않았을 것이다. 하지만 유생들에게는 그것이 중요했다. 의로운 투쟁이고 의로운 죽음은 틀림없지만, 아쉬움이 남는 최익현의 투쟁이었다.

한일병합조약 체결 1년 전인 1909년, 일제가 실시한 '일본의 남한대토벌작전'으로 붙잡힌 의병들. 돌돌이 장군이 스러지고 얼마 뒤다.

상일 뿐이었다. 일제는 조선 민중을 위해 들어온 것이 아니었다.

일제 치하의 평민에게는 고통과 죽음뿐이었다. 싸워도 죽고, 의병을 그만두고 고향으로 돌아가도 수탈당하다 굶어 죽고. 그래서 끝까지 싸웠다. 투쟁을 포기하고 돌아가고 싶어도 나라가 망하면 돌아갈 곳이 없었다. 돌돌이 장군도 추운 태백산에서 얼어 죽을지 언정 항복하거나 의병을 그만둘 생각이 없었다.

돌돌이 장군은 휘하의 의병들에게 일단 흩어져 각자 겨울을 나고 봄에 다시 모이자고 했다. 그리고 자신은 부하이자 고종사촌인 김상렬의 집으로 숨어들었다. 김상렬은 가난했고, 돌돌이 장군에게는 엄청난 액수의 현상금이 걸려 있었다. 김상렬은 돌돌이 장군의 밥에 독을 타서 쓰러뜨린 뒤 목을 잘라 일본군에 바쳤다. 일본군은 돈에 눈이 먼 놈이라고 욕을 하며 김상렬을 쫓아냈다. 현상금은 미끼이자 조선인을 조롱하기 위한 장치였던 것이다.

살기 위해 누구는 의병으로 싸우고, 또 누구는 의병을 밀고한다. 양쪽 모두 벼랑 끝에 내몰린 사람들의 살기 위한 몸부림이었다. 하지만 그 속에서 무엇이 의로운지 깨닫고, 자신이 놓인 처지에서 최선의 목표를 위해 싸우는 이들이 있었다. 그들이 바로 민중이며, 일제 35년 독립 투쟁의 주체였다. 그들의 희생과 헌신이 오늘날의 대한민국을 있게 했으니, 이들이야말로 진정한 '건국 세력'이라고 할 수 있을 것이다.

그들의 삶이 아름다운 이유

경주 이씨 6형제

교과서 속 한 줄 역사 1910년대 국외 독립군 기지 건설을 주도한 대표적 단체는 신민회였다. 신민회는 간도 삼원보에 자치기관인 경학사와 부민단을 만들고, 신흥강습소(신흥무관학교)를 세워 독립군 간부를 양성하였다.

1905년 대한제국의 외교권을 박탈한 을사조약이 체결되고 망국의 길에 들어선 나라가 마지막 숨을 다해 갈 무렵, 조선의 거부로 다섯 손가락 안에 드는 경주 이씨 가문의 6형제*가 한자리에 모였다. 넷째 이회영(1867~1932)이 먼저 말을 꺼냈다.

"우리가 이렇게 잘살게 된 것은 모두 나라의 덕택입니다. 이제 나

---

* 인터넷 위키백과는 7형제라고 설명하고 있다. 소영과 호영이 서자라고 하는데 정확하게 확인하기는 어렵다. 일반적으로 6형제로 알려져 있으며, 이소영의 행적은 알려진 바 없다. 위키백과에서도 이호영 항목에서는 6형제라고 기술되어 있다.

라가 망해 가는데 어찌 호의호식하겠습니까? 나라에 보답할 때입니다."

회영의 말에 장남 건영, 차남 석영, 3남 철영, 5남 시영, 6남 호영이 묵묵히 고개를 끄덕였다.

일가족 60여 명을 이끌고 간도로

경주 이씨 집안은 조선의 대표적 명문가였다. 조선 중기 명신이자 임진왜란을 극복한 공신 이항복의 후손으로 아버지 이유승은 이조판서를 지낸 고관이었다. 혼맥도 화려해서 당시 3대 세도 가문이던 반남 박씨, 구한말 총리대신 김홍집의 딸, 흥선대원군의 외손녀 등과 사돈을 맺었다.

가문의 부는 더더욱 엄청났다. 4남 이회영이 소유한 서울 땅이 지금의 명동성당에서 을지로까지 6천여 평이나 되었다. 현재 시가로 수천억 원 대에 이른다. 장남 이석영은 2만 석지기 지주였는데, 당시 조선에 1만 석 이상 지주가 10여 명이었다고 하니 그 규모를 짐작할 만하다. 6형제는 이 어마어마한 재산과 권력이 자신들의 노력만으로 이룬 것이 아니라, 나라의 울타리가 있었기에 가능한 것임을 잘 알았다.

6형제는 즉각 재산 처분에 나섰다. 신민회에서 활동한 이회영이 앞장서서 일을 처리했다. 워낙 큰 재산이라 처분하는 데만 반년 이상이 걸렸다. 그렇게 마련한 돈을 들고 6형제 일가족 60여 명이 중국으로 망명길에 올랐다. 그 고난을 이회영의 부인 이은숙 여사는 회고록《서간도 시종기》에서 이렇게 토로했다.

> 국경이라 경찰의 경비가 철통같이 엄숙하지만 새벽 3시쯤은 안심하는 때다. 중국 노동자가 얼어붙은 압록강을 썰매를 태워 건넜다. 약 2시간 만에 안동현에 도착하면, 이동녕 씨 매부 이선구 씨가 마중 나와 처소로 간다. … 6~7일 지독한 추위를 좁은 차 속에서 고생하던 말을 어찌 다 적으리오. 그러나 괴로운 사색辭色은 조금도 내지 않았다. 종일 백여 리를 행해도 큰 가게가 아니면 백여 필이 넘는 말을 어찌 두리오. 밤중이라도 못 만나면 밤을 새며 가는 때도 있었다.

그 고생 끝에 일가가 정착한 곳이 간도의 삼원보三源堡였다. 이곳은 신민회가 그토록 소망하던 독립군 장교 양성소 신흥무관학교가 설 자리였다. 6형제는 신흥무관학교에 모든 정성과 돈을 바쳤다. 물론 신흥무관학교를 중심으로 망명한 조선인들의 마을과 다른 단체들도 마련되었으니, 이곳은 북간도와 함께 소중한 독립군의 보금자리가 되었다.

누린 만큼의 책임을 다하다

하지만 중국 땅 만주에서 독립군을 운영하는 데에는 돈이 많이 들었다. 불과 10여 년 만에 이씨 집안의 돈은 모두 바닥났다. 10년 전의 부귀영화는 간데없이 사라지고 일가족 모두 굶주림에 시달렸다. 그럼에도 나라를 되찾겠다는 열망은 식지 않았다.

6형제는 각자의 자리에서 성실히 활동했다. 이회영은 임시정부에서 활동하다 무정부주의자가 되어 관련 단체의 지도자가 되었다. 이시영은 임시정부 재정부장 등 요직을 역임했다. 이석영·이철영·이호영 등도 임시정부, 다물단 등 여러 조직에서 배고픔을 참고 독립투쟁에 매진했다. 그들의 아들들도 모두 독립군 등에 가

영리한 자본가, 서상돈

서상돈은 1851년 경상북도 상주의 천주교 집안에서 태어났다. 그의 집안은 천주교 박해로 많은 시련을 겪었지만, 서구 세력이 진출하면서 그들과 교역하여 부를 축적하였다. 서상돈은 열강의 이권 침탈에 적절히 호응하여 엄청난 부를 모아 3만 석지기 대지주가 되었다. 1903년에는 정부의 조세 수취 청부업자인 '검세관'이 되어 수탈의 앞잡이 노릇을 하면서 더 큰돈을 벌었지만 문제를 일으켜 1년 만에 그만두기도 했다.

그런데 1900년대 일본의 제국주의적 경제 침탈과 식민화는 모든 조선 자본에 위협이 되었다. 그러자 서상돈은 민족자본가로서 활동하기 시작했다. 을사조약을 계기로 애국계몽운동에 적극적으로 나서 '광문사'를 설립하고 계몽사상 잡지를 발행하였으며, 성당과 손을 잡고 가난한 사람을 구제하는 데 막대한 돈을 내는 한편, 대구 상인들이 일본 상인에게 대항하기 위해 만든 대구 상업회의소 소장을 맡았다. 1907년에는 국채보상을 위해 금연운동을 제안하였는데, 이것이 바로 그 유명한 국채보상운동의 시작이다. 이로써 그는 국채보상운동의 대표자가 되었다.

인생의 마지막 10년을 국권 침탈로부터 조선 자본을 지키는 데 헌신한 서상돈은 1913년에 죽었다. 탐욕스러운 사람이지만 탐욕도 나라가 있을 때 가능한 것임을 잘 아는 영리한 사람이었다. 그러나 훗날 그의 아들은 친일파가 되었다 하니, 탐욕만 물려받고 지혜는 물려받지 못한 모양이다.

1945년 11월 5일 상하이 강만 비행장에서 귀국길에 오른 대한민국 임시정부 요인들. 오른쪽에서 눈물을 훔치고 있는 노인이 이시영이다.

담하여 싸웠다.

6형제 가족들은 고난 속에 하나 둘 쓰러져 갔다. 이석영·이철 영·이건영·이호영 등 4형제는 모두 영양실조에 따른 합병증으로 중국 땅에서 숨을 거두었다. 이회영은 일본 헌병에 체포되자 기밀 을 지키려고 자살했다. 그들의 자식들도 병으로 혹은 일본군의 총 탄에 목숨을 잃었다. 대가 끊어질 위기에 처해 이회영의 아들들을 급히 국내로 보낼 정도였다.

6형제 중 살아남은 이는 오직 이시영 한 사람뿐이었다. 이시영은 임시정부에서 국무위원 등으로 활약하다 해방 후 임정 요인 귀국 1진에 포함되어 김구 선생 등과 함께 귀국했다. 귀국하는 날, 그는 죽어 간 형제들을 떠올리며 통곡했다. 이후 이시영은 대한민국 초 대 부통령을 지냈으나, 이승만의 전횡에 반대하여 1951년 부통령

직을 사임하고 1952년 제2대 대통령선거에 야당인 민주국민당 후보로 출마했다가 낙선한 뒤 이듬해인 1953년 병사하였다.

한국의 대표적 노블레스 오블리주 6형제. 그들은 자신의 권력과 부가 어디에서 왔는지 알고, 그에 대한 책임을 다하기 위해 모든 것을 바쳤다. 국가를 위한 맹목적 희생이 아니라, 누린 만큼의 책임을 다하고자 했다는 점에서 그들의 삶은 아름답다. 우리가 기억하고 본받아야 할 점이 바로 이것이다.

망국 앞의 의로운 자살

민영환 · 황현 · 박승환

교과서 속 한 줄 역사 　을사조약이 체결되자 의사, 열사들의 순국이 잇달았다. 전 · 현직 관료 민영환, 홍만식, 군인 김봉학, 유생 이건석 등이 자결로 저항하였다. 1907년 일본이 헤이그 밀사 사건을 구실로 고종을 강제 퇴위시키고 군대를 해산하자, 이를 계기로 전국 각지에서 의병 투쟁이 일어났다.(정미의병)

자살은 어떤 이유로도 정당화될 수 없지만, 그 의미를 짚어 볼 만한 자살도 있다.

"이천만 동포 형제에게 사죄하노라" 민영환

마지막으로 우리 대한제국 이천만 동포에게 고함.

아, 나라의 수치와 백성의 욕됨이 여기 이르렀으니, 치열한 생존 경쟁 속에서 우리 민족은 장차 어찌 될 것인가. 살기를 바라는 자는 반드시 죽고 죽기를 각오하는 자는 살 것이니, 여러분이 어찌

헤아리지 못하겠는가? 영환은 다만 한 번 죽음으로써 임금님의 은혜에 보답하고, 우리 이천만 동포 형제에게 사죄하노라. 영환은 죽되 죽지 아니하고, 구천에서도 여러분을 기필코 돕기를 기약하니, 바라건대 우리 동포 형제들은 억천만 배 더욱 힘써 뜻과 기개를 굳건히 하여 그 학문에 힘쓰고, 마음으로 단결하고 힘을 합쳐서 우리의 자유와 독립을 회복한다면, 마땅히 저승에서도 기뻐 웃으리라. 아아, 조금도 실망하지 말라.

1905년 11월 4일 아침, 민영환이 스스로 목숨을 끊으면서 남긴 유서의 일부이다. 현장에는 그가 자신의 몸을 여러 차례 칼로 찔러 유혈이 낭자하였다고 한다.*

민영환(1861~1905)은 여흥 민씨 가문 사람으로 명성황후의 친척이다. 그의 아버지 민겸호는 명성황후가 친척들을 끌어들여 이른바 민씨 세도를 휘두를 때 활약한 핵심 인물이었다. 선혜청 담당자였던 민겸호는 구식 군대의 월급을 빼돌려 치부하다 임오군란이 일어나 살해당했다. 아버지가 비참하게 죽었지만 민영환은 명성황후의 총애를 받으며 승승장구하여 불과 30대 초반에 오늘날의 법무부 장관, 외교부 장관에 해당하는 요직인 형조판서, 예조판서 등을 역임하였다.

....

* 민영환이 '할복자살'했다고 표현하기도 하는데, 일제에 항거한 죽음을 일본 사무라이의 전통인 할복자살이라고 하는 것은 언어도단이다. 전통적으로 사대부는 칼로 목을 찌르거나 음독하는 식으로 자결하였다. 여기서는 박은식 《한국통사》의 기록에 따랐다.

1896년 35세 때 러시아 니콜라이 2세 대관식에 특명대사로 파견된 민영환은 그때부터 영국, 미국, 러시아, 독일, 일본 등 선진국들을 두루 돌아보고 외교 활동을 하며 근대 문명을 깨우쳤다. 이를 계기로 나라의 독립과 부강의 길을 고민하는 충신으로 성장한 그는, 청일전쟁과 을미사변 이후 노골화되는 일본의 침략에 강하게 저항하였다.

1905년 마흔넷의 나이에 자결한 민영환. 그의 자결 소식 이후 그의 인력거꾼을 포함해 많은 사람들이 죽음으로 일제의 강압적 폭거에 저항했다.

민씨 세도가 일부는 권력과 부를 좇아 친일파로 변절하였다. 대표적 인물로 도승지·예조참판·대한제국 헌병사령관 등의 요직을 지낸 민병석은 이완용과 결탁하여 적극적으로 친일을 하고 고종 독살설에도 연루되었다. 반면 민영익·민영환 등은 지조를 지키고 나라를 구하는 데 힘을 보탰다. 이 때문에 민영환은 한직을 전전했고, 민영익은 망명길에 올랐다.

을사조약이 체결되자 민영환은 대궐 앞에 나아가 조약 무효와 정치 개혁을 주장하는 연명상소를 올렸다. 이에 호응하는 선비들의 상소가 잇따르자, 정부는 마침내 민영환을 체포하라는 명령을 내렸다. 뜻을 이루기 힘들고 이미 세가 기울어졌음을 깨달은 민영환은 망국의 책임을 누군가는 져야 한다고 생각했다.

결국 그는 "이천만 동포 형제에게 사죄한다"는 유서를 남기고 자결하였다. 나라를 책임지고 이끌었던 사람으로서 당연히 져야 할 죗값을 치러야 한다는 일념이었다.

"만 번 죽어도 아깝지 않다" 박승환

대한제국 시위대 1연대 1대대장 박승환(1869~1907)은 참담한 심정으로 명령서를 내려다보았다. 1907년 8월 1일 대한제국 군대를 해산하라는 칙명이 담긴 문서였다. 박승환은 그것이 고종이 내린 명이 아니라 실제로는 일본이 내린 명령임을 누구보다 잘 알았다. 격분한 박승환은 책상을 발로 차고 의자를 집어던지며 소리를 질렀다. 하지만 군인은 명령에 복종해야만 한다. 그는 급히 휘갈겨 썼다.

> "군인이 나라를 지키지 못하고 신하가 충성을 다하지 못하면 만 번 죽어도 아깝지 않다"

명령에 항거할 수도 없고 일본에 굴복할 수도 없다면, 남은 길은 하나뿐이다. 그는 권총을 들어 자신의 머리에 대고 소리쳤다.

"대한제국 만세!"

한 발의 총성이 울리고 박승환은 쓰러졌다. 향년 38세.

구한말 조선 군대는 나라의 군대가 아니었다. 조선은 전통적으로 군권을 왕이 아닌 신하들이 장악했다. 정조 때 훈련대장 구선복이 사사로이 군대를 운영하며 정조를 위협한 일이 있으며, '을미사변'(1895)도 이러한 배경에서 일어난 사건이었다. 을미사변 당일, 명성황후를 지켜야 할 훈련대가 친일파 우범선 대장의 지휘 아래 일본과 손을 잡고 명성황후를 시해한 것이다.[*] 그래서 고종은 대한제국을 선포하고 광무개혁을 실시하면

박승환의 자살은 1907년부터 1910년까지 이어진 정미의병을 촉발시켰다.

서 맨 처음 이 문제부터 해결했다. '원수부'를 설치하고 고종이 원수에 취임함으로써 군대 통수권을 장악한 것이다. 이때야 비로소 군대가 나라와 국민의 군대가 되었다.

일찍이 군인의 길을 걸은 박승환은 대한제국 군대의 가장 모범적 장교였다. 충성심이 지극해서 을미사변의 원흉들을 찾아 복수할 계획을 짜고 기회를 노리기도 했다. 군대에서도 모범적 장교로 칭송을 받아 마침내 시위대 전투 지휘관 중 최고의 자리까지 올랐다. 그의 노력은 대한제국 군대가 오직 나라의 독립을 위한 군대로 성

....

[*] 우범선은 고종이 보낸 고영근에게 처형당했다. 이 때문에 그의 유족은 일본에서 살았으며, 아들 우장춘은 유명한 일본의 농식물학자가 되었다. 우장춘은 해방 이후에도 귀국하지 않다가, 이승만 정부가 농업연구소 소장 자리를 제안하자 비로소 귀국했다. 한국에서 유명한 육종학자로 존경받았지만, 아버지의 행동에 대해 사죄한 기록은 없다.

장하는 데 큰 밑거름이 되었다.

박승환이 자살하자 1대대 장병들의 분노가 폭발했다. 장병들은 즉각 무기고를 습격하여 무장한 뒤 병영을 장악하였다. 일본군이 몰려오자 다른 부대 장병들과 호응하여 치열한 시가전을 벌였다. 하지만 화력이 열세인 데다 지리도 불리하여 결국 서울에서 후퇴하였다.

서울에서 군사들이 봉기했다는 소식이 전해지자 지방 부대도 호응하였다. 해산 군인들은 일본군과 교전하는 한편 산속에 웅거한 의병들과 합류하였다. 의병이 강력해지고 정세도 망국으로 급격히 기울자 일반 백성들도 의병에 참가하였다. 이를 '정미의병'이라 한다. 정미의병은 일본의 한일합병 계획을 1년 이상 늦출 정도로 강력한 활동을 펼쳤다. 그 저항 운동을 촉발시킨 것이 바로 박승환의 죽음이었다.

"나라 위하지 못함이 부끄럽구나" 황현

1910년 8월, 전라도 선비 황현(1855~1910)이 절명시를 남기고 음독자살하였다.

> 내 일찍이 나라 위해 서까래 하나 놓은 공도 없었으니
> 내 죽음은 겨우 인仁을 이룰 뿐 충을 이루진 못했다.
> 이제 겨우 윤곡尹穀처럼 죽음에 이르렀지만,
> 그때의 진동陳東처럼 나라 위하지 못함이 부끄럽구나.

나라를 위해 희생한 송나라 사람 윤곡과 진동을 들어 자신을 탓한 시를 쓴 황현은, 최익현과 함께 구한말을 대표하는 선비다. 그는 양명학의 계보를 잇는 강화학파 이건창 등과 교유하며 실학을 계승한 학풍을 견지하였다. 학문이 높았으나 서울의 정치가들과 어울리지 못해 관직에 진출하지는 못하고, 전라도 구례에서 제자들을 키우며 저술 작업에 몰두하였다. 황현이 1894년 동학농민운동부터 당시의 격동적 상황을 상세히 기록으로 남긴 저서《매천야록梅泉野錄》은 중요한 당대 사료로 평가받는다.

　황현은 엘리트주의에 입각한 개혁정치를 주장하는 등 민주주의 사상은 결여되어 있었다. 그래서 반봉건적 무력투쟁에 비판적이었고, 신분제를 부정하는 것에도 거부감을 드러냈다. 하지만 독립을 위한 투쟁이라면 어떤 투쟁도 환영했다. 양반 유학자의 한계와 가치를 잘 보여 주는 인물이다.

　그는 1910년 한일병합 소식이 전해지자 더 이상 살 뜻이 없어 통

매천 황현의 절명시(오른쪽)는 부끄러움과 책임을 아는 구한말 지식인의 상징처럼 남았다.

곡하고 음식도 마다하더니 끝내 자살하였다. 향년 55세. 세상 풍파에 몸을 던지지 않고 학문의 세계를 탐한, 고매한 지식인의 결기가 담긴 마지막 선택이었다.

죽는 것은 비겁하다. 죽을힘이 있다면 차라리 그 힘으로 싸워야 하는 것 아니냐고 말할 수도 있다. 하지만 망국이라는 절체절명의 상황을 '누가 어떻게 책임질 것인가'에 대한 답은 각자의 처지에 따라 다를 수 있다. 권력을 누린 정치인과 군대 지휘관, 정신세계를 탐구하던 보수적 지식인, 각기 다른 역할과 삶을 산 이들은 자신의 처지에서 망국의 책임을 다하려 했다. 이들은 적어도 권력은 혼자 누리고 책임은 백성에게 떠넘기지는 않았다.

그날 이후 어떻게 되었을까

장인환 · 전명운

교과서 속 한 줄 역사 1908년 3월 미국 샌프란시스코에서는 전명운, 장인환이 일제 통감부의 한국 통치를 찬양한 미국인 외교 고문 스티븐스를 사살하였다.

1908년 3월 23일 오전 9시 30분, 샌프란시스코의 막노동꾼 전명운은 가슴에 품은 권총을 만지작거리며 스티븐스가 차에서 내리기만을 기다렸다. 드디어 스티븐스가 모습을 드러내자, 전명운은 한 치의 망설임도 없이 뛰쳐나가 방아쇠를 당겼다.

"찰칵!"

하지만 총알은 발사되지 않았다. 총알이 어딘가 걸린 듯 덜컥거리기만 했다. 놀란 스티븐스의 얼굴이 눈에 들어왔다. 전명운은 권총으로 가격하려고 달려들었다. 격투가 벌어지고, 곧 경찰이 몰려왔다.

"탕!"

그때 누군가 이들을 향해 총을 쏘았다. 전명운은 어깨에 통증을 느끼며 쓰러졌다. 곧이어 총성이 또 들리더니 스티븐스가 피를 흘리며 쓰러졌다. 경찰은 총을 쏜 사내를 체포했다. 그 역시 조선인이었다. 전명운은 어깨를 부여잡고 고통을 참으며 말을 건넸다.

"당신은 누구요?"

"장인환이요."

둘은 처음 만난 사이였다.

그날, 두 사람은 처음 만났다

1904년 러일전쟁을 일으킨 일제는, 대한제국 정부가 중립을 천명하자 즉각 서울을 점령하고 고종을 협박하여 '한일의정서'와 '제1차 한일협약'을 체결하였다. 제1차 한일협약을 통해 대한제국의 외교 고문으로 임명된 사람이 미국인 스티븐스였다.

스티븐스는 20년 동안 일본에 봉사한 인물이었다. 과연 그는 대한제국 외교 고문임에도 각국을 돌아다니며 한국이 일본의 식민지가 되어야 한다고 주장하였다. 연설과 설득에 능한 그가 한국의 외교 고문 자격으로 이런 말을 떠들고 다니니 국제 여론이 일본에 유리하게 돌아갈 수밖에. 나라를 걱정하는 조선인이라면 당장 죽여야할 사람으로 스티븐스를 꼽지 않을 수 없었다.

샌프란시스코는 19세기부터 중국인들이 많이 이주해 살던 곳인데, 을사조약 체결 전후에는 한국인들이 이곳으로 건너와 고된 노동으로 생계를 잇고 있었다. 샌프란시스코의 조선인들은 고향을 등

"한국인 공모자들의 저격으로 외교관 스티븐스 즉사." 1908년 3월 24일자 샌프란시스코 《더 콜》지의 머리기사 제목이다. 그러나 전명운과 장인환은 공모 관계가 아니었다.

지고 수만 리 타국 땅을 유랑하게 만든 일본의 침략을 잊지 않고 있었다. 안창호를 비롯한 민족 지도자들이 공립협회 등 여러 단체를 만들어 민족의식을 고취하고 독립의 필요성을 역설할 때 많은 이들이 여기에 참여하였다. 전명운, 장인환도 그런 사람들 중 하나였다. 전명운은 공립협회, 장인환은 대동보국회 회원이었다.

하지만 공립협회와 대동보국회는 미국 영토에서 미국 법의 적용을 받는 단체였으므로 무력 활동 같은 것은 꿈도 꿀 수 없었다. 그래서 스티븐스가 샌프란시스코를 방문한다는 사실을 알고 그를 죽이기로 결심했을 때, 전명운과 장인환은 개인적으로 움직일 수밖에 없었다. 두 사람은 가슴에 총을 품고 스티븐스에게 달려들 생각뿐이었다. 미국 땅에서 미국인을 살해할 때 일어날 일까지 걱정할 여유가 없었다.

평범한 사내들의 살신성인

서로 의논은커녕 만난 적도 없는 두 사람은 오직 나라를 걱정하는 마음, 나라가 기울어 이국 땅 막노동꾼으로 살아야 하는 울분으로 행동에 나섰다. 살인죄로 기소되어 미국 법정에 나란히 섰을 때 장인환은 이렇게 주장했다.

> "한국의 을사조약을 찬성하고 이에 우리 2천만 동포를 독살하려 하매 이러한 도적놈을 죽이지 않으면 우리 동포는 멸망할 것이다. 그러므로 나는 살신성인하는 마음으로 거사하였다." – 박은식, 《한국통사》

이승만은 살인자를 변호하면 한국에 대한 미국인의 인식이 나빠질 수 있다며 이들의 변호를 거부했지만, 미국 법정은 장인환의 죄를 일반살인이 아닌 공분살인(공적인 목적을 위한 살인)으로 판결하고 징역 25년을 언도했다. 전명운은 스티븐스에게 위해를 가하지 못했으므로 무죄 석방되었다. 사형을 면한 장인환은 모범수로 복역하다 10년 만에 가석방되었다.

두 사람은 대단한 투사도, 많이 배운 지식인도 아닌 평범한 노동자들이었다. 그리고 이주 노동자의 삶은 고단하고 힘들었다. 전명운은 1929년 아내와 자식을 병으로 잃은 뒤 실의에 빠져 우울한 삶을 살았다. 그러나 어려움 속에서도 동지회 활동을 하며 나라의 독립을 기원하다 1947년 숨을 거두었다. 장인환은 1919년 가석방 이후 살기 위해 고군분투했지만 여의치 않아 1930년 끝내 자살하고 말았다.

1919년 10년 만에 가석방된 장인환 의사
(오른쪽)와 전명운 의사의 만남.

장인환과 전명운의 의거는 누가, 왜 독립운동을 했는지 잘 보여 준다. 독립운동은 하늘에서 내려 준 대단한 사람이나 위인전에 나올 법한 잘난 사람들만 한 것이 아니다. 나라라는 울타리가 무너지면 힘든 줄 알고 분노할 줄 알고 그 고통과 분노를 행동으로 옮길 줄 아는 사람들이면 누구나 할 수 있고, 실제로 했던 평범한 사람들의 비범한 결단이었다.

05

내 몸을 하얼빈 허공에 날리리라!

남자현

교과서 속 한 줄 역사 1910년대에는 여성들이 주축이 된 송죽회 등의 비밀 결사가 있었다.

"사랑하는 나의 아들아, 오늘 왼쪽 무명지 두 마디와 이별하려고 한다. 어쩌면 내 손을 채웠던 이 작은 것이 큰일을 할 수도 있겠다 싶구나. 나라를 잃고 남편을 잃고, 더 이상 두려울 것이 무엇이 있겠느냐? … 이 늙어 가는 육신의 일부라도 흔쾌히 끊어 절규를 내놓아야 할 때도 있는 것이 아니냐? 이제 칼을 들었다."

1933년 2월 29일 하얼빈 역으로 걸어가던 한 노파가 일본 경찰들에게 돌연 체포되었다. 노파는 안에 피 묻은 군복을 껴입고 권총과 폭탄을 숨기고 있었다. 경찰에 질질 끌려가며 그녀가 흘린 눈물은 고통의 눈물이 아니라 분노의 눈물이었을 것이다. 왼쪽 무명지 두 마디가 없는 그 노파의 이름은 남자현이었다.

아들을 데리고 만주로

1895년 을미사변과 단발령으로 일제 침략이 노골화되자, 많은 뜻 있는 이들이 의병을 일으켰다. 경상북도 영양에서도 의병이 일어났는데, 그중 김영주라는 사람이 있었다. 유생 남정한의 문하생이었던 김영주는 5년 전 스승의 막내딸과 결혼해 막 아버지가 되려던 참이었다. 그는 의병에 나서며 배가 불러 오는 아내에게 이렇게 말했다.

"나라가 망해 가는데 어찌 집에 홀로 있을 것인가. 지하에서 다시 만나세."

그렇게 떠난 김영주는 이듬해 전사하고 말았다. 스물다섯 젊은 나이에 청상이 된 김영주의 아내는 유복자를 키우며 어렵게 시부모를 봉양하였다. 그로부터 10년 뒤, 을사의병이 일어나자 그녀는 의병에 가담해 일본군 동태 파악에 나섰다. 어린 아들을 데리고 산속을 헤매며 일본군과 싸운 이 여인이 바로 남자현이다.

40대까지 국내에서 여러 활동을 펼친 남자현은 3·1운동을 계기로 무장투쟁의 필요성을 절감하고 만주로 망명하였다. 신흥무관학교가 있는 삼원보로 가서 아들을 입학시키고 자신은 서로군정서의 대원이 되었다. 남자현은 독립군의 안주인으로서 무장대원들을 뒷바라지하고 다른 여성들과 함께 인근 주민들을 계몽하는 데 앞장섰으며, 독실한 교인으로서 교회를 세우는 데도 발 벗고 나섰다.

1926년 남자현은 남편의 옛 동지들을 만나 조선 총독인 사이토 마코토를 암살할 계획을 짜고 국내로 잠입했다. 순종이 죽자 사이토 총독이 조문하러 창덕궁에 올 때를 노려 그를 제거할 계획이었다. 그러나 이 거사는 실패로 돌아갔다. 공교롭게도 똑같이 총독의 목숨을 노리고 있던 송학선 의사가 먼저 움직인 것이다.

송학선은 총독이 탄 자동차인 줄 알고 안에 있는 일본인들을 찔렀는데, 그들은 경성부회 의원들이었다. 다케야마는 즉사했고, 사토와 이케다 등은 중상을 입었으며 송학선을 체포하려던 일본 경찰도 그가 휘두른 칼에 중상을 입었다.*

영화 〈암살〉 안옥윤의 실제 모델

거사가 어긋나 다시 만주로 돌아온 남자현은, 1931년 만주사변 진상 조사를 위해 방문한 국제연맹의 '리튼조사단'에게 실상을 알리고자 무명지 두 마디를 잘라 혈서를 써서 보냈다. 이때의 심경을 담은 글이 앞에 소개한 아들에게 보낸 편지다.

남자현은 1933년 만주국 건국절에 일본 육군대장 모토 노부요시가 만주에 온다는 소식을 접하고 그를 처단하기로 마음먹었다. 당시 61세의 노구였지만 그녀의 의기는 하늘을 찌를 듯했다. 남자

----

* 이 사건을 '금호문 사건'이라 한다. 사진관을 운영하는 평범한 시민으로 안중근을 흠모하였던 송학선은 평소 사이토 총독을 암살하겠다는 꿈을 품고 있었다고 한다. 그는 이 사건으로 처형당하였다.

현은 "노부유시를 처단한 뒤 내 몸을 하얼빈 허공에 어육으로 날리리라!"라는 글을 남기고 중국인 노파로 위장하여 하얼빈 역으로 향했다. 남편이 죽을 때 입었던 피 묻은 군복을 껴입고 권총과 폭탄을 깊숙이 숨긴 채.

조선 총독 사이토 마코토, 일본 육군대장 모토 노부요시 암살을 계획했던 남자현. 영화 〈암살〉의 여주인공 안옥윤의 모델이 된 여성 독립운동가이다.

하지만 운이 다했음인지, 조선인 밀정의 밀고로 미리 정보를 입수하여 대기하고 있던 일본 경찰에 체포되었다. 남자현은 하얼빈 일본 영사관 감옥으로 끌려가 6개월 동안 모진 고문을 받으면서도 끝내 정보를 누설하지 않았다. 일본은 그녀가 산송장이 되자 부랴부랴 병보석으로 석방했다. 하지만 손상된 육신은 다시 회복되지 못했다. 남자현은 석방 5일 만에 여관에서 아들의 손을 잡고 숨을 거두었다. 마지막 순간, 평생 모은 거금을 독립운동 자금으로 써 달라며 아들에게 남겼다.

2015년 개봉한 영화 〈암살〉의 여주인공 안옥윤의 실제 모델로 알려진 남자현은, 독립운동을 하다 죽은 남편의 유지를 계승하겠다는 마음으로 독립운동을 시작하여, 아들과 손자까지 훌륭한 독립투사로 키워 내 3대가 독립에 헌신하도록 하였으며, 그 자신도 30년 동안 한결같이 독립운동에 매진했다.

김락, 동풍신, 조마리아…

남자현 외에도 많은 여성들이 독립운동에 뛰어들었다. 시아버지 이만도가 한일병합에 항의해 자결한 후 독립운동에 뛰어든 김락, 3·1운동에 나섰다가 총에 맞아 죽은 아버지를 대신해 만세시위를 벌이다 옥중 순국한 '북쪽의 유관순' 동풍신, 안중근의 어머니 조마리아 여사…. 70~80년대에도 민주화운동을 하다 투옥되거나 죽은 남편과 자식을 대신해 민족의 어머니가 된 민가협과 유가협 어머니들이 있었다.

여성들의 활약은 우리나라만의 일이 아니다. 아버지를 따라 미얀마 민주화를 이끈 수치 여사, 남편의 유지를 따라 필리핀 민주화의 상징이 된 아키노 여사, 남편과 함께 민주화운동을 하다 남편보다 더 적극적인 투사가 된 남아공의 만델라 여사 등. 치열한 독립운동과 민주화운동에 남녀가 따로 있으랴.

왕조에서 공화정으로

신민회

교과서 속 한 줄 역사 신민회는 교육 진흥, 국민 계몽, 산업 진흥을 강조하였으며 이전의 다른 단체들과 달리 공화정에 바탕을 둔 근대 국민국가 건설을 지향하였다.

일제강점기를 전공한 역사학자에게 재미있는 이야기를 들었다. 원래 독립운동가들이 선호했던 독립국가의 국호는 '한국'이 아니라는 것이다. 그럼 무엇이었을까? 독립국가의 국호 후보에 올랐던 명칭은 크게 세 가지, 고려·조선·한국인데 이 중 가장 인기가 많았던 국호는 '조선'이었다고 한다. 왜 그랬을까?

우선 '고려'는 고구려 계승의식을 담고 있으며 대외적으로 널리 알려진 영문명 'Korea'와 일치한다는 장점이 있다. 하지만 '왕王씨' 왕조인 고려를 연상시켜 역사적으로 너무 멀다는 문제가 있었다. '한국'은 대한大韓이라는 최근의 국호에서 따왔고, 임시정부의 국호라는 장점이 있었다. 하지만 일제에 병합된 대한제국의 국호여서 거부감도 만만치 않았다. 결국 제일 무난한 이름이 조선이었던 것이다.

여기서 우리는 망국의 책임과 관련하여 초기 독립운동가들이 갖고 있던 생각을 읽을 수 있다. 과연 나라가 망했을 때 그 궁극적인 책임은 누가 져야 하는가? 망국의 부당함에 분연히 일어선 그들이지만, 왕조시대의 정치의식에서 완전히 벗어나지 못하는 시대적 한계를 이 국호 논쟁은 잘 보여 준다.

"국가는 인민의 낙원, 인민은 국가의 주인"

1905년 을사조약 체결 이후 모든 국민이 국권 회복을 위해 나섰다. 한쪽에서는 의병을 일으켰고, 또 한쪽에서는 국민 계몽과 실력 양성을 위해 애국계몽운동을 일으켰다. 대표적인 애국계몽 단체가 '대한자강회'(1906)다. 대한자강회는 입헌군주제를 정체政體로 한 근대적 대한제국을 건설하려 했다.

그런데 1907년 6월 헤이그 밀사 사건이 일어나자, 일제가 이 사건의 책임을 물어 고종의 퇴위를 강요하여 고종이 양위조서를 발표(7월 19일)하고, 고종의 아들 순종이 새로 황제에 오르게 되었다. 한데 새로운 황제 즉위식이 좀 이상했다. 양위한 고종도, 새로 즉위하는 순종도 참여하지 않은 주인 없는 즉위식이었다. 고종의 강제 퇴위에 대한 일종의 항의였다.

일제에 의해 새로운 황제가 세워졌으니 왕조의 정통성에 문제가 생겼다. 사실 퇴위당한 고종부터가 갑신정변이나 동학농민운동 같은 중요한 근대적 개혁을 진압하여 망국을 초래한 책임이 있는 왕이었다. 이런 상황에서 독립을 지키고 부강한 나라를 만들려면 새로운 정치체제가 필요하다는 문제의식이 싹트기 시작했다.

이 흐름을 대표하는 사람이 신채호다. 신채호는 1907년 결성된 '신민회'의 정치사상을 주도한 인물 중 한 명으로서, 입헌군주제를 넘어선 공화정을 적극적으로 주장하였다. 그 주장을 자세히 살펴보면, 먼저 우리가 일본 제국주의의 침략에 패배한 이유를 세 가지 들었다. 첫째 낡은 정치체제를 고집한 점, 둘째 국제 정세에 어두운 점, 셋째 구습에 얽매여 새로운 개혁을 하지 못한 점이다. 낡은 정치체제의 문제점으로는 황제 독재, 경제 빈곤, 지식 결핍을 들었다. 특히 황제 독재에 대하여 "1, 2인이 전제專制하는 나라는 세계 대세를 거역하는 나라로 필망"이라고 지적하고, "국가는 인민의 낙원, 인민은 국가의 주인"이라며 서양식 공화정이 우리가 건설해야 할 새로운 나라라고 주장하였다. 이에 따라 '충신忠臣'의 의미도 왕을 위해 죽는 자가 아니라 국가와 국민을 위하여 일생을 바치는 사람으로 새롭게 정의했다.

민주의식으로 만들어진 새로운 책임

공화정을 주장하면서 독립에 대한 생각도 변화를 거듭했다. 공화정은 국민이 주인인 정체이므로, 국민들 스스로도 이를 자각하는 '신국민新國民'이 되어야 한다는 것이었다. 신채호는 "과거 역사의 잘못은 고관대작들의 책임이지만, 미래 국권 회복의 책임은 국민 전체

1911년 '105인 사건' 당시 일본 경찰에 검거되어 끌려가는 신민회 인사들. 평양의 대성학교, 정주의 오산학교 등 황해도 · 평안도에서 활동하는 신민회 회원들에게 데라우치 총독 암살 미수 누명을 씌워 600여 명을 검거했다. 이 중 105명이 유죄판결을 받아 이후 신민회는 사실상 해체되었다.

에게 있다"며, 이제 국가 간 경쟁은 전 국민들 간의 경쟁이라고 설파했다. 범국민적 독립운동을 이론화하고 그 나아갈 길을 제시한 것이다. 신민회는 이러한 신국민을 사상적 토대로 만들어진 단체라는 점에서, 애국계몽운동 단체의 한계를 극복했다고 볼 수 있다.

대한자강회가 고종 강제 퇴위에 반대하다 해산당한 후 애국계몽운동가들은 다시 대한협회(1907)로 뭉치는데, 이때부터 친일 성향을 보이기 시작했다. 대한협회의 기본 사상은 사회진화론을 바탕으로 한 입헌군주제로, 이는 일본의 메이지유신과 일맥상통하는 것이었다.

황제마저 사실상 일본의 꼭두각시가 된 상황에서, 황제에 충성을 바치면서 일본식 개혁을 추진하는 단체는 침략에 저항하기 어려웠다. 3 · 1운동 당시 민족대표 33인 중 한 사람이었던 오세창은 죽을 때까지 지조를 지켰지만, 대한협회 부회장으로 있을 때는 일본이 우리를 위해 노력한다고 주장하며 일진회와 손을 잡으려 했다. 그것은 변절이 아니라 한계였다.

신민회의 성립과 공화정 주장은 우리 정치의식을 왕조의식에서 민주의식으로 한 단계 발전시켰다. 왕조의식은 오직 왕에 대한 충성과 성군이 모든 것을 해결해 줄 것이라는 기대뿐이지만, 근대 민주의식은 민주주의를 토대로 국가 경영에 대한 책임을 지도자에게 묻는 것이다. 이러한 근대적 정치의식을 가짐으로써 전 국민적 독립투쟁을 펼칠 수 있었고, 고종 등 왕과 지배층에게 확고한 책임 추궁과 비판을 할 수 있게 되었다. 바로 이것이 신민회의 역사적 의의이다.

조선인보다 더 조선을 사랑한 영국인

베델

교과서 속 한 줄 역사 양기탁이 영국인 베델을 사장으로 내세워 창건한 《대한매일신보》는 일제의 국권 침탈, 친일 정권의 무능과 부패를 거리낌 없이 비판하였으며, 의병운동을 호의적으로 보도하였다.

벽안碧眼의 사내가 마지막 숨을 몰아쉬었다. 30대 후반의 한창 나이지만 병색이 완연하여 훨씬 늙어 보였다. 그는 양기탁의 손을 쥐고 한숨을 내쉰 뒤, 마지막 말을 남겼다.

"나는 죽습니다. 하지만 《대한매일신보》는 영생케 하여 주세요. 꼭 한국 동포를 구해 주십시오."

잠시 후 숨을 거둔 이 남자는 《대한매일신보》의 전 발행인 어니스트 베델Ernest Thomas Bethel, 향년 37세였다.

영국 사람이 발행한 한국 신문

베델은 영국 사람으로, 1904년
러일전쟁이 터지자 《데일리 크로
니클Daily Chronicle》지 특파원으로
한국에 들어왔다. 영국은 영일동
맹에 따라 러일전쟁에서 일본을
도왔으므로 한반도 정세에 관심
이 많았다.

베델도 처음에는 영국의 입장
에서 일본에 우호적 시각을 갖고
있었을 것이다. 하지만 그가 목격
한 현실은 참담했다. 무자비한 일

어니스트 베델은 을사조약의 무효를
주장하고, 고종의 친서를 《대한매일
신보》 등에 게재하는 등 일제의 조선
침략을 국내외에 알렸다.

본의 수탈과 부당한 내정간섭, 일본이 전쟁에 한국인들을 동원하고
학대하는 모습에 그는 큰 충격을 받았다. 베델은 조국 영국의 입장
과 달리 일본을 비판하는 기사를 썼고, 이는 한국 사람들에게 큰 힘
이 되었다. 그때 비슷한 연배의 양기탁이 베델을 찾아가 제안을 하
나 했다.

"지금 우리 신문은 일본의 검열이 심해서 제대로 된 기사를 낼
수가 없어요. 당신은 영국인으로 일본의 동맹국 사람이고 치외법권
대상이니 당신 명의로 신문을 내면 검열을 피할 수 있어요. 한국을
위해 나와 함께 신문사를 하나 만들어 보지 않겠어요?"

베델은 양기탁의 제안을 승낙했고, 이렇게 탄생한 신문이 《대한
매일신보》이다. 《대한매일신보》는 발행인이 영국인 베델이어서 치

외법권 아래 일본의 검열을 받지 않고 기사를 실을 수 있었다.

당시 가장 강력한 비판언론이었던 《황성신문》이 검열 때문에 고전을 면치 못하고 있던 터라, 박은식·신채호 등 쟁쟁한 《황성신문》 필진들이 《대한매일신보》로 건너왔다. 을사조약 체결 때 〈시일야방성대곡〉을 실어 《황성신문》이 정간당하고 그 기사가 실린 신문이 압수당하자, 《대한매일신보》는 〈시일야방성대곡〉 전문을 연재 기사로 싣기도 했다.

《대한매일신보》의 인기는 나날이 높아 갔다. 당시 한국 사람들이 가장 좋아하는 신문 1위가 《대한매일신보》, 2위가 《황성신문》이었다. 을사조약 체결 이후 일어난 을사의병, 정미의병, 국채보상운동 등의 민족운동을 어느 신문보다 소상하고 단호하게 보도한 것도 《대한매일신보》였다.

일제와 영국의 탄압에 맞서

1908년 전후 일제의 탄압이 노골화되고 정부와 법 모두 일제의 손아귀에 들어갔다. 일본은 '신문지법'과 '사립학교령'을 만들어 민족언론과 민족교육을 탄압하였다. 그동안 법의 테두리 안에서 활동하던 애국계몽운동 단체들은 달라진 환경 속에서 활동 방향을 놓고 심각하게 고민했고, 결국 법의 테두리 안에서 활동하기로 한 대한협회와 법을 어기기로 결심한 신민회가 갈라졌다. 대한협회가 일본이 만든 법 안에서 점차 친일화될 때, 신민회는 조직을 비밀로 하고 만주에 독립군 기지 건설을 추진했다. 그리고 그들의 뜻을 《대한매

1907년 《대한매일신보》 편집국. 《조선의 비극The Tragedy of korea》
의 저자 매켄지가 촬영한 사진이다. 《대한매일신보》는 1910년 국권 강
탈 후 통감부로 넘어가 《매일신보》가 되었다.

일신보》를 통해 세상에 알렸다. 신채호의 '신국민론新國民論'도 이 신
문을 통해 발표되었다.

일제는 《대한매일신보》를 없애지 않으면 한일병합이 차질을 빚
을 것이라 우려했을 것이다. 하지만 베델은 치외법권 대상이었다.
일본은 영국 정부에 협조를 구했다. 이미 제2차 영일동맹으로 한일
병합을 합의한 영국은 '반일 선동'이라는 죄목을 씌워 베델을 주한
영국 영사관 재판정에 세웠다.

1907년 10월 첫 재판에서 유죄가 인정되었지만 베델은 항소하
였다. 1908년 6월 다시 열린 재판에서 베델은 금고 3주를 선고받고
중국에 있는 영국 감옥에 투옥되었다. 일제는 양기탁을 국채보상모
금 횡령 혐의로 투옥하는 등 강도 높은 탄압을 가했다. 결국 베델은
또 다른 영국인 만함A. Marnham에게 신문사를 넘기고 물러났다.

베델은 3년 동안 《대한매일신보》를 운영하면서 일제와 조국 영

국의 탄압에 맞서 투쟁하느라 심신이 모두 피폐해졌다. 게다가 그러한 노력에도 불구하고 한국은 망국의 길을 걷고 있었다. 일제의 무자비한 탄압으로 정미의병은 흩어지고 국권은 빠르게 일본으로 넘어갔다. 안타까움과 극도의 스트레스에 시달리던 베델의 심장이 말썽을 부리기 시작하더니, 1909년 봄 결국 더 이상 뛰지 못하고 그의 육신은 차갑게 식어 갔다.

베델은 숨을 거둘 때까지 한국의 기사회생을 애타게 바라며 한국에 묻히기를 희망했다. 그의 시신은 양화진 외국인 묘지에 묻혔고, 그의 무덤 앞에 세워진 묘비에는 고종이 하사한 한국 이름 '배설裵說'이 새겨져 있다.

《황성신문》과 《대한매일신보》

1898년 창간된 《황성신문》은 '혁신 유림'이라는 개화사상을 가진 유학자들이 중심이 되어 만든 신문이다. 중심인물도 유학자인 장지연, 박은식, 신채호 등이었다. 대한제국·고종과 밀접한 관계를 유지하며 활동한 《황성신문》은 일본의 탄압을 받았으며, 특히 을사조약을 비판한 〈시일야방성대곡〉을 게재하여 정간당했다. 사장이자 〈시일야방성대곡〉을 쓴 장지연이 물러나고 80여 일 만에 속간되었지만, 경영난으로 고전을 면치 못했으며 신문의 논조도 혼란스러워졌다. 《황성신문》은 한일합병 이후 결국 폐간되었다.

《대한매일신보》는 베델과 양기탁이 떠나고 만함이 사장이 된 후 힘을 잃었다. 1910년 만함에게 신문사를 인수한 일제는 '매일신보'(매일신문)로 이름을 바꾸어 총독부 기관지로 이용하였다. 치욕의 35년, 총독부 기관지의 역사를 걸은 신문은 해방이 되고 정부 수립 후 '서울신문'으로 이름을 바꾸고 정부 기관지가 되었다. 지금은 '대한매일'이라는 이름으로 발행되고 있다.

허구적 동양평화론을 쏘다

안중근

교과서 속 한 줄 역사 안중근은 1909년 러시아와 밀약을 체결하기 위하여 중국 하얼빈에 온 이토 히로부미를 저격하여 세계의 이목을 집중시켰다.

"바보 같은 놈이군."

죽음을 앞둔 이토 히로부미는 자신을 쏜 사람이 한국 독립운동가라는 말을 듣고 이렇게 말했다. 자신이야말로 한국을 위하는 일본 정치가라고 생각했기 때문이다. 안중근을 취조하던 일본 경찰도 "당신 때문에 한국 식민화가 더 빨라졌다"고 비난했다고 한다.

이토 히로부미의 두 얼굴

안중근은 1879년 황해도에서 태어났다. 아버지가 개화파였던 까닭에 어릴 때부터 서양 문물을 접할 기회가 많았으며, 당시 개화파가 친일적인 입장이었던 탓에 10대 시절에는 일본에 우호적인 분위기에서 성장했다. 1894년 동학농민운동이 일어나자 안중근 집안에서는 사병을 모아 농민군 진압에 나섰고, 안중근도 일본군 · 관군 토벌대를 따라나설 정도였다.

1904년 일어난 러일전쟁이 1905년 9월 5일 포츠머스조약 체결로 끝이 나면서, 그동안 러시아의 도움으로 일본 침략에 맞서 왔던 고종과 대한제국 정부는 심각한 위기를 맞았다. 과연 11월 3일 친일 단체인 일진회가 일본에 외교권을 넘기라고 청원했다. 이 느닷없는 요구는 일본 영사 하야시의 공작으로 알려졌다. 러일전쟁에서 승리한 일본이 조선에 대한 식민화 의도를 노골적으로 드러낸 것이다.

이런 상황에서 11월 9일, 일본제국의 총리를 네 차례나 지낸 거물 정치가 이토 히로부미가 일본 정부의 특명전권대사 자격으로 한국을 방문했다. 당시 개화파 지식인들은 이토 히로부미를 동양 평화와 근대적 개혁의 대부로 여겼다. 실제로 한국의 김옥균, 박영효, 중국 혁명가 캉 유웨이와 쑨원, 베트남의 판 보이 쩌우 등 많은 동아시아 근대화 개혁가들이 직간접적으로 이토 히로부미와 후쿠자와 유키치(메이지유신을 이끈 계몽사상가) 등의 후원을 받았다.

장지연도 〈시일야방성대곡〉(1905)에 "지난날 이토 후작이 한국에 오니 어리석은 우리 국민이 말하기를, 평소 동양 삼국의 정족鼎足 안녕을 주선한 인물이라 오늘날 반드시 우리나라의 독립을 굳게 세울 방략을 권하리라 하여 관민이 크게 환영하였더니, 세상에 예측하기 어려운 일이 많도다."라고 쓸 정도였다.

하지만 조선의 개화파 지식인들의 기대와 달리 이토 히로부미는 고종에게 외교권 박탈과 통감부 설치를 골자로 하는 을사조약을 강요하였다. 고종이 거절하자, 일본군으로 하여금 궁궐 내외를 포위하게 하고 일본군에게 착검하고 행진토록 하는 등 무력시위를 벌이며 조약 체결을 압박했다. 결국

에도 시대의 무사 출신인 이토 히로부미는 메이지유신 후 근대 입헌주의에 기초해 성립한 일본제국의 초대 내각총리대신으로, 제국 헌법의 기초를 마련한 헌법학자이기도 했다.

1905년 11월 18일 '을사오적' 이완용 · 박제순 · 이지용 · 이근택 · 권중현의 배신으로 조약이 체결되었다. 이토 히로부미는 을사조약에 따라 통감부를 설치한 뒤 초대 통감에 취임하였다.

한일병합이 동양 평화의 전제 조건?

안중근은 깊은 배신감을 느꼈다. 그는 이토 히로부미의 동양평화론°이 허구이며 일본의 목적이 한일병합임을 깨달았다. 그는 애국

° 후쿠자와 유키치는 '나쁜 이웃'이라는 논리를 내세워 아시아는 희망이 없으며 일본은 유럽의 일원이 되어야 한다는 '탈아입구론脫亞入歐論'을 주장했다. 이를 계기로 일본의 근대화 세력은 한국과 중국을 일본의 식민지 후보로 보게 되었고, 동양 평화는 오직 일본 지배 하의 아시아를 의미하게 되었다.

계몽운동에 참가하였고, 1907년에는 의병을 일으켜 일본과 싸우다 망명하였다. 러시아령 연해주에서 의병 활동을 펼치다 일본군에 패배하자 비밀결사를 만들어 활동을 계속하였다.

한편 일본에서는 한반도를 통해 만주로 진출하려는 군부 세력과 이에 반대하는 이토 히로부미 세력 간의 갈등이 심화되었다. 이토 히로부미는 서둘러 한일병합을 하면 이를 발판으로 육군이 만주 진출을 시도할 것이고, 이는 우방국인 미국·영국 등을 적으로 돌려 결국 한반도마저 잃을 수 있다고 우려하였다. 한일병합을 하되 시기 조절이 필요하다고 본 것이다.

이는 육군 등 강경파의 반발을 불렀다. 헤이그 밀사 사건(1907)과 정미의병(1907~1910) 등 한국에서 계속 이어진 독립투쟁은 강경파에게 좋은 빌미가 되었다. 마침내 1909년 이토 히로부미가 통감에서 물러났다. 후임 통감은 빠르게 한일병합을 추진하였고, 마침내 1910년 한일병합이 이루어졌다.

한편 1909년 6월 통감 사임 후 이토 히로부미는 강경파들로부터 일본을 지키려면 만주에서의 평화가 절실하다고 보고, 러시아와 비밀협약을 체결하고자 만주 하얼빈으로 향했다. 바로 그곳에서 애국심과 복수심에 불타는 안중근이 기다리고 있었다. 1909년 10월 26일 오전 9시, 하얼빈 역에서 이토 히로부미는 안중근이 쏜 총에 맞아 쓰러졌다. 그는 열차로 옮겨져 응급치료를 받았으나 10분 만에 사망하였다.

"조국 독립과 동양 평화를 위해"

안중근은 재판정에서 "나는 한국의 독립과 동양의 평화를 위해 그를 죽였다"고 말했다. '동양 평화'란 한·중·일 3국이 각자 독립이 보장된 속에서 서로 동맹을 맺어 서양 침략을 막아 내는 것이라고 주장했다. 이는 일본이 한국과 중국을 '보호'해야 한다는 이토 히로부미의 동양 평화와는 다른 주장이었다.

혹자들은 이토 히로부미가 한일병합을 반대했다고도 하고, 동양 평화를 실현할 원대한 구상을 갖고 있었다면서 안중근의 의거를 비난하기도 한다. 하지만 그것은 끝내 일본을 망쳐 버린 일본 군부를 원망하는 일본인들의 마음일 뿐이다. 이토 히로부미와 그 추종자들은 결코 한일병합을 반대하지 않았다. 무모한 일본 군부의 모험주의를 견제하려 한 것뿐이다.

교수형에 처해지기 보름여 전인 1910년 3월, 중국 뤼순 감옥에서 어린 시절부터 알아 온 프랑스인 신부 빌렘과 동생들을 면회하고 있는 안중근 의사. 사진 맨 왼쪽이 안 의사의 동생인 정근·공근 형제이다.

어쩌면 이토 히로부미를 잃었기에 일제가 빨리 망하고 우리가 독립했다고 할 수도 있다. 안중근의 의거는 일본의 동아시아 지배를 꾀한 우두머리의 처단이자, 진정한 동양 평화를 위한 결단이었다. 우리가 식민지를 잃은 일본인의 안타까운 마음에 공감할 필요가 있을까?

친일파 처단이 살인인가

박상진

교과서 속 한 줄 역사   박상진 등은 공화정체를 목표로 대구에서 대한광복회를 조직하였다. 이들은 군대식 조직을 갖추고 군자금을 모아 만주에 무관학교를 설립하려 하였으며, 친일파 처단 활동을 전개하였다.

1960년 4·19혁명이 일어나자 독립운동 단체인 대한광복회에서 활동하다 희생당한 독립운동가의 유족들이 충남 천안에 모였다. 이승만 정부의 친일파 중용으로 그동안 숨죽이고 살던 독립운동가 유족들은 이제 새 세상이 열렸으니 번듯한 기념비를 세워 가신 이들의 넋을 추모하자고 마음을 모았다.

4·19혁명의 기운으로 세상이 들썩이던 시절이라 기념비 제작은 순조롭게 진행되었다. 마침내 완성된 기념비를 기쁜 마음으로 세우려는데, 비석을 세우지 말라는 압력이 들어왔다.

"왜 세우지 말라는 것이여?"

"광복회가 처단한 친일파 자식들 농간 아니겠어? 지 애비를 죽인 사람들을 추모하는 비석을 세우게 할 수는 없다는 거겠지.”

"아무래도 장택상이 농간이 아니겠어. 광복회가 처단한 친일파 장승원 아들놈이 이승만 정부에서 국무총리 지내고, 지금도 자유당 대표를 하고 있잖아"

"장택상이 뿐이여? 광복회가 처단하고 징발한 친일파 놈들이 아직도 떵떵거리고 사는데. 당장 장면 총리도 다마오카 쓰토무로 창씨개명하고 정신대(국민정신총동원조선연맹) 간사도 지냈잖아. 4 · 19 혁명이 일어나도 친일파가 총리하는 세상인데, 가재도 게 편이라고… 친일파가 기가 죽어야 우리가 사는데….”

"참 나, 친일파 처단한 게 살인이여? 박상진 장군이, 김좌진 장군이 살인자냐고!"

독립운동가 신고한 친일파들만 콕 집어

대한광복회는 1915년 박상진(1884~1921)의 주도로 설립된 비밀결사 조직으로, 무장투쟁을 통한 독립을 목적으로 조직 체계도 군대식으로 갖추었다. 박상진이 총사령에 취임하고 그 밑에 여러 부사령 등을 두고 국내 8도에 지부 조직을 건설하였다. 또한 무관학교를 세워 독립군을 양성하기 위해 만주 지역에도 부사령을 파견하였다.

처음 만주 지역 부사령은 이진룡(일명 이석대)이 맡았는데, 1918년 그가 일제에 처형당한 뒤 김좌진이 임명되었다. 김좌진은 이때

조선에서 만주로 떠난 이후 죽을 때까지 돌아오지 못했다.[*]

울산의 유학자 집안 출신인 박상진은 양정의숙을 졸업하고 판사 시험에 합격했지만 만주로 건너가 독립운동가가 되었다.

대한광복회는 독립군 조직에 필요한 군자금을 모금하고자 친일파의 집을 습격하고 반항하는 친일파들을 처단하였다. 대표적 사건이 경상도 친일파 장승원과 충남 아산의 박용하를 처단한 일이다.

장승원은 경상북도 칠곡의 이름난 부호인데, 재산을 지키는 데만 골몰하여 의병 활동 자금이나 독립운동 자금을 요구하면 오히려 경찰에 신고하였다. 특히 정미의병 당시 자신의 관직 진출을 도와준 허위 장군이 의병 자금을 요구하자 이를 경찰에 신고하여 처형당하게 만들었다. 이에 대한 원성이 자자하여 박상진이 그를 콕 집어 습격한 것이다. 역시나 그는 돈을 지키려 저항하다가 끝내 죽음을 당하였다. 아산 도고면의 면장이던 박용하도 독립운동가들을 경찰에 신고하는 것으로 악명

....

[*] 김좌진은 1918년 만주로 떠날 당시까지 기생 김계월과 동거를 했고 이때 둘 사이에서 낳은 아들이 김두한이라고 한다. 김두한이 김좌진의 아들임을 자각한 시점에 대해서는 여러 주장이 있다. 김두한이 해방 직후 공산당에 가입하자 박계주가 "너는 김좌진 아들이다. 김좌진은 공산당의 총에 맞아 죽었는데, 네가 아버지의 원수와 손을 잡느냐?"라고 비난하자 공산당을 나왔다고 하는데, 이에 따르면 김두한은 해방 이전에는 김좌진의 아들임을 몰랐던 셈이다. 김좌진, 김계월 모두 결혼 관계나 출산 등에 대해 증언을 남기지 않아 오늘날까지 논란이 있다.

《동아일보》 1921년 8월 13일자에 실린 박상진과 김한종의 사형 집행 기사. 김한종은 대한광복회의 충청도지부장이었다.

이 높아, 대한광복회 충청지부에서 그를 처단하였다.

대한광복회의 이러한 활동은 당연히 일제의 주의를 끌었다. 일제에 협조하는 지역 유지들을 보호하지 못하면 그들의 통치에 균열이 갈 것이기 때문이다. 일제는 적극적인 수사를 벌였고, 이 과정에서 1916년 일어난 현금수송마차 습격 사건이 대한광복회 소행임을 밝혀냈다. 그 조직이 크고 활동이 광범위한 데 놀란 일제는 가혹한 수사를 벌여 1918년 주요 조직원들을 체포하였다. 박상진도 이때 체포되어 사형당했다.

독립운동가들에게 씌워진 살인자·강도 누명

해방 이후 대한광복회의 업적을 기리는 움직임이 일어났지만, 친일파의 자손들 때문에 곧 중단되었다. 대표적 인물이 장승완의 아들 장택상이다. 장택상은 임시정부 외교위원까지 지낸 독립운동가였지만 집안과의 연을 끊지 못했다. 장택상이 영국 유학을 마치고 귀국할 때 총독부에서 마중을 나올 정도로 집안의 위세가 대단했다.

그는 집안에서 설립한 경일은행 상무를 지내고, 해방 이후에는 경찰 총수로서 친일 경찰 재등용에 적극 나서 엄청난 비난을 받았다.

문제가 된 악질 친일 경찰들이 모두 이때 등용되었다. 대한광복회 관련 사업도 장택상의 형제들이 적극 나서서 막은 것으로 알려졌다.

장택상의 '활약'으로 대한광복회의 핵심 인물인 박상진은 살인 자라는 누명을 썼고 그 집안은 풍비박산이 났다. 박상진의 부인은 늙어서까지 온기 없는 냉방에서 가난에 시달리다 죽었다. 친일파 후손들은 호의호식하며 부모의 죽음을 기리는데, 독립운동가의 후손들은 부모의 존재를 숨길 수밖에 없는 비참한 세월이 이어졌다.

그러나 나라를 되찾기 위해 배신자를 처단한 행위가 여느 살인과 같은가. 다행히 박상진과 대한광복회는 누명을 벗었지만, 아직도 살인자라는 억울한 이름에 갇혀 구천을 헤매는 독립운동가들이 있다. 이들을 신원伸冤하는 일이야말로 우리 후손들의 몫일 것이다.

독립의군부와 복벽復辟

대한제국 부활을 추진한 대표적인 비밀결사 단체가 임병찬이 주도한 독립의 군부다. 임병찬은 고종의 밀지를 받아 전국적인 항일의병을 일으켜 나라를 되찾고 고종을 복위시키려 하였으나, 1913년 지도부가 체포되면서 와해되었다. 임병찬은 옥중에서도 일제에 대항하다가 1916년 순국하였다.

대한제국 부활을 목표로 하는 '복벽파'는 고종의 복위를 1차 목표로 하였다. 수천 년 동안 왕의 지배를 받아 온 탓에 복벽에 호의적이었다. 그러나 복벽파 지도부들은 대부분 유생들이라 완고하게 신분제를 고수했다. 이러한 낡은 생각이 역사적으로 쇠퇴하는 원인이 되었다.

복벽파는 고종의 죽음으로 목표를 상실했고, 3·1운동으로 대중운동이 고양되면서 유생들의 주도권도 점차 사라졌다. 임시정부 수립으로 공화정이 독립의 목표가 되면서 복벽파는 더더욱 설 자리를 잃었다. 1920년대 들어 많은 유생들이 양반 기득권을 지키고자 친일로 변절하거나 공화파로 돌아서면서 복벽(물러난 임금이 다시 왕위에 오름)은 사라졌다.

10

농사짓고 훈련 받은 엘리트 장교들

신흥무관학교

교과서 속 한 줄 역사　일제의 탄압으로 신민회가 해체되는 과정에서 회원들은 삼원보에 신한민촌을 건설하고 경학사라는 항일독립운동 단체와 신흥강습소를 세웠다. 신흥강습소는 현대식 군사교육을 실시하여 다수의 독립군을 양성하고, 이후 신흥무관학교로 개편하였다.

군대에서 장교가 하는 역할은 무엇일까? 과거에는 일반 백성들을 징병해서 전장에 투입했기 때문에 장교, 즉 직업군인들의 역할이 매우 중요했다. 전투 경험이 없는, 그저 '무리'에 지나지 않는 사람들을 묶어 대형을 만들고 잘 싸우게 하려면 정치·경제·사회·심리·철학 등에 두루 능해야 했다. 이것이 바로 '병법兵法'이다. 병법에 능통한 자가 전쟁을 좌우했다.

　무기 체계가 고도로 발달한 현대전에서는 어떨까? 아무리 유능한 장교라 해도 소총으로 무장한 보병을 이끌고 첨단 탱크로 무장한 기갑 병력과 싸워 이기기는 어렵지 않을까? 능력이 좀 떨어지는 장교라 해도 첨단 무기로 무장한 군대가 있으면 전투에서 승리를 거둘 수 있지 않을까?

그러나 수많은 현대전의 사례는 무기의 질이 전쟁을 좌우하지 않는다는 것을 잘 보여 준다. 이라크에서 세계 최강 미군에게 큰 타격을 입힌 것은 첨단 무기가 아니라 아마추어 화학자도 만들 수 있는 급조폭발물(IED)이었다. 오히려 현대전일수록 국제전 성격을 띠면서 더더욱 모든 방면에 능통한 능력 있는 장교를 필요로 하게 되었다. 장교의 질이 전쟁의 승패를 좌우한다는 것은 동서고금의 진리인 것이다.

독립군에서 장교를 양성하는 법

독립군도 의기만으로 싸울 수는 없었다. 정의로운 세력이 하늘의 도움을 받아 승리를 거둔다는 이야기는 영화에서나 가능하다. 현실에서 전투는 힘과 힘, 지혜와 지혜의 대결이다. 당연히 독립군에게도 좋은 장교가 필요했다. 게다가 독립군은 무기나 보급 등 여러 면에서 일본군보다 열세였으므로, 장교의 질만은 일본을 능가해야 했다. 이처럼 중요한 장교를 양성한 대표적 조직, 즉 독립군 사관학교가 바로 신흥무관학교이다.

일반적으로 '신흥무관학교'라고 칭하는데, 일본의 눈치를 봐야 하는 중국 땅에서 노골적으로 군사적 명칭을 쓸 수 없었던 까닭에 '신흥강습소', '신흥중학교' 등 다양한 이름으로 불렸다. 학교도 기밀을 유지하려면 아무 곳에나 세울 수 없어 일부러 산을 의지해 세웠다.

신흥무관학교가 1915년 쏘배차(백두산 서편)에 건설한 백서농장에서 농사일을 하며 군사훈련을 받던 신흥무관학교 졸업생들. 말이 농장이지 수천의 병력을 수용할 수 있는 군영이었다.

적당한 부지를 매입하여 건물을 짓고 필요한 물건을 은밀히 사들이고 유능한 선생을 모셔야 했으므로 돈이 많이 들어갔다. 이회영 등 경주 이씨 집안의 돈이 이곳에 집중되었다. 그래도 독립군 양성에 필요한 것들을 갖추기에는 턱없이 부족했다. 학생들은 자신들이 먹을 식량을 직접 농사지었다. 그래도 먹을 것이 넉넉지 못해 항상 굶주렸다.

일본군은 어땠을까? 그야말로 하늘과 땅 차이였다. 1875년 개교한 일본 육군사관학교는 이미 40여 년의 역사와 전통을 갖고 있었다. 천황이 직접 챙겨서 모든 것이 풍부했으며, 프랑스·독일 등 유럽 선진국의 교관들이 와서 선진 군사기술을 가르쳤다. 엄격한 선발로 생도들의 정신적·육체적 질도 매우 높았다. 청일전쟁과 러일전쟁에서 승리하여 사기도 높고 실전 경험도 풍부했다. 독립군 사관생도들이 먹을 것을 구하러 다닐 때, 일본 사관생도들은 공부하고 육체 단련하고 실전 경험을 쌓았다.

독립군이 일본군에 비해 우월하다고 말할 수 있는 것은 애족심이라는 주관적인 관념뿐이었다. 그럼에도 신흥무관학교 생도들은 꿋꿋이 버텨 냈다. 그들의 하루 일과표는 대단히 빡빡해서, 아침 일찍 일어나 오전·오후 내내 군사훈련과 교과 수업을 받았다. 수업 과목은 국어·중국어·역사·지리·수학·화학·도덕·음악 등이었고, 군사훈련도 총검술과 사격·산악 행군까지 다양했다. 물론 틈틈이 농사를 짓고 심지어 '알바'도 했다.

"무관학교생은 체포 즉시 처형하라"

1919년 3·1운동이 일어나자 만주의 독립군 기지들은 전투부대로 조직을 개편하고 국경을 넘어 본격적으로 일본군과 교전을 벌였다. 신흥무관학교 교사와 학생들은 각 부대의 지휘관으로 임관하여 전투를 지휘하였다. 이들이 국경 곳곳의 일본군 부대와 관공서에 피해를 입히자, 일본은 대규모 토벌군을 편성해 만주로 파견했지만 봉오동과 청산리에서 참패를 당했다. 객관적 전력에서 열세인 독립군이 일본군을 이길 수 있었던 가장 큰 이유는 지휘관의 우수한 능력이었다.

'지피지기면 백전백승'이라는 말처럼, 일본군은 독립군 장교의 실력을 몰랐지만 독립군은 일본군 장교의 실력을 잘 알았다. 당시 일본 육사에는 한국인 생도들이 있었다. 이들은 대개 친일파가 되었지만, 졸업한 뒤 혹은 도중에 탈출해서 독립운동에 가담한 사람들도 있었다. 일본 육사 11기 노백린 · 김의선, 15기 류동근, 23기 김경천, 26기 지청천, 27기 이종혁 등이 그들이다. 이들이 일본 육사의 실태와 장교들의 특징을 잘 알고 있어서 미리 대비할 수 있었다.

참패를 거듭한 일본군은 신흥무관학교를 수색하는 한편 "신흥무관학교 교사 및 학생들은 체포 즉시 처형하라"는 지시를 내렸다. 이들을 없애지 않으면 독립군이 일본의 항상적 위협이 되기 때문이었다. 이로 인해 많은 사람들이 포로 규정과 상관없이 학살당했다. 일제가 저지른 또 하나의 전쟁범죄이다.

마음만으로 뜻을 이룰 수 없고, 정의롭다고 해서 목표한 바를 얻을 수 있는 것은 아니다. 철저한 준비와 합리적 실천이 정의로운 마음과 하나가 되었을 때 비로소 뜻을 이룰 수 있다. 독립군의 강력함

'의열단'과 황포군관학교

황포군관학교를 순시하는 쑨원.

1924년 중국 국민당 지도자 쑨원은 중국 국민 혁명에 복무할 사관학교로 황포군관학교를 만들었다. 황포군관학교는 중국 장교 양성 기관이었지만, 한인도 받아 주어 독립군 장교 양성소로 활용되었다. 이곳과 관련된 유명한 조직이 '의열단'이다. 의혈 활동의 한계를 절감한 김원봉과 의열단은 독립군으로 전환하기 위해 조직을 해체하고 이곳에 입교하여 정식 군사훈련을 받았다.

신흥무관학교가 해체된 이후 많은 독립군 장교들이 이곳에서 배출되었다. 이들은 1930년대 일본을 상대로 중국 곳곳에서 실행된 한중연합 작전에서 큰 역할을 하였으며, 김원봉 등 일부 독립군은 광복군에 참여하여 임시정부의 군대로 활약하였다.

이면에는 신흥무관학교가 있었다. 신흥무관학교는 독립을 위해 만주로 건너간 한민족 모두의 마음과 정성이 깃든 곳이었다. 그것이 진정한 독립군의 힘이었다.

북로군정서 혼자 싸웠나

청산리대첩

> 교과서 속 한 줄 역사 홍범도의 대한독립군과 김좌진의 북로군정서 등 독립군 부대들은 청산리 부근에서 일본군과 맞섰다. 독립군은 60여 명이 전사하였으나 연대장을 포함하여 1,200여 명의 일본군을 사살하는 독립전쟁사에서 가장 큰 전과를 올렸다.(청산리대첩 1920)

북괴 변조 국사(18회) 청산리대첩

(상략) 일본군은 대대적인 병력을 투입, 김좌진과 이범석이 이끄는 북로군정서군을 공격해 왔다. … 이 정보를 입수한 김좌진은 유도작전을 펴 일본군 연대 병력 이상을 청산리 80리 계곡에 끌어들여 전후 4일간의 격전 끝에 크게 무찔렀다. 5만 병력을 2,500여 명의 적은 병력으로 맞아 3,300여 명을 사살한 대첩이었다. … 북괴가 이 싸움을 마치 홍범도의 업적인 것처럼 서술하고 있는데 문제가 있는 것이다. – 《경향신문》, 1976년 3월 24일자

독립전쟁사의 가장 큰 전과戰果인 청산리대첩의 주역은 누구일

까? 홍범도의 대한독립군과 김좌진의 북로군정서라고 기술한 현재 교과서와 달리, 과거에는 김좌진과 이범석이 이끈 북로군정서라고 가르쳤다. 이러한 잘못된 지식은 역사의 진실을 왜곡했고, 오히려 청산리대첩을 축소하려는 일본에게 좋은 구실을 주었다. 일본은 청산리대첩에서 수십 수백 명의 일본군 사상자가 났지만, 독립군 수천 명을 패퇴시켰다고 주장한다. 청산리대첩의 진실과 의의, 그리고 왜곡의 이유를 알아보자.

만주에서 벌어진 7일간의 대혈전

1919년 3·1운동을 기화로 독립군 부대들의 국내 진공進攻 작전이 전개되면서, 홍범도 부대가 함남 갑산 지역을 공격하고, 북간도 독립군들이 두만강을 건너 곳곳에서 교전하였다. 국내에서는 천마산대 등 몇몇 부대가 평안도와 황해도 일대에서 유격전을 벌였으며, 의열단·공명단 등 비밀결사들이 의혈 활동을 벌였다.

처음에 일본은 중국과의 관계 때문에 대규모 군사력을 중국 땅 만주에 투입할 수 없었다. 그래서 홍범도 부대가 국경을 넘어 공격해 오자 총 1개 대대 600여 명 병력의 월경越境 추격대를 편성해 반격에 나서는 정도였다. 홍범도 부대는 이들의 추격을 예상하고 미리 함정을 파 놓았고, 무모한 추격에 나선 일본군은 대패를 당했다. 이것이 '봉오동전투'이다.

자존심에 상처를 입은 일본 육군은 만주의 실질적 지배자인 군벌 장쮜린張作霖을 닦달했다. 그러나 장쮜린으로서는 만주에 일본군을 들인다는 것이 영 내키지 않았다. 중국 국토 전체가 사분오열되어 군벌들이 할거하는 상황에서 자칫하면 만주가 일본에 넘어갈 수도 있었기 때문이다.

장쭤린이 협조를 거부하자, 일본은 '훈춘 사건'을 조작하여 출병의 명분을 만들어 냈다. 중국 마적들을 매수하여 훈춘의 일본 영사관 및 거류민을 습격하게 만들고, 이를 구실로 대규모 병력을 만주로 출병시킨 것이다. 일본군 병력은 사단 규모 1만 5천여 명 수준이었다.

일본의 대규모 부대가 독립군을 토벌하기 위해 만주로 들어오자 독립군 부대들은 연합부대를 편성하였다. 작전의 개요는 일본군 추격을 피해 백두산으로 이동해 밀영密營을 세워 장기전을 벌이되, 일본군의 추격을 저지할 수 있도록 유리한 지형에서 전투를 벌인다는 것, 즉 일방적으로 후퇴하면 추격 섬멸당할 수 있으므로 적절한 전투를 벌여 추격을 늦추는 것이었다. 홍범도의 대한독립군, 김좌진의 북로군정서 등이 주요 역할을 맡았다. 특히 대종교의 후원을 받아 기관총 등 좋은 무기를 갖춘 북로군정서가 핵심이었다.

그리하여 만주 허룽현 청산리 일대에서 7일간 전투가 벌어졌다. 일본군의 작전 방식을 환히 꿰뚫고 있던 독립군은 무모한 돌격을 유도해 함정에 빠뜨린 뒤 포위 섬멸하는 작전을 세웠는데, 매우 효과적인 전술이었다. 무작정 돌격하던 일본군이 맞은편의 일본군을 독립군으로 오인해 서로 싸우는 일까지 벌어졌다. 일본군의 돌격정신은 지형지물에 익숙한 독립군에게 조롱거리에 지나지 않았다. 그렇다고 만만한 전투는 아니었다. 이범석이 자신의 문제적 회고록

청산리대첩을 승리로 이끈 핵심 부대인 북로군정서군의 승전 기념사진. 앞줄에 앉은 사람이 김좌진 장군이다.

《우등불》에서 일본군 포탄에 자신의 군도軍刀가 날아갔다고 했을 정도로 많은 이들이 생과 사의 기로에서 야차(싸움 귀신)처럼 싸웠다.

7일간의 전투는 마침내 일본군의 패배로 끝이 났다. 일본군은 전열을 정비하기 위해 추격을 멈추었고, 그 사이 독립군은 백두산 밀영으로 후퇴하여 조직 개편을 마무리할 수 있었다. 독립군을 놓친 일본군은 간도의 우리 동포들에게 화풀이하여 1천여 명 이상을 학살하였다. 이것이 '간도 참변'(1920)이다. 일본군은 그러면서 청산리전투에서 독립군을 몰아내고 승전을 거두었다고 선전하였다.

유일한 증언자 이범석의 과장

그로부터 25년 뒤, 해방을 맞아 광복군 제2지대장 이범석이 귀국했다. 화려하고 자랑스러운 독립군 경력을 가진 그였지만, 귀국한 뒤의 정치적 행보는 어지러웠다. 극우 민족주의적 성향 때문에 견제를 많이 당했다. 이승만 정권 하에서 국방장관·내무장관 등의 요직을 지냈으나, 대통령 자리를 노리며 장기 집권을 계획하던 이승만과 충돌하였다. 이미 극우 성향으로 이승만 외의 다른 정치 세력에게 비판을 받던 터라 이승만과의 결별은 사실상 정치인생의 종말을 의미하는 것이었다.

북로군정서의 청산리대첩을 증언해 줄 거의 유일한 사람으로서 이범석은 청산리대첩을 자신의 정치인생과 연결 지었다. 청산리대첩을 승리로 이끈 북로군정서의 김좌진은 1930년에 이미 사망했기 때문에 그 공로가 이범석에게 쏠릴 수밖에 없었다. 물론 여기에는 김좌진의 아들임을 내세운 김두한 당시 국회의원의 역할도 있었을 것이다. 이런 정치적 의도에서 청산리대첩이 오직 북로군정서만의 업적인 양 알려졌고, 과장도 점점 심해지게 되었다.

청산리대첩의 승패는 사상자 수와 큰 상관이 없다. 또한 사상자 수도 각자의 입장에 따라 다르게 계산하므로 차이가 클 수밖에 없다. 이쪽은 쓰러진 적군을 모두 사상자로 보지만, 저쪽은 병원에서 죽거나 전투 능력을 상실한 군인만 계산하는 식이다. 다만, 전체적인 상황으로 볼 때 일본군이 독립군 추격에 동원할 수 없게 된 병력 규모, 즉 작전 수행 능력을 잃은 병력이 1천여 명 이상으로 추정된다. 그렇지 않다면 일본이 자랑하는 정예 병력이 독립군을 그렇게 쉽게 놓쳤을 리 없다. 결국 일본군의 작전상 목표를 무산시켰으므로 청산리대첩은 분명 독립군의 승리다.

사실 청산리대첩 논쟁에서 어이없는 것은, 어떻게 한 개인의 증언이 역사적 사건의 고증에 절대적 영향을 미쳤을까 하는 점이다. 많은 이들이 청산리대첩에 참가했고, 그 전투의 역사적 의의가 매우 컸고, 관련 기록이 매우

1920년 10월 청산리전투에서 부상병을 실어 나르는 일본군.

많았음에도 이범석 한 사람의 증언에 편중됐던 이유가 무엇일까?

아마도 이범석 개인의 정치적 영향력, 독립운동이라면 좀 과장해도 될 거라는 안이한 생각 등이 겹친 때문일 것이다. 그러나 너무 당연한 말이지만, 독립운동도 엄격한 고증에 따라 연구되어야 한다. 그렇게 하더라도 충분히 가치 있고 위대한 업적들은 많다.

망명설과 독살설

고종

•••

교과서 속 한 줄 역사 전국적인 만세 시위를 준비하
던 종교계 인사들은 고종의 인산일을 즈음하여 대규
모 시위를 벌이기로 계획하였다.

•••

어주도감御廚都監 한상학이 건네 준 비상을 궁녀가 식혜에 타서 고
종에게 드렸다. 얼마 지나지 않아 독이 퍼지자 고종이 큰 소리로
말하기를 '내가 무엇을 먹었기에 이러한가!' 하고 얼마 후 죽었
다. 시신의 두 눈이 붉게 충혈되고 온몸에 붉은 반점이 생기면서
빠르게 부패했다. 궁녀 2명도 갑자기 죽음을 당하였는데, 이 광경
을 보았기 때문이다.

3·1운동 전후, 고종이 일제에 독살당했다는 소문이 돌았다. 이
로 인해 황제의 죽음에 대한 충격과 분노가 폭발하였고, 이것이
3·1운동의 기폭제 중 하나가 되었다. 하지만 고종 독살설은 어디

까지나 '설說'일 뿐, 오늘날까지도 진실은 밝혀지지 않고 있다.

독살설에서 가장 논란이 되는 것은 동기다. 일제는 왜 이미 아들에게 왕위를 물려주고 물러앉은 상왕을 굳이 독살하려 했을까? 이와 관련하여 유력한 정황이 '고종 망명설'이다. 망명설과 독살설은 불가분의 관계이며, 이는 합병 이후 고종과 왕실의 독립 노력에 대한 역사적 평가의 핵심을 차지한다.

조선 왕이 망명하여 독립을 주장한다면?

대표적인 고종 망명 추진 계획설은 두 가지다. 하나는 1915년 이상설이, 또 하나는 1918년 이회영이 추진했다고 한다. 이상설은 헤이그 밀사로 고종의 밀지를 받아 연해주로 망명한 후 그곳에 망명정부를 세웠다. 이것이 대한광복군 정부이다. 고종의 밀지를 세워 정통령에 취임한 이상설이 장차 고종을 망명시키려 했는데, 1915년 추진했던 망명 시도는 국내에 잠입한 독립운동가들이 체포되는 바람에 좌절되었고, 이상설도 1917년 사망하였다.

1918년에 추진했다는 이회영의 망명 계획은 훨씬 더 구체적이다. 이회영은 국내에 비밀리에 잠입하여 고종의 시종을 통해 망명 계획을 알렸다. 고종이 승낙하고 민영달에게 구체적 실행 계획을 마련하라고 지시했다고 한다. 이때가 1918년 말인데, 바로 얼마 후인 1919년 1월 21일 고종이 급서하였다.

그런데 당시 고종의 망명이 일본에게 큰 타격을 입힐 수 있었을까? 1918년 제1차 세계대전 종전과 함께 변화된 정세에 주목해

고종 황제.

보자. 미국 대통령 윌슨은 1918년 1월 민족자결주의를 발표했다. 그 내용은 앞으로 결정될 정부의 정당한 주장과 식민지 민족의 이익이 동등하다,[*] 곧 식민지는 독립 정부를 세울 권리가 있다는 것이었다. 이로써 식민지배를 받는 민족들에게 독립에 대한 상당한 희망이 생겨났고, 국제적으로 식민지 독립에 우호적 분위기가 만들어졌다.

이런 상황에서 조선의 왕이 망명하여 독립을 주장한다면? 제1차 세계대전 승전국을 자처하며 전후 처리 협상에 열을 올리고, 특히 산둥반도의 이권을 차지하려던 일본에게 상당한 어려움이 닥칠 것이다.

....

[*] "A free, open-minded, and absolutely impartial adjustment of all colonial claims, based upon a strict observance of the principle that in determining all such questions of sovereignty the interests of the populations concerned must have equal weight with the equitable claims of the government whose title is to be determined." 일부 학자들은 문제의 이 원문을 잘못 해석하였다고 주장한다(강준만, 《한국 근대사 산책》 6권 129~130쪽). 이 원문에는 자결이나 독립에 대한 어떤 이야기도 없다. "모든 식민지 문제의 공평한 조치"나, "통치하는 정부의 주장과 통치당하는 민족의 이익이 동일하다"는 해석은 오류일 가능성이 높다.

희박한 망명 가능성

하지만 과연 당시 고종의 망명이 가능했으며, 고종이 실제 망명을 추진했는지 살펴볼 필요가 있다. 고종 망명설의 진원은 이회영이다. 이회영이 고종의 망명을 추진한 것은 사실로 보이지만, 고종이 이에 적극 찬성하고 실제로 움직이려 했는지는 불투명하다. 설령 찬성했다 해도, 고종이 일제의 감시망을 뚫고 덕수궁을 나와 인천까지 가서 중국행 배를 타는 것이 가능했을까? 일본이 이를 실질적 위협으로 간주했을까?

일본은 고종이나 순종의 여행을 추진한 바 있다. 특히 일본 여행을 적극 추진했는데, 고종은 이를 일제 지배를 인정하는 행위로 보고 결사적으로 거부했다. 순종의 일본행을 고종이 얼마나 반대했는지는, 순종과 가장 가까웠던 일본인 관리 곤도 시로스케가 쓴《대한제국 황실비사》에 잘 나와 있다. 덕수궁 밖 외출조차 꺼렸던 고종이 망명을 결심하고 단행하기는 매우 어려웠을 것으로 보인다.

그렇다면 일제가 고종을 독살했다는 주장은 어떻게 보아야 할까? 독살설은 그저 설에 지나지 않을까? 윤치호는 훗날 일기에 고종의 시신이 독살당한 흔적이 있었다고 썼다. 윤치호는 개화파 인사로서 친일과 민족의 경계에서 교묘하게 줄타기를 한 인물이다. 그는 일본 입장에서 보면 객관적으로, 우리 입장에서는 친일에 가깝게 기록을 남겼다. 그런 그가 독살에 대한 기록을 남겼다면 신빙성이 낮지 않다.

고종 망명은 미스터리지만, 왕자 망명 시도는 있었다. 그 주인공은 의친왕이다. 고종과 장귀인 사이에서 태어난 의친왕은 살아서

의친왕 이강은 고종의 다섯째 아들이다. 1905년 미국의 로어노크 대학을 졸업하고 귀국하였으며, 같은 해 6월 적집자사 총재가 되었다. 1919년 상하이 임시정부로 탈출하려다가 실패하여 강제 송환되었다.

장성한 고종의 세 아들(명성황후 소생 순종, 순헌황귀비 엄씨 소생 영친왕) 중 하나이다. 의친왕은 1919년 임시정부의 주선으로 42세의 나이에 중국으로 망명을 시도하였으나, 국경을 넘자마자 안동에서 체포되었다.

그런데 이 사건에서 주목되는 것은 임시정부의 국내 조직인 연통제聯通制(비밀연락망)와 그 연결 조직인 교통국이다. 의친왕의 망명 시도가 가능했던 것은 이런 치밀한 조직 덕이었다. 이를 거꾸로 이야기하면, 3·1운동 이전 변변한 전국적 독립운동 조직이 없던 시절에는 고종의 망명이 현실적으로 매우 어렵지 않았을까?

망명설과 독살설은 동전의 양면 같은 주장으로, 현재로서는 입증하기 어렵다. 다만, 여기서 두 가지 유의할 점이 있다. 하나는, 고종이 당시 우리 민족의 가슴에 어떤 존재로 남아 있었는가 하는 것이다. 당시만 해도 많은 유생들이 고종의 복위(복벽)를 위해 의병전쟁을 준비하고 있었다. 조선 왕조 500년을 향한 국민들의 마음과 충정은 그리 쉽게 식지 않았다.*

　또 하나는, 이것이 과연 3·1운동의 본질일까 하는 것이다. 3·1
운동은 우리 독립운동의 역사를 복벽에서 공화정으로 결정적으로
돌려놓았다. 이미 시대적 흐름은 왕에서 대통령의 시대로 넘어가
고 있었다. 의친왕이 망명을 준비하며 "황족이 아니라 신민으로 정
부에 충성하겠다"고 말했듯, 이미 독립을 해도 다시 왕을 세우기는
어려운 분위기였다. 고종의 역할과 투쟁을 과대평가해서는 안 되는
이유이다.

....

* 　일부 역사학자들은 '고종이 죽지 않았어도 3·1운동이 일어났을까'라고 묻는다. 본질
　적인 질문은 아니지만, 고종의 죽음이 3·1운동에 큰 영향을 미친 것은 사실로 보인
　다. 바로 왕조 의식 때문이다. 민주주의나 공화정을 경험해 보지 못한 백성들에게 왕
　의 죽음은 하늘이 무너져 내린 것과 같은 큰 사건이었다. 어쩔 수 없는 '시대적 한계'
　였다.

13

3·1운동, 뭣이 중헌디?

유관순

> **교과서 속 한 줄 역사** 이화학당에서 공부하던 유관순은 1919년 3월 1일 서울 탑골공원에서 독립만세운동에 참여하고, 고향인 천안으로 내려가 독립만세운동을 지휘하였다. 그녀는 형무소 안에서도 독립 만세를 외쳤고, 그때마다 매질과 고문을 당하였다. 결국 유관순은 1920년 9월 28일 19세의 꽃다운 나이에 옥중에서 순국하였다.

2014년까지 8종의 교과서 중 2종은 기술이 안 되었고, 2종은 사진 없이 이름 등만 언급되었습니다.

교육부가 배포한 국정교과서 홍보용 동영상 내용이다. 2000년대를 사는 한 여학생이 유관순에게 "나는 당신을 모릅니다"라고 말하면, 이어서 위와 같은 자막이 나온다. 이 홍보 동영상은 공개되자마자 상당한 논쟁을 불러일으켰다. 이 영상을 비판하는 측의 주장은 간단하다. 과거 국정교과서에서는 유관순을 누락시키거나 이름만 언급했는데, 검인정 체제에서는 절반 이상의 교과서가 유관순에 대해 자세히 언급했다. 오히려 검인정교과서가 되면서 유관순이 충실하게 소개되었는데, 교육부가 사실을 왜곡했다는 주장이다.

유관순만 문제인가?

솔직히 나는 유관순 관련 서술이 논쟁거리가 될 것이라고 예상하지 못했다. 내가 가르치는 학교에서 선택한 한국사 교과서에는 유관순이 자세히 서술되어 있기 때문이다.

교육부 자료에 따르면 이 교과서는 채택률 2위(2014년 516개 교)였다. 그런데 채택률 1위 교과서(525개 교)에는 유관순 관련 기술이 없었고, 이것이 문제의 발단이 된 모양이다. 그런데 채택률 1위 교과서는 과거 국정교과서를 독점 출판하던 '대한교과서'의 후신이다. 논쟁이 될 수밖에 없지 않은가?

사실 근본적인 문제는 다른 데 있다. 3·1운동은 전국 200여 개 지역에서 200만 명 이상이 참여한 민족 최대의 저항운동으로,* 민족 대표 33인이 발표한 〈독립선언서〉는 지금도 명문 중 하나로 꼽힌다. 그런데 혹시 이 운동이 어떻게 시작되었는지 아시는지?

민족 대표 33인이 지금의 종로구 인사동에 있던 태화관에서 〈독립선언서〉를 낭독할 때, 정작 탑골공원에 모인 사람들은 우왕좌왕 당황했다고 한다. 그때 학생 정재용이 나서서 〈독립선언서〉를 낭독

....

* 박은식이 1920년에 쓴 항일독립운동에 관한 역사서 《한국독립운동지혈사》에 따르면, 집회 1,542건, 집회 참가자 총 200만 명, 사망자 7,509명, 부상자 1만5,961명, 투옥자 4만 6,948명이었다.

최남선이 기초하고 민족 대표 33인이 서명 발표한 〈독립선언서〉. 기미년(1919)에 씌어졌다 하여 '기미독립선언서'로도 불린다.

하고 만세를 선창했다. 3 · 1운동은 바로 정재용의 이 낭독으로 시작된 것이다.

그런데 과연 우리나라 국민 중 민족 대표 33인을 모두 아는 이가 얼마나 될까? 또 정재용을 아는 사람은? 교과서에서 33인 중 끝까지 독립운동에 매진했던 손병희나 이승훈, 그리고 정재용의 사진 한 번 제대로 본 사람이 몇이나 될까? 그런데 왜 유독 유관순만 논쟁이 되는 것일까? 유관순과 관련해서는 이외에도 논쟁이 여럿 있다. 왜 '누나'라고 부르는가, 유관순은 정말 토막살인을 당했나 등의 선정적인 내용까지. 이는 모두 본질적 논쟁이 아니다. '왜 유관순일까?' 한번 생각해 보자.

옥사할 때까지 멈추지 않은 만세 외침

1902년 천안에서 태어난 유관순은, 기독교인으로서 개화사상에 투철한 부모 밑에서 신교육을 받으며 자랐다. 1916년 이화학당*에 입학하고 1918년 고등과에 진학하였다. 이화학당은 미일동맹 시대 미국 선교사가 설립한 학교지만, 개화기 최초의 여학교로서 자부심과 애족심이 투철한 학교였다. 3·1운동이 일어났을 때에도 많은 학생들이 뛰쳐나와 시위에 참여했고** 유관순도 그중 한 사람이었다.

유관순은 연행당해 투옥되었으나 선교사의 도움으로 곧 풀려났고, 3월 10일 휴교령이 내려지자 하는 수 없이 고향 천안으로 내려갔다. 그녀가 귀향하자 동네 청년들이 몰려들었다. 텔레비전도 라디오도 없고 신문은 총독부 기관지인 《매일신보》뿐이던 시절, 고향 사람들은 서울 소식에 목말라 있었다. 유관순은 3·1운동 소식을 적극 전파하고, 고향의 존경받는 인사인 아버지에게 도움을 청했다.

마침내 4월 1일, 아우내 장터에서 유관순 가족과 그 친구들이 독립 만세를 외쳤다. 이때는 3·1운동이 절정에 달한 시점이었다. 3

....

* 이화학당은 1920년대에 오늘날의 이화여고와 이화여대로 갈라진다. 현재 이화여고와 이화여대는 각기 다른 재단(이화학원과 이화학당)에 속해 있으며, 이화학당 재단 산하에는 이대부고와 이화외고가 있다.

** '3·1운동 여학생들의 시위'라는 제목으로 소개된 사진이다.(오른쪽) 하지만 이 사진은 여학생이 아니라 1919년 3월 29일 있었던 수원 기생들의 시위 장면으로 추정된다. 이 시위를 주도한 김향화는 징역 6월의 옥고를 치렀다. 한편 진주 기생 한금화도 광목천에 "기쁘다 삼천리 강산에 다시 무궁화 피누나"라는 혈서를 쓰고 3·1 시위를 주도하였다.
당시 기생들은 강한 애족심으로 국채보상운동, 3·1운동 등에서 중요한 역할을 했다. 기생들은 오늘날 직업적 연예인들에게 자리를 내줄 때까지 전통 사회에서 전문 여성 연예인의 역할을 했고 교양 수준도 높았다. 황진이나 논개가 대표적이다.

1919년 8월 서대문 형무소에 이감됐을 때 만들어진 수형 기록 카드. 뒷면에는 죄명과 형량 등이 적혀 있다.

월 상순(1~10일) 113곳에서 발생한 시위는, 4월 상순에는 280곳에서 벌어졌다. 3월 상순 15건에 지나지 않던 일본 군경과의 충돌도 이 기간에는 75건으로 증가했다. 시위가 전국화되자 일본 군경은 무차별 학살로 대응했고, 이에 우리도 무력으로 맞대응하였다. 이 기간 일본 군경의 발포는 일본 측 발표로만 51건으로 3월 상순(15건)에 비해 3배 이상, 3월 중순(8건)에 비해 6배 이상 증가하였다.

일제는 3천여 명에 달하는 천안 시위대에 무차별 발포하였고, 이 날 유관순의 부모를 비롯한 19명이 총에 맞아 피살되었다. 유관순은 부모의 시신을 부여잡고 통곡하다 끝내 연행되었다. 그녀는 징역 5년형을 선고받고 서대문 형무소에 갇혔다. 하지만 한 맺힌 그녀의 저항은 멈추지 않았다. 유관순이 독립 만세를 멈추지 않자, 간수들은 형무소 내 소요 사태를 막기 위해 그녀를 가혹하게 고문하고 구타했지만 소용없었다. 유관순은 9월 28일 끝내 옥사하고 말았다.

유관순이 사망한 뒤 일본은 시신 인도를 거부했다. 이화학당 교장 등이 강력하게 항의하여 시신을 인수하여 수위실에 안치한 뒤 장례를 치렀다. 이때 시신을 본 사람들이 여섯 토막이 나 있었다고 증언했다고 하며, 이 이야기가 독립운동가들에게 널리 퍼졌다. 시신은 이태원 공동묘지에 안장되었으나, 1937년 택지 개발 때 유실되었다.

교과서 이념 논쟁에 대하여

역사 교과서 이념 편향 논쟁은, 2000년대 중반 당시 한나라당과 보수적 시민 단체에서 한국 근현대사 교과서를 비판하면서 시작되었다. 당시 채택률 1위였던 금성사 교과서의 근현대사 내용이 좌파 쪽으로 치우쳤다는 비판이었다. 이 비판은 이명박 정부와 박근혜 정부 들어 더욱 거세졌고, 2016년 결국 검인정 폐지 및 국정교과서 편찬 결정으로 이어졌다. 하지만 국정교과서도 친일 독재 미화라는 거센 비판에 결국 폐지되었다.

10여 년 넘게 이어 온 논쟁에 대해 두 가지만 지적하고 싶다. 먼저 교과서는 학계 다수설을 싣는 것이 원칙이다. 정치적 이해에 따라 소수설을 교과서에 채택하면 학교교육은 정치 세력의 이전투구 장이 될 수밖에 없다. 금성사 교과서 논란, 검인정교과서 파동은 모두 역사학계의 다수설을 이념과 당리당략에 따라 부정한 전례를 남겼으며 교육의 중립성을 침해하였다.

또 하나, 아직도 우리는 이념을 좌와 우로 보지 않고 선과 악으로 판단하고 있다. 나의 이념은 선이고 상대의 이념은 악이라는 생각은 극단적 대립과 갈등을 부른다. 이는 대화와 타협, 공존을 원칙으로 하는 현대 민주사회의 근간을 흔드는 것이다. 우리는 극단적 이념 대립 속에 많은 아픔을 간직한 민족이다. 과거의 대립적 역사를 청산하지 못하는 한, 미래 한국에 민주주의가 오기는 어려울 것이다.

우리 안의 '유관순'을 넘어

유관순은 우리에게 어떤 존재인가? 세 가지 의미를 들 수 있다.

첫째, 유관순은 3·1운동의 대표적 모습을 보여 준다. 3·1운동은 3월 1일 서울에서 시작하여 4월 초 전국으로 확산되었으며 그해 내내 이어졌다. 그녀의 실천과 끈질긴 투쟁 과정은 3·1운동 그자체이다.

둘째, 일제에 저항하는 청년의 기개이다. 일제의 만행을 두려워하지 않고 당당히 맞서 싸웠으며 죽음도 불사한 그녀의 행동은 청년의 기개가 있었기에 가능한 일이었다. 그래서 유관순은 '누나', 즉 영원한 청년인 것이다.

셋째, 그녀의 비극적 죽음은 많은 이들의 공분을 자아냈다. 토막

3·1운동 당시 덕수궁 앞에서 만세를 외치며 시위하는 군중.

을 당했던 아니던, 그녀의 저항을 잔혹한 고문으로 억압했고 끝내 목숨을 빼앗았다는 사실은 당시 일제가 우리 여동생, 딸들에게 가한 만행을 다시금 일깨워 주었다.[*] 일제의 본질을 깨우치고 행동에 나서도록 한 죽음이었던 것이다.

3·1운동에서 유관순의 상징성은 지극히 명료하다. 그래서 많은 이들이 유관순을 통해 3·1운동을 이야기한다. 하지만 그 과정에서 3·1운동이 일부 지워지고 왜곡된 것도 사실이다. 해방 이후 친일파들은 독립운동가에게 정치적 주도권을 빼앗기지 않기 위해서 3·1운동 전체를 유관순으로 덮으려 했고, 박정희 정권 시대에는 신사임당과 유관순을 통해 '희생하는 여인상'을 부각시키려고 했다. 나라를 위해 헌신하다 죽은 유관순처럼 공장에서 가정에서 묵묵히 일할 것을 강요한 것이다.

교과서에 유관순의 이름이 실리고 안 실리고, 사진이 있고 없고가 중요한 것이 아니다. 꼭 그녀만 실려야 될 이유도 없다. 중요한 것은, 우리가 숭고한 정신과 역사적 의미를 아느냐 모르느냐이다.

....

[*] 당시 감옥에서 고문은 흔한 일이었다. 미국 상원에 제출된 미국 기독교연합회의 〈한국사정보고서〉에는 특히 여학생들에 대한 고문 사례가 여러 차례 기록되어 있다. 유관순 옥사가 우발적 사건이 아님을 알 수 있다.

14

대한민국 탄핵1호 대통령

이승만

> 교과서 속 한 줄 역사 3·1운동을 계기로 민족을 대표하는 임시정부가 여러 지역에 수립되었다. 통합 과정에서 임시정부를 무장 독립투쟁을 지도하는 데 유리한 연해주에 두어야 한다는 주장과 서구 열강의 조계 지역이 많아 외교 활동에 유리한 상하이에 두어야 한다는 주장이 맞서기도 하였다. 마침내 1919년 9월 이승만을 임시 대통령, 이동휘를 국무총리로 하는 대한민국 임시정부가 상하이에서 출범하였다.

"단재(신채호의 호), 조직의 결정을 따를 각오가 되어 있소?"

"물론이오."

"당신은 이승만이 조직의 결정에 따를 사람이라 생각하오?"

"우남(이승만의 호)은 그럴 사람이 아니외다."

"좋소. 그렇다면 이승만을 임시정부의 대통령으로 합시다."

"뭐요?"

"이승만을 대통령으로 하면 모두 따르겠지만, 이동휘를 대통령으로 하면 이승만은 합류하지 않을 것 아니오. 지금은 단결하여 임시정부를 세우는 것이 급선무요."

임시정부 수립 당시 무장투쟁론과 외교론이 맞설 때 단재 신채호는 무장투쟁론의 리더로서 외교론에 격렬히 맞섰다. 이때 신채호가 끝까지 맞섰다는 설이 일반적이지만, 안창호의 설득에 일시적으로 양보했다고도 한다. 일생을 혁명가로서 산 단재의 스타일로 볼 때 충분히 있을 법한 이야기다. 어쨌든 이 이야기에는 이후 임시정부의 역사적 평가를 둘러싼 날선 공방이 숨어 있다.

버티기와 몽니로 대통령에 오르다

3·1운동이 단일 지도부 없이 자연발생적으로 진행되면서 일제에 각개격파당하자, 독립운동을 지휘할 지도부 건설이 절실하다는 공감대가 형성되었다. 단일 지도부로는 독립운동에 우호적인 미국이나 소련의 국제적 지원을 받을 수 있도록 외교 활동을 할 수 있는 임시정부가 적합했다. 이에 한성정부, 대한국민의회(연해주), 상하이 임시정부(중국) 등이 생겨났다.

정부가 여럿일 수 없으니 통합 운동이 일어났는데, 여기서 외교론을 주장하는 이승만 세력의 파벌주의가 문제되었다. 이승만은 오직 외교론이 임시정부의 노선이어야 하며, 자신만이 대통령의 자격을 갖추었다고 주장했다. 그의 주장은 미국의 지원을 필요로 하는 독립운동가들의 지지를 받았다. 하지만 중국이나 국내에서 활동하는 독립운동가들, 특히 독립군 쪽에서 반대가 심했다. 그들은 만주와 연해주에서 지도자로 명망이 높은 이동휘를 대통령으로 원했다.

안창호 선생이 두 세력을 타협시키려 노력했지만 이승만 쪽이

1920년 12월 28일 이승만 임시정부 대통령 상하이 도착 환영식. 왼쪽부터 손정도, 이동녕, 이시영, 이동휘, 이승만, 안창호, 박은식, 신규식, 장붕.

완강하게 버텼다. 이승만은 자신을 대통령으로 임명하지 않으면 상하이에 가지도 않겠다고 버텼다. 그러면서 미국에서 자신을 임시정부 대통령이라고 소개하고 다녔다. 상하이에서 이승만에게 대통령을 사칭하지 말라고 경고했지만, 이승만은 자신이 어렵게 이뤄 낸 미국의 우호적 분위기를 망친다며 화를 벌컥 냈다. 이승만은 이때부터 1945년 해방 때까지 계속 임시정부 대통령을 칭하였다.

이승만이 미국 쪽 독립운동 조직을 장악한 상황에서 이승만을 배제하면 독립운동의 한 축이 무너지는 셈이었다. 미국 교포들의 물심양면의 지원, 미국과의 외교 모두 임시정부에는 매우 중요했다. 결국 안창호 선생 등 많은 이들이 백방으로 뛰어다녀 이동휘 선생 등 무장투쟁론자들의 양보를 받아 냈다. 그렇게 해서 어렵게 임시정부가 출범한 것이다.

자금 유용, 탄핵… 표류하는 임시정부

이승만은 임시정부 대통령으로 선출되자 그제야 상하이로 들어왔다. 하지만 고작 반년 정도 머물렀을 뿐 다시 미국으로 돌아갔다. 대통령제인데 대통령이 없으니 임시정부는 잘 돌아가지 않았다. 사실 상하이는 국제도시로서 일본 밀정들이 도처에 깔려 있어서 활동하기 만만한 곳은 아니었다. 임시정부는 출범 1년 만에 주요 조직이 모두 파괴되고 곤란한 지경에 빠졌다. 리더십이 절실했지만 이승만은 없었고, 임시정부 활동 자금 상당액이 이승만의 외교 활동을 위해 미국에서 사용되었다.

결국 무장투쟁론자들이 폭발했다. 그들은 임시정부의 노선 전환을 요구하였고, 1923년 이를 위해 국민대표회의가 열렸다. 하지만 임시정부가 공중분해될 위험은 여전히 존재했다. 이승만 세력은 무장투쟁론자들을 사회주의자라며 적대시하였다. 안창호가 양측을 설득했지만 답이 없었다. 이승만이 안창호는 정신병자라며 대노했다고도 한다. 결국 국민대표회의는 결렬되고 신채호, 이회영 등은 베이징으로 떠났다.

임시정부가 반신불수가 되자, 김구 등이 박은식을 새로운 대통령으로 옹립하고 수습에 나섰다. 하지만 이승만은 여전히 임시정부 대통령이었고, 사임하지 않았다. 결국 상하이에서 이승만을 탄핵하기에 이르렀다. 공식 승인 없이 임시정부 자금을 유용했다는 이유였다. 이후 임시정부는 김구가 고군분투하여 1945년 해방 때까지 명맥을 이어 나간다.

공식적으로 임시정부는 이승만에 이어 김구까지 25년의 역사를 이어 가지만, 이승만은 김구의 임시정부를 인정하지 않았다. 그는 1940년대 '미국의 소리' 방송을 할 때도 임시정부 대통령을 자임했다. 이 때문에 해방 이후 이승만과 김구 사이에는 미묘한 기류가 흘렀다. 특히 분단을 둘러싸고 대립하면서 골이 더 깊어졌다.

대한민국이 임시정부의 법통을 계승했는지를 놓고 지금도 논쟁 중이다. 역대 헌법 전문에 실리지 않다가 1987년 이후 만들어진 현행 헌법 전문에 비로소 대한민국이 임시정부 법통을 계승한다는 내용이 명시되었다. 사실 임시정부에 대한 일부 정치권의 불편한 시각은 자신을 배제한 임시정부를 인정할 수 없었던 이승만의 시각과 밀접하게 연관되어 있다.

오직 자신만이 대통령이어야 한다는 아집과 독선은 임시정부를 망친 데 이어 이승만 자신도 4·19혁명으로 추방당하도록 만들었다. 임시정부에 대한 인색한 역사적 평가, 그리고 이승만의 독선과 갈등은 우리 현대사를 이해할 때 결코 좌시해서는 안 되는 부분이다.

조선 독립에 헌신한 아일랜드인

조지 루이스 쇼

교과서 속 한 줄 역사 　임시정부는 독립운동 자금을 모으고 국내 항일 세력들과 연락하기 위하여 연통제와 교통국을 조직하였다. 이륭양행은 만주 단둥에서 아일랜드인 쇼가 운영하던 무역회사의 대리점이었다. 2층에 교통국 단둥지부가 설치되어 무기를 비밀리에 수송하거나 독립지사가 머물면서 연락하는 용도로 이용되었다.

의열단은 여덟 개의 전략적 건축물을 파괴하고 모든 대도시에 있는 일본인 관헌을 암살하기 위한 계획을 세웠다. 이 목적을 위하여 그들은 비밀리에 200여 개의 폭탄을 한국에 들여왔다. 폭탄은 단둥에 있는 영국계 회사 앞으로 보내는 의류품 화물 상자에 넣어 이 회사 소유의 기선에 실어 상해에서 보냈다. 단둥 회사의 지배인은 아일랜드인 테러리스트였는데, 우리 한국인들은 그를 '샤오'라고 불렀다. 그는 일본인을 거의 영국인만큼이나 싫어했다. 그래서 커다란 위험을 무릅쓰고 한국 독립운동을 열렬히 지원해 주었다. 샤오 자신이 상해로 가서 '죽음의 화물' 선적을 감독하였다. – 님 웨일스, 《아리랑》

《아리랑Song of Arirang》은 미국의 저널리스트 님 웨일스Nym Wales 가 한국의 무정부주의 독립운동가 김산을 인터뷰하여 저술한 책인데, 그중 김산이 아일랜드인 쇼George Lewis Shaw에 대해 언급한 대목이다. 김산은 "아일랜드인 테러리스트" 쇼가 의열단의 폭탄 운반을 도와주었는데, 그는 "영국인만큼이나" 일본을 싫어하여 조선 독립을 도와주다 일본 군경에 체포되었고, 석방 이후 임시정부가 환영대회를 열어 주었다고 했다. 환영대회에서 쇼는 "한국 독립을 위해 희생할 수 있어서 기쁘고 자랑스럽다"고 말했다고 한다. 쇼는 어떤 인물이기에 남의 민족 독립에 이토록 헌신하였을까?

임시정부의 든든한 후원자 이륭양행

김산이 테러리스트라고 지칭했다면 그것은 무정부주의자를 의미한다. 김산 자신도 무정부주의의 영향을 많이 받았고, 김산이 가입해 활동한 의열단도 무정부주의 단체였다. 무정부주의는 테러를 중요한 실천 방법 중 하나로 생각하였다. 여기서 쇼가 왜 우리의 독립을 도왔는지 단서를 얻을 수 있다.

무정부주의는 일체의 지배/피지배 관계와 권위, 위계를 부정하는 사상이다. 지배 관계의 핵심은 국가이다. 따라서 무정부주의는 국가를 넘어선 인류 이상의 실현을 강조하며, 국적과 민족의 경계를 넘어 동지적 관계를 맺는다. 아일랜드인 쇼도 이런 차원에서 우리 독립운동을 도왔을 것이다.

쇼에 대해서는 많이 알려져 있지 않다. 아버지는 아일랜드인, 어머니는 일본인이며, 아버지가 중국에서 사업을 했기 때문에 그도 중국에서 태어나고 자랐다. 1896년 조선의 은산금광이 영국에 넘어갔는데 쇼의 아버지가 은산금광 회계 업무를 맡게 되어 조선에 들어왔고, 이를 계기로 우리 민족과 인연이 시작되었다.

한일병합 전후 중국 랴오닝 성 단둥(안동)에 이륭양행을 세워 사업을 하던 쇼는, 1919년 수립된 임시정부가 교통국을 세울 때 협조를 요청하자 흔쾌히 동의했다. 교통국의 주요 업무는 압록강 국경 지대 세관 통과였다. 당시에도 국내에서 국외로 나갈 때면 반드시 항구나 공항의 세관을 통과해야 했는데, 국내에서 상하이 임시정부로 독립투사를 보내거나 비밀 정보를 전달하려면 세관 통과가 가장 큰 난관이었다. 이 문제를 이륭양행이 해결해 준 것이다. 많은 인력과 정보가 이륭양행 화물이나 선박에 숨어 세관을 통과했다.

일제는 이륭양행을 없애고 싶어 했지만 쇼는 치외법권 대상이라 불가능했다. 한번 쇼를 체포했다가 영국 정부가 발끈하는 바람에 풀어 주기도 했다. 김산의 회고에 나오는 쇼의 체포와 임시정부 환영식이 바로 그것이다.

조선 독립은 조선만의 문제가 아니다

쇼가 우리를 도운 데는 여러 가지 이유가 있다. 하나는 앞에서 언급한 사상적 문제였다. 쇼의 어머니, 아내, 며느리 모두 일본인이었다. 3대에 걸쳐 일본인과 결혼한 것인데, 이 중 아내 쇼 후미 역시 열렬한 조선 독립운동 지지자였다. KBS 〈역사 스페셜〉에서 쇼의 후손

일제강점기에 의열단 등 우리나라의 독립운동을 도와 우리 정부에서 건
국훈장 독립장을 받은 조지 루이스 쇼(왼쪽)와 쇼의 부인 사이토 후미.

이 "쇼 후미가 반역자로 교수형을 당할 뻔했다"고 증언한 바 있으
며, 기록에도 쇼 후미는 '요시찰 대상'으로 확인된다. 아마도 쇼와
후미는 사상적 동지였을 것이다.

또 다른 이유는, 쇼가 아일랜드계라는 점이다. 아일랜드는 북아
일랜드 분쟁, IRA* 테러 등에서 알 수 있듯, 영국의 지배에 격렬히
저항한 역사를 갖고 있다. 쇼 역시 식민지배에 강한 반감을 갖고 있
었을 것이며, 특히 1920년대까지 영일동맹 체제였으므로 이에 대
한 저항의식이 상당했을 것이다.

일본은 이륭양행을 무너뜨리려고 새로운 해운회사를 차려 덤핑
공세를 했다. 결국 이륭양행은 만성 적자에 허덕이다 끝내 문을 닫

....

* 아일랜드공화국군Irish Republican Army의 약자. 북아일랜드의 가톨릭계 과격파 무장
  조직으로, 영국령 북아일랜드의 독립을 요구하며 반영反英 테러 활동을 펼쳤다.

고 말았다. 이후 쇼는 재기하려고 이런저런 사업을 하다 1943년 병으로 사망하였고, 그의 후손들은 이후 일본과 영국 등으로 이주했다. 2012년 대한민국 정부는 겨우 후손을 찾아 독립훈장을 전달하였다.

한국의 독립은 단순히 우리 민족만의 문제가 아니었다. 그것은 억압과 착취를 없애고 자유와 평등 사회를 실현하려는 전 세계 투사와 혁명가들의 공통 목표였다. 교통국을 운영한 쇼, 의열단의 폭탄을 제조한 독일인 마르틴, 윤봉길의 도시락 폭탄을 운반했다고 알려진 일본(혹은 중국) 여성, 박열의 아내로서 함께 독립투쟁에 나섰던 가네코 등이 모두 그런 사람들이었다.

이외에도 전 세계 많은 단체와 조직들이 우리 독립운동을 도왔다. 민족 독립은 곧 세계 평화와 인류 이상사회 건설의 첩경이었던 것이다. 우리 민족의 독립운동을 우리만의 시각이 아니라 세계사적 관점에서 바라보고 평가하는 시각을 가져야 하는 이유다.

16

아름다운 청년들의 값진 실패

의열단

교과서 속 한 줄 역사 3·1운동 이후 암살, 파괴 등의 방법으로 동포들의 애국심을 고취하고, 민중혁명을 통해 독립을 달성하려는 의열 단체가 만들어졌다. 1919년 11월 김원봉을 중심으로 결성된 의열단은 총독부 고위 관리, 친일파 처단, 일제 수탈기구 파괴활동을 시작하였다. 신채호가 작성한 〈조선혁명선언〉은 폭력 투쟁을 통한 민중직접혁명을 추구하는 의열단의 기본 정신이 나타나 있다.

부산경찰서장 하시모토는 자신을 찾아온 준수한 사내를 쳐다보았다. 매끄러운 턱선과 품위 있는 미소, 운동으로 다져진 늘씬한 몸매(테니스와 수영이 취미라고 한다)와 세련된 양복 맵시, 그리고 고운 손에 쥐고 있는 한 장의 종이.

"하시모토 서장님, 이것이 제가 어제 보여 드리겠다던 것입니다."

"오, 이게 자네가 수집한 고서적 목록인가?"

얼마 전 부산 사교계에 혜성처럼 나타난 박재혁은 고서적을 수집, 판매해서 돈을 제법 벌었다고 했다. 고서적에 관심이 많은 하시모토는 그의 세련된 화술과 기품 있는 태도와 학식에 감동 받아 그에게 목록을 갖고 서장실로 찾아오라고 했다. 박재혁은 서장의 사전 지시 덕분에 경찰서의 삼엄한 검문을 뚫고 에스코트를 받으며 유유히 서장실로 걸어 들어왔다. 그러나 서장이 받아든 종이에는 고서적 목록이 없었다. 대신 맨 앞에 커다란 글씨로 이렇게 씌어 있었다.

"조선혁명선언?"

놀란 서장을 향해 박재혁은 차가운 미소를 던지며 말했다.

부산공립상업학교를 졸업한 박재혁은 상하이로 건너가 의열단에 가입했고, 거기서 김원봉을 만났다.

"나는 의열단원 박재혁이다. 조선 독립을 위해 너를 죽이러 왔다."

그리고 폭탄이 터졌다. 이 사건으로 의열단 탄압에 앞장섰던 하시모토 서장은 폭사했고, 박재혁은 1921년 5월 단식투쟁 끝에 옥사하였다. 그의 나이 스물여섯이었다.

우수에 찬 매력적인 테러리스트

1920년 9월 14일 의열단의 부산경찰서 투탄 사건을 재구성해 본 것이다. 내용 중에 사실 관계 확인이 필요한 부분도 있다. 예를 들어 〈조선혁명선언〉이 공식 발표된 것은 1923년이다. 하지만 전체적으로는 크게 사실과 어긋나지 않는다. 이 사건은 의열단 활동의 전형을 보여 준다. 의열단은 지금까지도 영화와 소설의 단골 소재로 활용되는데, 대개 낭만주의적 관점에서 멋있는 테러리스트로 그려진다.

대표적인 예가 영화 〈아나키스트〉(2000)에서 허무적 테러리스트로 그려진 의열단원 세르게이(장동건), 영화 〈암살〉(2015)에 등장한 '하와이 피스톨'(하정우)이다. 하와이 피스톨은 의열단원 김상옥을 모델로 하였다고 한다. 둘은 모두 미남이고, 강하고, 재기발랄하면서도 우수에 차 있다. 2016년에 개봉한 〈밀정〉은 본격적으로 의열단을 소재로 한 영화로, 김원봉(정채산, 이병헌 분), 김상옥(김장옥, 박휘순 분), 김시현(김우진, 공유 분) 등 실존 인물을 모델로 하였다. 이 영화에서도 의열단은 열정과 멋이 넘치는 매력적인 인물로 그려진다.

의열단은 1919년 당시 21세의 청년 김원봉이 신흥무관학교 졸업생들과 함께 만든 단체이다. 3·1운동은 거족적 투쟁이자 1920년대 세계 민족운동의 신호탄이 된 의미 있는 운동이지만, 독립을 이루지 못했으니 실패한 셈이다.

실패 원인을 놓고 다양한 해석이 제기됐는데, 특히 민족자결주의에 의존한 점, 비폭력 노선에 따라 강력한 투쟁을 전개하지 못한 점, 통일된 지도부가 없어 조직적으로 투쟁하지 못한 점 등이 지적되었다. 이후 일부 세력은 무정부주의나 사회주의 사상을 수용하여 강력한 무장투쟁, 국제적 연대투쟁 등을 대안으로 제시했다. 의열단도 이런 흐름의 일부였다.

그들은 암살과 파괴로 일제 지배기구와 그 종사자들을 타도함으로써 독립을 이루려 했다. 일본 고위급 인사들을 암살하거나 지배기구에 직접 침투하려면 그들에게 접근하기 쉽도록 상류사회의 문화를 익히는 것이 필수였다. 그래서 호감이 가는 준수한 외모의 청년들을 선발하여 전문 행동대원으로 양성했다.

행동대원들은 철학과 미술 등 고상한 문화 사조를 공부하고 테니스와 수영을 배웠으며 골동품이나 고서적 감정 등 상류층의 취미 생활을 익혔다. 패션, 음식, 댄스, 화술 등도 배웠다. 그렇게 해서 박재혁도 고서적 수집상으로 위장하여 부산 사교계에 침투하고 서장의 신임을 받아 부산경찰서를 폭파할 수 있었던 것이다.

"폭력이 혁명의 유일한 무기"

의열단원들은 상하이 등지에서 인기가 많았다고 한다. 많은 상하이 여성들이 의열단원과의 로맨스를 꿈꾸었고, 이런 로맨스를 소재로 한 소설이 나돌았다. 이런 멋진 남성상이 오늘날까지 영화와 문학에 영감을 주고 있는 것이다.

하지만 의열단을 낭만적 존재로만 이해해서는 안 된다. 의열단의 행동을 이해하려면 그들 사상의 기저를 보아야 한다. 의열단의 사상은 무정부주의, 즉 아나키즘이다. 무정부주의 사상은 신채호의 〈조선혁명선언〉에 잘 나타나 있다.

민중은 우리 혁명의 대본영大本營이다. 폭력은 우리 혁명의 유일 무기이다. 우리는 민중 속에 가서 민중과 손을 잡고 끊임없는 폭력-암살·파괴·폭동으로써, 강도 일본의 통치를 타도하고, 우리

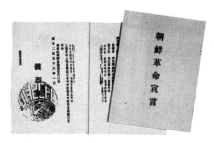
'의열단 선언'으로 알려진 〈조선혁명선언〉(1923).
평화가 아닌 파괴적 혁명으로 일제를 몰아내야
한다는 아나키즘적 민중혁명 이념을 제시했다.

생활에 불합리한 일체 제도
를 개조하여, 인류로써 인류
를 압박치 못하며, 사회로써
사회를 수탈하지 못하는 이
상적 조선을 건설할지니라.

앞서 말했듯, 아나키즘
은 인류의 모든 억압과 불
행이 사회적 지배와 위계에서 기원하므로, 일체의 지배기구와 조직
을 파괴하여 지배 수단을 제거함으로써 민중 스스로 이상 사회를
건설하도록 하는 것을 목적으로 한다. 그 방법은 암살과 파괴이다.
암살과 파괴 자체가 수단이 아닌 목적인 사상이다. 또한 아나키즘
은 모든 인류 사회의 지배기구를 부정하므로 당연히 국가(정부)도
부정한다. 다양한 국적의 사람들이 모여 함께 일할 수 있는 사상이
었다.

의열단은 무정부주의에 입각하여 암살·파괴를 통한 민중직접
혁명을 추구했다. 그들이 추구한 세상은 국경도 지배도 착취도 없
는 하나 된 세상이었다. 그래서 세계 여러 나라 사람들과 연대하여
활동할 수 있었다. 그들은 낭만주의자가 아닌 이상주의자였으며,
민족 독립뿐 아니라 독립을 통한 이상 세계 수립을 지향했다. 그들
이 지금도 아름답게 그려지는 것은 이처럼 순수한 이상을 지향했
기 때문일 것이다.

그러나 의열단은 실패했다. 암살과 파괴로는 도저히 적들의 지

배기구를 파괴할 수 없었고, 그 정도로는 민중직접혁명을 일으킬 수도 없었다. 박재혁, 김상옥, 나석주 등 꽃다운 젊은이들이 계속 희생되자, 결국 김원봉은 의열단을 해체하고 독립군에 합류하기로 결심하였다.

하지만 의열단의 실험은 조선을 지배하는 일제를 공포에 떨게 하고, 많은 동아시아 혁명가들을 열광시켰다. 안타까운 희생에도 불구하고 그것은 아름다운 실패였고, 이후 일제를 상대로 한 무력 투쟁의 소중한 밑거름이 되었다.

17

독립운동계의 꽃미남과 짐승남

김원봉 · 여운형

교과서 속 한 줄 역사 김원봉은 1919년 의열단을 결성하였다. 이후 조선혁명간부학교를 설립하고 조선의용대를 창설하였다가 광복군에 합류하였다. 여운형은 임시정부 외무차장을 역임하고 YMCA 야구단 단장을 맡는 등 청년운동에 앞장섰다. 해방 후에는 좌우합작운동을 이끌며 통일 정부 수립을 위해 노력하였으나 암살당하였다.

독립운동가도 사람이니 의열단원들처럼 다 멋진 사람만 있었던 것은 아니다. 당연히 미남도 있고 추남도 있었다. 김구 선생도 어릴 적 외모 때문에 꽤 스트레스를 받았다고 털어놓았다. 누구도 태어날 때부터 조국 독립을 고민하지는 않을 테니, 독립운동가라고 어찌 외모 고민이 없었으랴.

독립운동가들의 외모 서열?

그렇다면 독립운동가 중에서 누가 외모로 으뜸이었을까? 귀공자풍의 이승만, 반듯한 외모의 신채호도 유명하지만, 꽃다운 외모로는

단연 김원봉을 꼽을 수 있다. 중국에서
활동할 때 숱한 중국 '꾸냥'(아가씨)들이
조선의 아나키스트 대장 김원봉을 가
슴에 담고 설레어했다는 전설의 미남
이다. 실제로 김원봉의 젊은 시절 사진
을 보면, 선명한 두 눈과 오똑한 코, 그
린 듯한 입술, 부드러운 미소를 품은

30대 초반 무렵의 김원봉.

얼굴이 여느 배우와 비교해도 처지지 않는다. 약간 나이 들어 보이
는 사진은 1960년대 대표 배우 김진규를 연상시킨다.

　남성다움을 드러낸 호남아로는 누구를 꼽을 수 있을까? 독립운
동가 중에는 차가운 방에서 고픈 배를 부여잡고 봉기의 격문을 쓰
며 피를 토하는 얼굴 하얀 귀공자가 있는가 하면, 건장한 체격에 부
리부리한 얼굴로 좌중을 압도하며 사자후를 토하고 동에 번쩍 서
에 번쩍 하는 짐승남도 있었다. 대표적인 인물이 여운형이다.

　여운형은 운동을 좋아했다. 젊은 시절 YMCA 야구단에서 활동
했고 체육교사로 일한 적도 있다. 각종 운동에 능했고 육상대회에
투포환 선수로 참가하기도 했다. 여러 체육 단체의 회장을 맡았고,
50대의 나이에 철봉 운동법 책의 모델로 등장해 상반신 근육을 드
러내기도 했다. 대한축구협회 제2대 회장[*]이기도 하다.

....

[*]　현재는 제52대 정몽규 회장이다. 제1대 회장은 33년 박승빈, 해방 이후 첫 회장은 제5
　대 하경덕이었다. 역대 회장 중에는 신익희(7대), 윤보선(9대) 같은 유명 정치인도 보
　인다.

1933년 47세의 몽양 여운형.

여운형은 강인한 육체 덕분에 독립운동 활동뿐 아니라 학창 시절 여고생에게 행패를 부리는 남학생을 혼내주는 의협심도 발휘하곤 했다. 호방한 외모, 강력한 체력, 의협심, 달변, 모두 당시 여성들의 주목을 끌기에 충분했다. 가히 독립운동계의 짐승돌이라 할 만했다.

시답잖은 외모 타령으로 독립운동을 희화화한다며 얼굴 찌푸리는 분들도 있을 것이다. 하지만 독립운동가들은 투쟁 속에서도 여유와 유머를 잃지 않았다. 지나친 과장과 진지함만으로 그들을 바라봐야 한다고 고집하는 것은 영웅주의적 시각이다. 우리가 지향해야 할 것은 그들을 영웅으로 미화하고 숭배하는 것이 아니라, 그들이 왜 독립운동을 했고 그 속에서 어떤 인간적 풍모를 보였는가 하는 것이 아닐까? 그래야 우리도 그들처럼 애국하고 실천할 수 있을 테니까.*

---

* 신채호는 영웅주의를 단호히 배격하였다. 그는 영웅이 나타나기를 바라고 구원받고자 한다면 결코 독립을 이룰 수 없다고 했다. 오직 자신이 '신국민'임을 자각하고 민족의 주인으로 행동할 때 독립을 이룰 수 있다고 주장했다.

열정의 조직사업가, 김원봉

"나는 나라 잃은 군인이라오."

영화 〈밀정〉에서 김원봉은 이렇게 말했다. 1898년에 태어난 김원봉은 서울에서 중앙중학교를 다니며 김약수 등 훗날 중국에서 활약하는 유명한 독립운동가들과 교유하였다. 1916년 중국으로 건너가 신흥무관학교를 다녔으며 1919년에 의열단을 조직하였다. 하지만 의열단원들의 희생이 계속 이어지고 기대한 혁명은 요원해지자 의열단을 접고 독립군 활동에 나섰다.

김원봉은 깊이 생각하고 열정적으로 행동하는 스타일이었으며, 민족 좌파로서 독립을 위해 무정부주의와 사회주의 사상을 수용하였다. 민족 좌파는 독립운동가들 사이에서는 흔한 사상적 조류였다. 당시 자본주의는 평등에 매우 취약한 강자와 승자 중심의 사상이어서 약자인 식민지 민족에게 어울리지 않았다. 또 소련이 독립운동에 호의적인 데 비해, 미국은 미일동맹에 입각하여 우리 독립운동에 냉랭했던 탓도 있었다.

동지를 만들기 위해 포기하지 않고 끝까지 설득하는 김원봉은 조직사업의 대가였다. 그는 황포군관학교를 나와 중국 국민당 정부의 후원 속에 조선혁명간부학교 설립에 큰 역할을 했고, 베이징에서 조선공산당 재건동맹을 조직했으며, 1935년에는 분열된 독립군 단체들을 하나로 묶어 민족혁명당을 만드는 데 주도적 역할을 하였다.

그리고 1941년에는 민족혁명당의 후신인 독립군 부대 조선의용대 제2지대를 이끌고 임시정부에 합류하여 광복군 부사령에 이어

1940년 조선의용대에서 선전용으로 제작한 영상에 등장한 조선의용대 대장 시절의 김원봉.

임시정부 군무부장에 올랐다. 그는 끊임없이 고민하며 정세 변화에 따라 사상적 변신을 거듭했고, 분열을 끝내고 새로운 연합단체를 만들 때 산파 역할을 했다.

하지만 해방 이후에는 이 능력이 도리어 그를 위험에 빠뜨렸다. 여운형과 함께 통일 정부를 수립하려고 노력했지만, 좌와 우가 극단적으로 대립하는 상황에서 그는 공동의 적이었다. 결국 여운형이 암살된 이후 김구의 남북협상(1948) 때 월북하였고,* 1950년대 북한이 종파투쟁으로 혼란스러울 때 연안파로 몰려 숙청당했다고 한다.

국내 독립운동 이끈 우직한 협객, 여운형

여운형은 해방 직후 정부 수립을 위해 건설된 '건국준비위원회' 위

---

* 김원봉의 월북은 친일파 재등용 때문이라고 알려져 있다. 노덕술 등 일제시대 고등계 출신 경찰들이 좌파적 성향의 김원봉을 노리고 있었다는 것이다. 미군정의 쌀 가격 통제에 반발해 일어난 1946년 대구 총파업 당시 경찰에 연행당해 폭행당했다는 이야기도 있다. 사실 김일성을 전혀 알지 못하고, 박헌영과도 불편했던 그가 월북한 데는 그만 한 이유가 있지 않았을까 싶기도 하다.

원장을 역임한 전설적 지도자이다. 분단되지 않았다면 대한민국 초대 대통령이 되었을지도 모르는 인물이다. 북한의 김일성이나 남한의 김구 · 이승만 모두 해외에서 활동한 독립운동가들이니, 국내 독립운동의 대표 지도자 여운형이 더 유리했을 것이다.

그는 강인하고 우직한 협객 스타일이었다. 배재학당을 다니며 개화사상을 익히고 꾸준히 외국어를 익혀 임시정부 외교위원으로 활동했다. 1920년대 여운형은 화려한 외교관이자 국제적 정치인이었다. 미국에 가서 우리 독립을 청원하고, 일본에 가서는 독립운동의 정당성을 역설하여 그를 통해 유화책을 선전하려던 일본을 머쓱하게 만들기도 했다. 모스크바에 가서 레닌과 트로츠키를 만나 독립운동 지원을 약속받았으며, 중국 국민혁명에 참가하여 쑨원 등과 긴밀한 협조 관계를 맺었다. 그는 국제적 거물 정치인으로서 일제가 함부로 대하기 어려운 인물이었다.

1930년 영국 등의 식민지 지배 정책을 비판하다 일본 경찰에 체포된 여운형은, 조선의 감옥에서 복역하다 출소한 후 국내에서 다양한 활동을 펼쳤다. 조선중앙일보 사장으로 민족언론의 맥을 이었고, 각종 체육단체 회장을 맡았으며, 많은 노동자들의 주례를 서 주는 등 합법과 비합법의 경계를 넘나들며 다양하게 활약했다. 마침내 1944년 일제 패망이 기정사실화되자 독립 정부 수립을 위해 비밀리에 건국동맹을 조직했는데, 1만여 명이나 모였다고 한다.

1945년 8월 15일 아침, 총독부는 여운형에게 항복 소식을 알리고 자신들의 안전을 부탁했다. 여운형은 독립 사업을 방해하지 않는 조건으로 이를 수락하고, 건국동맹을 건국준비위원회(건준)로

해방 다음 날인 1945년 8월 16일, 서울 휘문중학교에서 조선건국준비위원회 발족을 선언한 여운형이 환호하는 군중들에게 둘러싸여 있다.

개편한 뒤 즉각 독립 정부 수립에 착수하였다. 그대로만 진행되었다면, 우리는 늦어도 해방 1년 안에 정부를 수립했을 것이다.

하지만 얄타협정에 따라 남한으로 진주한 미군이 미군정을 설치하면서 건준을 불온시하였다. 이어 미소 냉전 상황에서 북쪽의 소련 군정과 남쪽의 미군정을 중심으로 38선이 점차 국경화되어 갔다. 내부에서는 모스크바3상회의 결과 신탁통치가 결정되자 이를 둘러싸고 찬탁 진영과 반탁 진영으로 분열되었다. 모든 상황이 분단을 향해 가고 있었다. 이에 여운형은 김규식 등과 함께 좌우합작위원회를 만들어 이념보다 통일이 우선이라고 주장했다.

이념을 우선하는 박헌영과 이승만은 여운형을 적대시했다. 좌익과 우익 모두 행동대원을 보내 여운형을 암살하려 했다. 많은 이들이 여운형에게 합작 사업에서 손을 떼라고 충고했다. 하지만 강직한 그는 웃으며 거절했다. 죽어도 해야 할 일은 해야 한다는 것이 그의 좌우명이었다. 김일성이 밀사를 보내 월북을 권유하자, 여운형은 이를 거절하면서 "만약 내가 암살당하면 가족들을 부탁하오."라고 말했다. 결국 그는 다섯 번째 암살 시도에 당해 총을 맞고 쓰러졌다. 1947년 7월 19일이었다.

아름다운 미청년도, 강인한 사나이도 일제의 탄압은 이겨 냈지만 내부 분열은 극복하지 못하고 불우한 최후를 맞이했다. 김원봉의 유족 일부는 한국전쟁 때 빨갱이로 몰려 학살당했고, 여운형의 유족은 월북하여 북한 고위급 인사가 되었다. 그 속에서 둘 다 잊히고 폄하당했다. 안타까운 역사이고, 우리가 기억해야 할 역사이다.

18

한용운이 틱 장애에 걸린 이유

만주 독립군

∙∙

교과서 속 한 줄 역사 간도참변과 자유시 참변으로
흩어진 독립군은 지속적인 항일투쟁을 위하여 통합
을 추진하였다. 일제가 독립군을 색출하기 위하여
만주군벌과 미쓰야 협정을 맺어 독립군 활동이 더욱
어려워졌다.

∙∙

"내가 오늘은 참으로 답답하지만, 그래도 할 말은 해야 해서 좀
길게 말했어."

늘 잔잔한 바다 같은 분이 오늘은 유난히 쿵쿵거리고 목을 꼬는
틱 증세를 보인다. 힘들거나 흥분할 때 나타나는 증상이다. 동자승
은 그날 밤 한용운이 잠자리에 들려 할 때 결국 참지 못하고 물었다.

"스님은 왜 쿵쿵거리고 목을 꼬고 그러세요?"

"응, 이거? 내 만용이 저지른 일이란다."

"만용이라뇨?"

"그런 일이 있었는데, 궁금하니?"

"예."

"내가 만주 독립군을 찾아간 적이 있단다. 독립군은 산속에 숨어 있었는데, 왜놈들이 독립군 기지를 찾으려고 사방에 밀정을 깔아 놨어. 독립군들은 산속 깊은 곳에 기지를 세우고 왜놈들을 경계하려고 곳곳에 보초를 뒀지. 그리고 수상한 사람이 접근하면 쏴 버렸단다. 왜놈 밀정들은 특무대 소속 군인들이 많아서 자칫 우리가 당할 수 있으니까. 그런데 일본군 밀정들 중에 승려로 꾸민 자들이 많았다. 절에 가는 척하면서 독립군 기지를 염탐하면 의심을 덜 받았으니까. 내가 독립군 기지에 들어갈 때에도, 밀정으로 의심받으면 총을 맞을 수 있다고 사람들이 말리는 거야. 그래도 일은 급하고 설마 하는 생각에 무작정 들어갔지. 그게 실수였어. 몰래 숨어 감시하던 독립군이 기지로 접근하는 나를 보고 총을 쏘는 바람에 총알이 목을 뚫고 나간 거야. 쓰러진 나를 확인하러 온 독립군 장교가 알아보고 급히 기지로 옮겨 치료했어. 다행히 목뼈나 경동맥은 다치지 않고 총알이 목 오른편을 뚫고 나가 죽지는 않았단다. 하지만 그때 목의 신경을 다쳐서 틱이 생겼어. 만주의 엄혹한 독립군 상황을 이해하지 못한 나의 실수였지. 나를 쏜 독립군이 자책하는 모습을 보고 어찌나 미안하던지."

남의 나라에서 독립운동을 한다는 것

대화로 구성해 본 한용운 선생의 피격기다. 한용운 선생은 1911년 만주에서 독립군의 상황을 살피던 중 피격당했다고 한다. 조선 독립군의 활동 모습을 짐작해 볼 수 있는 일화이다. 독립군이 일반 군대와 비슷하게 활동했을 거라고 생각하기 쉬운데 그렇지 않다. 우선 독립군의 활동 무대는 우리 땅이 아닌 중국 만주였다. 남의 나라 영토 안에 있으니 사방에 적이 깔려 있었던 셈이다.

독립군은 법적으로 정식 군대일 수 없었다. 일본에 저항하는 군대가 공식적으로 중국 땅에 있으면, 중국 입장에서는 일본에 선전 포고를 한 것이나 다를 바 없으므로 조선 독립군은 비밀리에 존재해야 했다. 타국의 독립군은 그래서 고달프다. 법적으로는 마적이나 도적떼 같은 무장 집단이었고, 동포들에게 군자금을 모금하는 것도 약탈·갈취에 해당했다. 법적으로 인정받을 수 없는 무장 집단이므로 모든 행동이 불법이었다. 그렇게 어려움 속에서 몰래 훈련 받고, 무기를 밀수하고, 일본군과 싸웠다. 그나마 중국이 묵인해 준 덕이었다. 안수길의 소설《북간도》에도 연길의 지방관(연길 도윤)이나 맹부덕孟富德 군단장 같은 중국군 장교들의 도움을 받은 이야기가 나온다.

당시 중국이 여러 군벌로 분리되어 중앙정부의 힘이 약한 덕도 보았다. 만주 군벌 장쭤린은 대개 우리 독립군에 우호적이었지만,* 그가 만주를 보호하고자 일본과 협력할 때면 최악의 상황이 도래했다. 1925년 '미쓰야협정' 체결로 만주 군벌과 일본이 연합하여 독립

....

* 중국은 1911년 신해혁명이 일어나 청이 망하고 공화정부가 들어섰다. 하지만 대총통 위안스카이가 황제가 되려다 실패하고 사망하면서 대혼란이 일어났다. 이 틈에 독립적 군사 세력이 중국 주요 지방을 분할통치했는데 이를 '군벌'이라 하며, 군벌 통치 하에 사실상 중앙정부가 없는 무정부 상태에 빠진 시기를 군벌 시대라 한다. 유력 군벌로 직예 군벌 펑위샹, 안휘 군벌 돤치루이, 만주 군벌 장쭤린 등이 있었다. 이 중 장쭤린의 만주 지배는 1931년 만주사변까지 이어진다.

1938년 10월 10일 김원봉의 주도로 중국 한커우(현재 우한의 일부)에서 조선민족혁명당을 중심으로 결성된 조선의용대 창립 기념사진. 일본 군벌 타도로 아시아의 평화를 완성하는 것을 목표로 삼았다. 1942년 광복군과 조선의용군으로 개편되었다.

군 토벌에 나섰을 때 독립군은 와해 직전까지 몰렸다. "총을 강물에 버리고 군복도 벗어 버리고…" 운운할 정도였다.

독립군이 지키려 한 또 다른 가치

독립군을 지키기 위한 철저한 비밀 엄수, 사방팔방에 뻗어 있는 일본 첩자들에 대한 경계는 종종 선의의 피해자를 낳기도 했다. 일본 밀정으로 몰려 고문을 당하거나 억울하게 삶의 터전에서 쫓겨난 사람들, 한용운처럼 산길을 헤매다 총에 맞은 사람들, 독립군에 대한 협조 요청을 협박과 폭력으로 받아들인 사람들도 있었다.

하지만 대개의 만주 동포들은 묵묵히 인내하였다. 조선의용군 출신 작가 김학철 선생의 말대로 "연변 조선족자치구 사람들 중 독립투사 아닌 사람이 없었다." 그래서 중국 교포 중에는 요즘도 "오늘날 대한민국이 모두 우리의 노력 덕분"이라고 말하는 사람들이 있다고 한다.

독립군들은 중국 땅에서 조국을 위해 활동하다 보니 독특한 역사의식을 갖게 되었다. 바로 만주와 민족사를 연결하는 의식이다. 신채호 선생의 고대사는 중국과 함께 가야 하는 조선 독립군의 처지에서 나온 결과물이다. 만주를 우리 연고지로 인식하여 타국 땅에서 위축되는 것을 막고, 무정부주의에 입각한 민족 평등과 민족 공존의 다원사회를 주장하였다. 이러한 사상은 다문화 시대를 살아가는 우리가 곱씹어 볼 만하다.

고난과 영광의 35년 독립 투쟁 역사에서 독립군은 그들만의 독특한 정치, 경제, 사회, 문화를 만들어 냈다. 일제에 항거한 영웅적 행동만으로 독립군을 기억하는 것은 편협한 시각이다. 동아시아, 더 나아가 세계시민의 일원으로서 독립군의 공존과 다원성의 정신을 진지하게 연구할 필요가 있다. 독립군이 처했던 환경적 요인을 살펴보는 것이 중요한 이유다.

누구를 위한 애국 마케팅인가

물산장려운동

교과서 속 한 줄 역사 1920년대 일제는 일본과 한국 사이의 관세를 철폐하여 한반도의 상품 수출과 자본 투자를 확대하려 하였다. 그러자 조만식을 중심으로 평안도의 인사들이 조선물산장려회를 조직하고 민족 기업 육성을 위하여 토산품 애용 운동을 전개하였다.

물산장려운동의 사상적 도화수가 된 것이 누구인가? 저들의 사회적 지위로 보나 계급적 의식으로 보나 결국 중산계급임을 벗어나지 못하였으며, 적어도 중산계급의 이익에 충실한 대변인인 지식계급 아닌가. … 실상을 말한다면 노동자에게는 이제 새삼스럽게 물산 장려를 말할 필요가 없는 것이다. 그네는 벌써 오랜 옛날부터 훌륭한 물산 장려 계급이다. 그네는 자본가 중산계급이 양복이나 비단옷을 입는 대신 무명과 베옷을 입었고, 저들 자본가가 위스키나 브랜디나 정종을 마시는 대신 소주나 막걸리를 먹지 않았는가?

1923년 3월 20일자《동아일보》4면에 실린 이성태의 논설 〈중산 계급의 이기적 운동 – 사회주의자가 본 물산장려운동〉의 내용이다. 그는 물산장려운동이 결국 노동자와 서민에게 해가 될지언정 이익이 되지 않는다고 주장했다. 왜?

우리 민족기업을 살리자는데

1920년 일제는 문화통치를 표방하며 '회사령'을 폐지했다. 회사를 설립하려면 총독부의 허가를 받도록 규정한 '회사령'은, 1910년대 우리 민족기업의 설립과 활동을 가로막았다. 그런데 회사령은 사실 우리 민족기업의 활동을 방해하기 위한 것만은 아니었다.

초대 총독으로 부임한 데라우치와 2대 총독 하세가와는 모두 육군 강경파였다. 앞서 말했듯 일제 육군 강경파들은 군국주의를 표방하며 만주 진출을 욕심냈다. 반면 이토 히로부미로 대표되는 온건파는 기업의 이해에 충실하여 영토 확장보다 시장 확장에 더 관심이 많았다. 그래서 무리한 대외 침략이 동맹국과의 관계를 악화시키고 기업의 해외 진출을 곤란하게 할 것이라고 우려했다.

이토가 암살된 이후 권력을 확고히 장악한 군부 강경파는 데라우치를 조선 통감으로 파견하여 한일병합을 마무리하고 조선을 군부의 정치적 세력 강화의 근거지로 만들고자 했다. 그래서 데라우치는 한일병합 이후 회사령을 통해 군부와 결탁하지 않은 대기업의 조선 진출을 막고, 일본 기업 상품이 조선에 들어올 때 관세를 부과하여 진입 장벽을 만들었다.

3·1운동으로 하세가와가 물러나고 3대 총독으로 부임한 사이토는 군부 내 온건파이자 친기업파로서, 일본 대기업의 조선 진출 요구를 수용하여 먼저 회사령부터 폐지하였다.

이로써 우리 민족기업 설립이 가능해졌지만, 대신 압도적 힘을 가진 일본 대기업과 경쟁해야만 했다. 이는 요즘으로 치면 삼성과 동네 구멍가게의

1930년에 제작된 물산장려운동 10주년 기념 포스터. 운동이 정식으로 시작된 것은 1923년이지만, 1920년 조만식 등이 평양에서 조선물산장려회 발기인대회를 개최한 것이 시초이다.

싸움과 같았다. 더군다나 일제의 편파적 지원이 뻔히 예상되는 가운데 벌어질 경쟁이라면 승패가 뻔했다.

그나마 1920년대 초 몇 년 동안 우리 민족기업이 버틸 수 있었던 것은 관세 덕이었다. 총독부는 조선에 진출하는 일본 기업을 통제할 필요도 있고, 또 중요한 재정 수입원을 포기할 수 없어 일본 상품에 대한 관세를 계속 유지했다. 일본 상품에 비해 가격 경쟁력이 있다는 것, 그것 하나로 몇 년을 버텼다.

하지만 총독부가 일본 대기업의 규제 완화 요구를 계속 거부할 수는 없었다. 1922~1923년부터 관세 폐지 움직임이 나타나자(실제로 1924년에 폐지되었다), 우리 민족기업들 내부에 비상이 걸렸다. 상품 경쟁도 안 되고 가격경쟁도 안 된다면? 오직 애국 마케팅뿐이었

다. 그렇게 시작된 것이 물산장려운동이었다.

예나 지금이나 애국 마케팅은 효과가 좋다. 나라를 위해 시장에 가서 특정 상품을 선택하는 것, 부담도 적고 방법도 쉽고 만족도 크고 얼마나 좋은가? 물산장려운동은 전국적으로 퍼져 나갔다. 일부 좌파들이 반대하긴 했지만, 좌파들은 원래 기업을 싫어해서 기업 살리기 운동을 찬성할 리 없으니 귀담아들을 필요 없다! 운동은 순조로웠고 일제의 방해도 그리 심하지 않았다.

단물만 빼먹은 애국 마케팅

그러나 이 운동은 의외로 빨리 사그라졌다. 정식 출범 불과 1년 만인 1924년부터 하향 곡선을 그리더니 1925년에는 눈에 띄게 침체되었다. 물산장려운동은 1930년대 초반까지 끈질기게 이어졌지만 처음의 기세를 회복하지는 못했다. 무엇이 문제였을까?

애국 마케팅은 상품의 질이나 가격과 상관없이 무조건 애국심에 호소해서 물건을 파는 방식이다. 따라서 기업 입장에서는 굳이 경영 혁신이나 제품 개발에 열을 올릴 필요가 없다. 한 마디로, 광고만으로 매출을 올리는 방식인 것이다. 그래서 물산장려운동이라는 광고에만 주력할 뿐 기업 발전은 소홀히 했다. 제품 질은 형편없는데 수요가 공급보다 높으니 가격만 올라갔다.

하지만 식민지 백성의 구매력은 한계가 있었다. 민족기업이 경영 혁신으로 일본 대기업에 대한 경쟁력을 갖추고, 고용을 확대하고 임금을 올려 조선 소비자의 구매력을 올리지 않으면 오래갈 수

'우리가 만든 것 우리가 쓰자.' 1920년대 초 경성방직주식회사가 내놓은 국산품 애용 선전 광고.

없었다. 그러나 민족기업의 고용 능력이나 노동자들의 임금수준은 일본 기업보다 못했다.

결국 애국 마케팅은 단기간의 캠페인으로 단물만 쏙 뽑아 먹은 셈이다. 오히려 성장 동력을 더 빨리 고갈시켜 버렸다. 무리하게 비싸고 질 낮은 민족기업 상품을 구매한 조선 소비자들은 구매력을 급속히 잃었고, 저임금 장시간 노동에 시달린 노동자들은 일본 기업으로 이직해 버리기도 했다.

물산장려운동의 열기는 금방 식었고, 위기에 빠진 민족기업은 생존을 위해 또 다른 '애국' 마케팅에 매달렸다. 그것은 바로 일본을 향한 애국 마케팅이었다. 그들은 일제가 대륙 침략을 위해 모금하고 있던 국방헌금에 참여해 전투기를 사서 바치는 등 일제에 대한 충성 마케팅으로 전환하였다. 그렇게 민족의 희생으로 성장한 민족기업은 친일기업으로 변신하였다. 일제가 물산장려운동을 적극적으로 탄압하지 않은 것은 그 결과를 예상했기 때문일지도 모른다.

애국 마케팅은 지금도 성업 중이다. 자동차, 핸드폰, 영화 등 다양한 영역에서 '우리 상품'임을 내세운 마케팅이 이루어지며, 이를

물산장려운동 VS 간디의 자급자족 운동

물산장려운동이 기술·제품 개발과 자본 축적으로 이어지고, 민족기업 문화를 새롭게 만들려는 노력으로 이어졌다면 성공했을까? 그런 점에서 우리와 비슷한 시기에 있었던 간디(1869~1948)의 독립운동과 비교해 볼 필요가 있다. 간디는 친영파 집안에서 태어나 영국에서 유학하며 영국과 제국주의의 본질을 파악했다. 본질은 시장이다. 열강은 자국의 부족한 시장을 확장하기 위해 식민지 개척에 나선 것이다. 따라서 시장을 유지하는 어떠한 행동도 결국 식민지배에 협조하는 것일 수밖에 없다. 간디는 그래서 파업을 선동했다. 그것이 바로 비폭력 불복종 운동이다. 간디는 여러 실천 방안을 주장했는데, 도식화하면 이렇게 표현할 수 있다. "아이는 학교에 가지 마라. 엄마는 시장에 가지 마라. 아빠는 회사에 가지 마라." 일체의 경제활동을 하지 않으면 식민지 시장이 작동하지 않고, 결국 제국주의는 그들이 원하는 것을 얻지 못하기 때문에 철수하게 된다.

하지만 경제활동을 중지하면 인도인들은 어떻게 살아가나? 여기서 유명한 간디의 물레 사진이 나온다. 간디는 영국이 물러갈 때까지 자급자족 생활을 하자고 제안하고 스스로 영국산 면제품을 쓰지 않기 위해 물레를 돌려 실을 잣고 옷을 해 입었다. 영국은 식민지 시장이 작동하지 않자 폭력성을 드러냈다. 집에서 나오지 않는 인도인을 끌어내리고 갖은 폭력을 행사했다. 이는 평화=인도 ↔ 폭력=영국의 구도를 만들면서 도덕적으로 인도 독립운동이 우위에 서도록 했다. 초조해진 영국은 인도인들의 축제에 발포하여 수천 명을 학살하기도 했다. 하지만 결국 인도를 포기하지 않을 수 없었다. 얼핏 보기에 물산장려운동과 간디의 불복종운동은 비슷해 보인다. 토산품 애용과 저축, 검소한 생활 장려는 양쪽 모두 동일하다. 하지만 결정적 차이가 있었으니, 바로 파업이다. 조선의 물산장려운동은 시장과 기업 중심의 경제활동을 장려하고 파업 등 반시장적 행위를 반대했다. 물산장려운동은 조선의 자본시장 안에서 이루어졌고, 큰 흐름에서는 일제 자본 운영에 도움이 된 것이다. 물산장려운동의 패배는 필연이었다.

통해 많은 기업들이 성장한다. 하지만 그렇게 성장한 기업들이 국민들을 위해 과연 무엇을 하는지는 종종 회의적이다. 국적과 소속이 명확하지 않은 자본의 애국 마케팅이 어떤 결과로 이어졌는지 역사 속 교훈을 되새겨 볼 필요가 있다.

'어린이'라고 부릅시다

방정환

교과서 속 한 줄 역사 소년운동은 1921년 방정환을
중심으로 천도교 소년회가 조직되면서 본격적으로
시작되었다. 방정환은 아이들을 인격체로 대접하라
는 의미에서 어린이라는 용어를 사용하였다.

"과거를 돌아다보는 생활과 현재만을 생각하는 생활은 우리에게
아무 진보와 향상을 주지 않는다. 오직 장래를 내다보는 생활, 거
기에 우리 진보와 향상과 유일의 희망이 있다. 그런데 장래 세상
의 주인인 어린이를 우리는 구박할 줄은 알았어도 존경할 줄 몰
랐다. 그것이 조선 사람의 성격을 망쳐 놓아 음모와 당쟁으로 오
늘날의 이 지경이 된 것이다. 그러므로 우리 조선의 장래, 한층 더
나아가 우리 모든 사람의 장래는 오직 이 길, 어린이의 선도에 있
을 뿐이다." – 《동아일보》 1924년 5월 3일자

1924년 5월 1일, 어린이날 축하 행사에 모인 1천여 명의 어린이

들 앞에서 방정환은 이렇게 연설하였다. '어린이의 날'이 '어린이날'로 확대 제정된 이듬해였다. 이날의 연설에는 소년운동의 대부, 모든 한민족 어린이의 아버지, 방정환의 마음이 절절히 담겨 있었다.

식민지 조선 아동의 현실

전통 사회에서 16세 미만 아이들은 사회적으로 귀한 존재이긴 했지만 독립적 인격체는 아니었다. 통일신라시대 민정문서(촌락의 토지 크기, 인구수, 소와 말의 수, 토산물 등을 파악하여 기록한 문서. 조세·공물·부역 등을 부과하는 자료로 활용되었다.)에서는 아이들을 연령에 따라 조·추·서 3단계(각각 13세, 10세, 9세 이하)로 나누어 파악하였는데, 예비 노동력과 준노동력 등으로 분류한 것으로 보인다. 유아 사망률이 매우 높았으므로 국가와 사회에서 엄격하게 관리하였음을 알 수 있다.

19세기 산업혁명 이후 유럽에서 아이들은 당장 활용할 수 있는 저렴한 노동력이었다. 기계가 힘든 작업을 맡게 되면서 아이들도 공장 노동이 가능해졌기 때문이다. 오히려 어른들보다 인건비가 적게 들어 아동노동은 전 산업 영역에서 각광받았다. 수많은 아이들이 광산 등에서 중노동에 시달리다 성인이 되기도 전에 죽었다. 영국의 작가 찰스 디킨스는 이러한 아동 학대의 현실을 《올리버 트위스트》에서 적나라하게 묘사해 큰 충격을 주었다. 유럽 산업사회는 19세기 후반부터 비로소 아동노동을 금지하는 등 아이들 보호에 나서기 시작했다.

하지만 유럽에서도 시작된 지 얼마 안 된 아동노동 금지가 식민지 조선에서 이루어질 리 없었다. 또 식민지 수탈에 허덕이던 조선 민중들은 생계를 잇기 위해 아이들 노동이라도 활용해야 했다. 더군다나 일제가 민족 교육기관을 철폐하여 일반 민중들은 딱히 아이를 교육시킬 곳도 없었다. 이래저래 식민지 조선의 아이들은 미래를 빼앗긴 채 아동노동자로서 살아야 했다. 아이를 부모의 소유물로 여기는 전근대적 사고방식도 문제였다.

열악한 환경 속에서 교육도 받지 못한 채 방치되고 학대받고 강제노동에 동원되는 아이들이 전국 곳곳에 넘쳐났다. 식민지는 사회의 약자인 아이와 여자에게 가장 큰 희생을 요구하는 사회였다. 이들을 구하는 것이 급선무였고, 많은 뜻 있는 사람들이 나섰다.

총독부 공무원에서 천도교 민족운동가로

선린상업학교를 졸업한 방정환은 처음에는 조선총독부 토지조사국에 취업하였다. 안정성과 수입이 모두 보장되는 좋은 직장이었지만, 일제 수탈의 앞잡이 노릇을 한다는 것이 영 탐탁지 않았다. 1년 만에 뛰쳐나온 그는 독립운동의 길에 나섰다. 3·1운동 때에는 〈독립선언서〉를 배포하다 잡혀 일주일간 옥고를 치르기도 했지만 단순범으로 풀려났다.

그는 천도교 집안에서 자랐다. 천도교, 곧 동학은 동학농민운동을 주도하며 민중의 근대적 개혁에 앞장선 종교이다. 그러나 동학농민운동 이후 일부 세력이 이용구 등을 앞잡이로 일진회를 만들

소파 방정환은 어린이운동과 '어린이날' 창시자이다. 1923년 5월 1일, 방정환 등 색동회가 우리나라 최초로 어린이날을 선포하고 기념 포스터(오른쪽) 1만 장을 인쇄해 뿌렸다. 어린이날 제정의 목적은 '어린이들의 민족정신 고취'였다.

고 친일로 나가면서 전면적인 개혁이 요구되었다. 이에 제3대 교주 손병희가 '천도교'로 이름을 바꾸고 사상과 조직을 재정비하였고, 이후 천도교는 3·1운동을 주도하는 등 민족운동에 앞장섰다.

손병희는 방정환을 주목했다. 열일곱 어린 나이에 총독부의 좋은 자리를 마다하고 뛰쳐나와 독립운동의 길에 나선 그가 기특하고 대단해 보였으리라. 그는 방정환을 셋째 사위로 삼았다. 이로써 방정환은 교주의 사위로 천도교의 중요한 지위에 올랐다. 방정환은 한편으로 민족운동을 하고 또 한편으로 천도교 포교 활동을 펼치는 과정에서 아이들을 주목했다.

독립은 하루아침에 이루어지지 않는다. 이는 3·1운동이 준 뼈아픈 교훈이었다. 앞으로 대를 이어 가며 독립운동을 하려면 아이들을 건강하게 잘 키워 내야 한다. 그런데 당시 조선은 미래가 없는 사회였다. 이대로 아이들을 방치하면 독립도 요원하고 천도교도 필망이었다. 방정환은 아이들을 위한 운동, 소년운동에 나섰다.

소년운동가 독립운동가

방정환은 우선 아이들을 독립된 인격으로 볼 새로운 호칭이 필요하다고 여겨 '어린이'라는 말을 적극 유포하였다. 그는 어리다는 말을 명사형으로 바꾼 이 말에 '중요한 존재'라는 의미를 새로 담으려 했다. 또 어린이날을 만들어 기념하면서 아이들을 존중하고 교육하고 미래를 책임질 소중한 존재로 인식하자는 운동을 펼쳤다. '어린이'와 '어린이날' 제정으로 방정환은 소년운동의 대표자가 되었다.

방정환의 노력은 점차 결실을 맺어 다양한 소년단체가 만들어졌

방정환 친일 논쟁

방정환은 일본 아동문학가의 이름에서 따 온 '소파'라는 호 때문에 친일 시비에 휘말리기도 했다. 하지만 이는 일본의 아동문학을 수용하는 과정에서 일어난 일일 뿐이다. 그는 일본 경찰에게 "흉측한 놈"이라고 불릴 정도로 적극적인 독립투사였다. 《소파 방정환 평전》의 저자 민윤식은 그가 차라리 사회주의에 가까운 독립투사였다고 평가했다.

사실 방정환 친일 시비는 방정환 때문이 아니라 천도교 때문이다. 일찍이 1900년대 동학이 민족적 천도교와 친일적 시천교로 분열된 데서 알 수 있듯, 천도교는 일제 탄압과 지식인들의 냉대 속에서 이중고를 겪었다. 그래서 제3대 교주 손병희의 죽음 이후 내부 분쟁이 계속되었고, 일부는 친일파로 이탈했다. 이러한 모습은 일제가 대륙 침략을 단행한 1930년대부터 심화되었다. 천도교 고위직을 역임한 방정환도 그런 혼란의 틈바구니에서 친일로 변절한 사람들과 관계를 맺다 보니 의심을 받게 된 것이다.

고, 1927년에 단체 통합 운동이 일어나 '조선소년 연합회'가 결성되었다. 어린이날 제정 등 어린이를 위한 운동도 활성화되었다. 방정환 자신은 출판과 강연 활동을 펼치며 계속 아이들과 함께했다. 그는 일본에서 선진적인 소년 문화를 수용하려 노력하였다. 방정환의 호 '소파'는 일본의 유명한 아동문학가 이와야 사자나미嚴谷 小波의 이름에서 따왔다고 한다.

1923년 5월 25일자 1천 호 기념 《동아일보》에 실린 '어린이 천사람' 합성 사진. 일제의 정치적·경제적 수탈로 신음하던 식민지 조선 사람들이 '어린이'를 통해 미래를 준비하게 된 데에는 독립운동가이자 소년운동가인 방정환의 역할이 절대적으로 크다.

방정환은 너무 일찍 죽었다. 1931년 겨우 32세의 한창 나이에 눈을 감았다. 사인은 고혈압, 죽기 직전 "문간에 검은 말이 끄는 검은 마차가 날 데리러 왔으니 떠나야겠소."라는 말을 남겼다고 한다. 늘 어린이 같은 마음으로 세상을 살아간 사람, 방정환의 업적은 오늘날까지 '어린이날'과 아동 인권으로 계속 이어지고 있다.

21

여성운동의 두 방향, 계몽과 여성해방

김마리아 · 정칠성

교과서 속 한 줄 역사 일제강점기에 여성들의 지위는 오히려 퇴보하였다. 근대 교육을 받은 신여성을 중심으로 여성에게 가해지는 억압과 차별에 저항하는 남녀평등 운동이 일어났다.

우리가 함기 녀자 몸으로 규문에 처하와 … 나라 위하난 마음과 백성 된 도리에나 엇지 남녀가 다르리요. 듣사오니 국채를 갚으랴고 이천만 동포들이 석 달 간 연초(담배)를 아니 먹고 대전(큰돈)을 구취한다 하오니 … 그러하오나 부인은 물론勿論헌다니 대저 여자는 나라 백성이 아니며 화육중일물化育中一物(천지가 길러낸 존재, 존엄한 존재라는 의미)이 아니오. 본인 등은 여자의 소처로 일신 소존이 다만 패물 등속이라. … 유지하신 부인 동포들은 다소를 불구하고 혈심 의연하와 국채를 청장하심이… - 〈경고아부인 동포〉, 《대한매일신보》, 1907년 3월 8일자

152

대구 여성들이 국채보상운동 단체인 '패물폐지부인회'를 조직하면서 발표한 발기문이다. "아무리 여자라도 백성이요 인간인데 어찌 나라 향한 일에 주저하겠는가"라고 밝힌 이 명문名文은, 당시 여성운동과 독립운동의 관계를 잘 보여 준다.

세계를 놀라게 한 조선 여성들

교과서에서 잘 지적하였듯, 일제강점기 남녀차별과 여성 억압이 극심했다는 것은 잘 알려진 사실이다. 식민지 수탈이 사회적 약자인 여성과 아이들에게 더욱 가중되었기 때문이다. 많은 여성들이 억압과 차별에 시달렸을 뿐 아니라 도시와 농촌에서 저임금 장시간 강제노동을 수행해야 했다. 일제는 여성 착취를 근대 여성으로 계몽하는 과정이라고 선전하였지만, 우리 여성들은 일제의 수탈에 그리 호락호락하게 당하고만 있지는 않았다.

일제강점기 초기 여성들의 대표적 저항으로 꼽히는 것이 국채보상운동과 3·1운동이다. 국채보상운동 때 여성들이 금가락지와 비녀 등을 아낌없이 내놓았다는 이야기를 하면 대부분 양반가의 여자들을 떠올리는데, 사실 이 운동에 가장 적극적으로 참여한 이들은 기생들이었다. 기생들은 3·1운동 때에도 적극 가담하였다. 물론 평범한 여성들도 다수 참여하였다.

일찍이 18세기 양반가 여성들이 천주교에 귀의하여 평등사상을 체득한 데서 알 수 있듯이, 여성의 근대사상 수용의 역사는 의외로 깊고 넓다. 특히 1886년 이화학당 설립 이후 많은 여성들이 근

1919년 3·1운동 당시 종로 보신각 앞에 모인 사람들. 어린아이부터 할머니까지 다양한 연령대의 여성들이 보인다.

대 교육을 받으면서 19세기 유럽에서 성장한 남녀평등 사상을 수용하였다. 우리가 3·1운동 하면 유관순을 떠올리듯 3·1운동에서 여성들은 큰 역할을 담당했고, 이는 세계사적으로도 특별한 사건이었다. 인도 민족운동의 지도자 자와할랄 네루가 《세계사 편력》에서 한국 여성들을 찬양한 것도, 여성 노동계급이 형성되지 않은 나라에서는 매우 이례적인 일이었기 때문이다.

1920년대 여성운동은 더욱 발전하여 많은 단체가 만들어지고 활동가들도 늘어났다. 이런 여성들을 '신여성'이라고 불렀다. '이혼 고백서'를 통해 "여자도 사람이외다!"라고 일갈했던 나혜석, 애인이었던 유부남 김우진과 현해탄에서 동반 자살한 사건으로 유명한 윤심덕 등이 호사가들의 입에 오르내렸다. 평등의식과 자유연애 사상을 받아들인 '신여성'들의 사생활이 '스캔들'로서 대중들의 큰 관심을 끈 것이다.

한편 1920년대에 사회주의 사상이 수용되고 노동운동에 참여하는 여성들이 늘어나면서 여성운동도 좌우로 분화되기 시작했다. 민족주의 계열 여성들이 여성의 계몽과 의식 변화를 중시했다면, 사회주의 계열 여성들은 계급 문제 해결을 동반한 여성해방을 주장했다.

'계몽'과 '해방', 여성운동의 두 부류를 대표하는 인물 김마리아와 정칠성의 삶을 살펴보자.

"나는 대한 독립과 결혼했다" 김마리아

김마리아는 1892년 황해도 소래 마을 '김 참판 댁' 셋째 딸로 태어났다. 김마리아의 할머니는 유교적 제사 의식을 상징하는 조상의 관복冠服을 불사른 후 독실한 기독교 신자로 거듭났고, 어머니는 딸과 아들이 동등한 교육을 받아야 한다고 주장할 만큼 개화된 사람이었다. 이처럼 개화사상과 독실한 기독교 신앙이 어우러진 집안에서 자라, 민족교육을 지향하는 연동여학교(정신여학교)를 나온 김마리아는 기독교에 입각한 민족주의자로 성장하였다.

연동여학교 졸업 후 교육자로 활동하다 일본 유학을 간 김마리아는, 도쿄에서 '도쿄여자친목회'를 조직하고 2·8 독립선언에 가담했으며, 귀국 후에는 3·1운동에 참여하고 3월 5일 서울의 여학생 만세시위를 주도했다. 김마리아는 이 일로 체포되어 옥중에서 모진 고문을 받고 풀려난 뒤 다시 '대한애국부인회'를 조직하고 활동을 벌이다가 또 체포되어 반身송장이 될 정도로 심한 고문을 받고 병보석으로 풀려났다.

생명의 위협을 느낀 김마리아는 1921년 상하이로 망명하여 임

1926년 미국 파크 대학을 졸업할 당시의 김마리아.

시정부 임시의정원 대의원으로 활약하였다. 하지만 임정이 노선 전환을 주장하는 신채호 등의 창조파와 이를 거부하는 이승만 등의 개조파로 나뉘어 갈등을 빚자, 1923년 미국으로 유학을 떠났다. 그녀는 개조파를 지지했다. 김마리아는 유학 생활 동안 학업을 닦으면서 여성 조직화에 박차를 가했다. 뉴욕 한인 유지들이 여자들을 배제하고 동지회를 만들자, 그녀는 '근화회'를 조직하고 사자후를 토했다.

"근화회는 민족정신을 도모하고 건국 사업에 일조하고자 하는 조직이다. 비록 여자라 해도 위국충정의 마음이 어찌 남자들에게 뒤지겠는가!"

1933년 김마리아는 10여 년의 미국 생활을 마치고 총독부에 종교 생활에만 매진하겠다는 약속을 하고 귀국하였다. 이후 신학원 교수로서 기독교적 역사의식을 가르치고 여학생들과 농촌계몽운동을 벌이면서 기독교 여성운동을 이끌었다. 장로교 여전도회 회장으로 취임하여 2만 7천여 명의 회원을 거느린 조직으로 발전시켰고, 1938년 장로교가 신사참배를 결정하자 여전도회를 이끌고 거부 선언을 이끌었다. 이 통에 여자신학원 등 장로교 계통 학교들이 폐쇄되는 고난을 겪으면서도 끝내 신앙과 양심을 지켰다.

평생 고문 후유증으로 고통 받던 김마리아는 1944년 쓰러져 돌아올 수 없는 길을 떠났다. 그녀는 교육자로서 일관되게 학업을 연마하고 여성들에게 남녀평등과 조국 독립을 가르쳤다. 기독교와 민족과 계몽은 그녀의 일생을 관통한 기본 사상이었다. 정신으로 육체적 고통을 극복한 귀감이 되는 삶이었다.

"신여성은 강렬한 계급의식 가진 무산여성" 정칠성

"가정 의무를 소홀히 하여 남편이 질책하면 일과 동지를 위해 가정을 뛰쳐나와야 한다. 신여성은 구제도의 불합리한 환경을 창조코자 하는 강렬한 계급의식을 가진 무산여성이다. 정조를 과중하게 평가할 필요가 없다."

21세기 남성들이 들어도 깜짝 놀랄 만한 이 과격 발언의 주인공은 '사상 기생' 정칠성이다. 1907년 가난한 집에서 태어난 정칠성은 일곱 살 때 기생 학교로 팔려가, 경성에 있던 남도 출신 기생들의 한남권번券番(기생조합) 기생 '금죽'이가 되었다.

책을 좋아했던 정칠성은 기생 수련을 받는 와중에도 독서를 게을리 하지 않았다고 한다. 당시만 해도 기생은 신분상 천민이어도 예능인이었다. 지금은 '윤락 여성'과 동의어로 사용되는 경우가 많지만, 20세기 초까지만 해도 기생은 여성 연예인의 산실이었다. 이는 기생이 배우는 과목만 봐도 알 수 있다. 시, 그림, 노래, 악기, 춤, 바둑에 도박까지 할 줄 알아야 했으니 종합 예능인이라고 할 만했다.

그러다 보니 조선시대 양반들도 기생을 함부로 다루지 못했다. 18세기 개성 거부 한재락이 평양 기생들에 대해 기록한《녹파잡기綠波雜記》를 보면 이 사실을 알 수 있다.《춘향전》과 역사 속 황진이, 홍랑의 이야기도 그래서 가능했던 것이다.

승마를 배워 말을 타고 사대문 밖을 달리던 여걸 기생 금죽이는 스물두 살 때 맞은 3·1운동을 계기로 정칠성이 되었다. 민족대표 33인이 태화관에서 독립선언을 할 때 시중을 들었던 그녀는, 이 사건을 계기로 기생을 그만두고 여성 계몽잡지인《신여자》의 필진으로 활약하기 시작했다.《신여자》는 나혜석 등 여성운동가들이 활동하던 잡지였다.

이후 정칠성은 일본에 유학하여 사회주의 사상을 배우고, 귀국 후 대구 물산장려운동에 참가하여 '대구여자청년회'를 창립했다.* 1924년에는 평생 동지인 허정숙 등과 함께 한국 최초 여성운동 단체인 '조선여성동우회'를 조직했다. 이 단체의 강령은 사회주의 계열 여성해방 노선을 잘 보여 주고 있다.

1. 본회는 사회 진화 법칙에 의하여 신사회의 건설과 여성해방운

....

* 이 단체는 "기존 여자 청년회들이 종교적·계몽적 성격을 벗어나지 못한 채 여성운동이 미약한 상태에 머물러 있는 데 대한 대안" 단체임을 표방했다.

동에 일할 일꾼의 양성과 훈련을 기함

1. 본회는 조선여성해방운동에 참가할 여성의 단결을 기함

정칠성은 연설이나 강의보다는 실제 지도사업, 곧 선미選米(정미소에서 뉘와 돌을 골라냄)여성노동자 동맹파업 등 현장 노동운동 지도 및 조직화 사업을 주로 맡았다. 1925년에는 일본으로 다시 건너가 황신덕 등과 함께 '삼월회'를 조직하고 여러 글을 발표하였는데, 내용은 여성운동이 현 사회의 착취제도를 부인하는 무산계급 운동과 목적을 같이해야 한다는 것이었다. 즉, 계급문제를 간과한 남녀평등은 무의미하다는 주장이었다.

1927년 여성운동 통합단체인 '근우회' 창립에도 핵심 역할을 하여, 1927년 중앙집행위원장이 되었고 1929년에도 다시 위원장이 되었지만, 1929년 광주학생운동과 민중대회 사건으로 허헌·한용운 등과 함께 투옥되었으며, 이어 3차 조선공산당 사건으로 또 투옥되었다.

잦은 투옥과 일제의 심한 감시, 근우회와 신간회 해체로 독립운동과 여성운동이 어려워진 다음부터는 점차 은둔하기 시작하였다. 많은 여성운동가들이 1930년대에 급속히 활동을 줄이거나 접었

3·1운동이 일어나기 전 기생 생활을 하던 당시의 금죽 정칠성.

다. 탄압이 심해진 때문이기도 하지만 여성운동에 대한 남성 활동가들의 편견도 한몫했을 것이다. 일설에 의하면, 생활고 때문에 기생 생활을 다시 하려고 했다고도 한다.

해방이 되자 정칠성은 다시 활발히 움직이기 시작했다. 1945년 10월 '조선부녀총동맹' 중앙위원, 1946년에는 민주주의민족전선(민전) 조직부 차장을 역임했다. 1948년 남북협상 직전 월북한 뒤 북에서 민주여성동맹 부위원장 등 요직에 올랐는데, 1958년부터 일체 기록에서 나타나지 않는다. 남로당계 숙청 때 숙청당한 것으로 추측할 뿐이다.

입장과 생각은 달랐지만 김마리아와 정칠성은 각기 민족주의와 사회주의의 여성운동을 대표하는 생애를 살았다. 그들은 끝까지 타협하지 않고 일제와 남성이라는 이중 억압에 맞서 여성 동지들과 함께 싸웠다. 그들의 노력이 한국 여성 인권의 초석을 닦았다.

조선의 자매들아! 미래는 우리 것이다

정종명 · 주세죽

교과서 속 한 줄 역사 민족주의 계열과 사회주의 계열로 나뉘어 있던 여성 단체들은 1927년 통합단체인 근우회를 결성하였다.

"일어나라! 오너라! 단결하자! 분투하자! 조선의 자매들아! 미래는 우리 것이다!" – 근우회 창립 취지문

앞서 살펴보았듯, 일제강점기 여성운동의 최대 화두는 식민지 해방과 새로운 평등국가 건설이었다. 독립을 지향하는 적극적인 여성 활동가들이 등장하면서 여성운동 내부에서도 이념적 분화가 일어나 민족주의 계열의 차마리사 · 김활란 등과 사회주의 계열의 주세죽 · 정종명 등이 각기 다른 입장에서 여성운동을 펼치다가, 1927년 민족협동전선 운동의 일환으로 좌우 합작 여성 단체인 '근우회權友會'를 만들었다.

근우회는 1927년 창립하여 1931년 해체될 때까지 여성 문제 토론회와 강연회 개최, 야학 실시, 문맹 퇴치, 여공 파업의 진상 조사, 광주학생운동 및 각종 항일학생운동 지도와 지원 등의 활동을 펼쳤다. 쟁쟁한 여성운동가들이 근우회 활동에 참여하였는데, 그중 자타 공인 근우회 설립에 가장 큰 공헌을 한 사람으로 꼽히는 정종명, 그 자신이 누구보다 열성적인 사회주의 운동가의 삶을 살았으나 '박헌영의 아내'로 저평가된 주세죽, 두 여성의 생애를 살펴보자.

근우회 탄생의 실질적 주역, 정종명

> "누이라 하고, 식모라 하고, 애인이라 하고, 혹은 어머니라 할 수 있는 사람"
> "의지의 인간이라기보다는 정열의 인간"

당대 정종명에 대한 평가이다. 이 말들처럼 정종명은 이론보다 실천을 강조하며 사회주의와 민족주의를 아우른 여성운동가였다.

3·1운동에 참가하고 대동단(항일독립운동 단체) 사건으로 옥고를 치른 어머니 밑에서 자란 정종명은, 배화여학당을 다니다 중퇴하고 17세에 결혼했으나 얼마 안 가 남편이 병사하는 바람에 아들을 데리고 친정으로 돌아왔다. 그녀는 교회 전도사 조수, 간호부 등으로 생계를 유지하면서 어려운 처지에 놓인 여성들을 접하고 함태영 같은 여성 활동가들도 만나게 되었다. 이후 정종명은 사회주

의 활동을 하면서 만난 이들과 인연을 맺어 좌익 거물 신철과 평생 동지로 지냈고, 천두상과도 동지적 관계가 발전하여 30세 무렵에 부부의 연을 맺게 되었다.

목포 출신의 정종명은 사회주의자로서 민족 독립과 여성해방에 헌신한 '잊혀진' 이름이다.

1923년 공산청년회에 가입한 정종명은 여성 노동운동 관련 활동을 펼치면서 정칠성·주세죽·허정숙 같은 사회주의 여성 활동가들과 교유하고, 이들과 함께 1925년 최초의 여성운동 단체인 '조선여성동우회'를 건설했다. 당시 사회주의 조직은 '화요회' '북풍회' 등의 파벌 다툼으로 분열이 심했는데, 이러한 사정은 여성 동우회도 마찬가지였다. 정종명은 어느 파에도 가담하지 않고 단결을 위해 노력했으니, 이러한 모습은 그녀 활동의 중요한 특징이었다.

1925년 조직된 사회주의 연합단체 '정우회'의 상무집행위원을 지내고, 1926년에는 김활란 등 기독교 여성 활동가와 황신덕 등 사회주의 여성 활동가들이 친선을 도모하고자 만든 망월구락부에도 참여했다. 정종명은 파벌과 이념을 넘어 통합 단체를 만들 때 항상 산파 역할을 맡았고, 그랬기에 1927년 근우회 창립 때도 중요한 역할을 할 수 있었다.

그녀는 근우회에서 중앙집행위원장 등 여러 일을 맡아 근우회를

1927년 5월 근우회 발회식. 근우회는 일제강점기 여성의 지위 향상과 항일운동을 목표로 결성된 신간회의 자매단체로, 1930년 신간회와 함께 해산되었다.

널리 알리고 여학생 만세 시위 등을 후원하는 데 주력하였다.

정종명이 얼마나 사람들을 아끼고 각별히 챙겼는지 잘 보여 주는 일화가 있다. 동료 활동가 김경재가 투옥되었는데 면회가 금지되자, 정종명은 동료들과 함께 감옥 밖에서 며칠씩 노래를 부르며 위로해 주었다고 한다. 그러면서도 당찬 여성해방 운동가의 면모도 보였으니, 1928년 《조선일보》와의 인터뷰 내용을 보자.

"여자 투사가 나오지 않습니다. 제일선에 서서 싸우던 사람들도 연애만 하면 그만이오, 한 번 결혼만 하면 그림자도 찾을 수 없게 됩니다. … 우리의 여성운동을 남자에게 의뢰하지 말고 가장 대담하고 용맹하게 싸워 나갈 만한 아름다운 희생자가 새해에는 쏟아져 나오기를 간절한 마음으로 바랍니다."

근우회가 여성 노동자들의 파업 투쟁을 적극 지원하면서 민족주의 계열 여성 운동가들이 떨어져 나가는 상황, 일부 인텔리 여성들의 자유연애, 결혼과 육아의 굴레를 벗어나지 못하는 젊은 활동가들의 모습 등 당시 여성운동이 처한 현실에 대한 안타까운 마음을 토로한 것이다.

당시 여성운동가들에게는 사회적 비난과 조롱이 늘 따라다녔다. 사회주의 거물 여성 활동가 허정숙을 일컬어 임시정부 요인이었던 장건상이 "결혼을 일곱 번이나 한 여자로 안다."고 말할 정도였다 (실제로는 두 번 결혼했다).

근우회 및 신간회 활동으로 여러 차례 투옥될 만큼 열정을 다했지만 끝내 근우회와 신간회가 해산하자, 정종명은 30년대에는 공산당 재건 활동에 주력했다. 이로 인해 1931년 또다시 투옥되어 꼬박 4년을 감옥살이를 하였는데, 그 와중에도 간호부 경력을 살려 네 번이나 수감자의 아이를 받아 주는 등 헌신을 다하였다.

사회주의를 일관되게 실천하면서도 민족 독립과 단결을 위해 싸운 정종명은, 분단 이후 북한에서 숙청당한 것으로 알려졌다. 안타까운 최후, 슬픈 역사가 아닐 수 없다.

사회주의 활동가의 최전선, 주세죽

주세죽은 일제시대 대표적인 사회주의 운동가이다. 18세에 3·1 운동에 참여한 후 상하이로 유학을 간 주세죽은, 그곳에서 사회주의자가 되어 항일운동과 조선공산당 활동을 펼치다 박헌영을 만나 애인 사이가 되었다. 이후 국내로 들어와 공산당 조직 사업에 매진하면서 1924년 박헌영과 결혼했다. 당시 조선공산당의 핵심 청년 활동가인 박헌영·김단야·임원근을 '삼인당三人黨', 여성 활동가 주세죽·고명자·허정숙을 '트로이카'라 했는데, 이 6명은 각각 부

1927년 박헌영이 출감한 후 블라디보스톡으로 망명한 부부는 출산 후 다시 모스크바로 건너가 박헌영은 국제레닌학교에, 주세죽은 동방노력자공산대학에 다녔다. 이 무렵 모스크바에서 뭉친 조선 사회주의 혁명가들. 앞줄 왼쪽에서 두 번째부터 김단야, 박헌영, 양명, 두 번째 줄 왼쪽 첫 번째가 주세죽이다.

부의 연을 맺었다.

1925년 제1차 조선공산당 사건으로 박헌영 등 지도부가 체포되자, 주세죽은 제2지도부로서 조선공산당 재건과 박헌영 옥바라지에 전력을 다했으며, 정종명 등과 함께 근우회 창립에 참여하고, 6·10만세운동 주동자로 체포되어 옥고를 겪는 등 치열한 삶을 살았다. 1928년 박헌영이 병보석으로 풀려난 뒤에는 만삭의 몸을 이끌고 함께 소련으로 망명하여 동방노력자공산대학을 다녔고, 1932년 상하이로 가서 조선공산당 재건 활동에 매진했다.

1933년 7월 박헌영이 일제에 체포되어 조선으로 압송되는 일이 벌어졌다. 이때 주세죽은 박헌영과 연락이 두절되자 그가 사망한 줄 알고 1934년 김단야와 재혼하였다. 하지만 1937년 김단야마저 소련에서 일제 간첩으로 몰려 처형당하면서 주세죽도 '위험 분자'로 몰려 유배 생활을 하게 되었다. 그녀는 유배지인 카자흐스탄에서 벗어나지 못한 채 16년 후인 1953년 병으로 사망했다.

주세죽은 여성 사회주의 활동가로서 공산당 활동에 전념하면서

박헌영과 허정숙, 두 번의 이혼과 세 번의 결혼

당시 독립운동가들 중에는 사상적으로 일치하는 배우자를 찾으려다 보니 나이 차가 많이 나거나 이혼과 결혼을 반복하는 경우가 종종 있었다. 그러다 보니 세간의 비난을 받기도 했다.

박헌영은 1924년 24세에 주세죽과 결혼했다가 1933년 투옥되면서 이혼하였다. 1939년 출옥 후 비밀 아지트에 은신했는데, 이때 그를 보살펴 주던 20대의 정순년과 재혼하였다. 하지만 아지트가 발각되면서 1년 만에 헤어지고, 정순년은 친정에 감금당했다고 한다. 1949년 박헌영은 24세 연하의 비서 윤레나와 세 번째 결혼을 한다. 너무 나이 차가 많이 나는 데다 주세죽이 유배지에서 간절히 구원을 기다리고 있던 상황이어서 세간의 비난을 받았다. 하지만 사회주의자들은 아무도 박헌영을 비난하지 않았다.

허정숙은 1924년 임원근과 결혼했는데, 임원근이 투옥 이후 변절하자 이혼했다. 그러나 세간에는 허정숙이 불륜을 저질러서 임원근이 충격을 받고 변절했다는 이야기가 돌았다. 허정숙은 이혼 이후 송봉우와 사귀다 그가 일경에게 고문을 받고 전향하자 결별하였다. 만주로 건너간 허정숙은 최창익과 두 번째 결혼을 했는데, 해방 이후 최창익이 연안파의 리더로 김일성과 대립하자 그를 고발하고 이혼하였다.

박헌영과 허정숙, 두 사람 모두 결혼과 이혼을 반복했지만, 박헌영과 달리 허정숙은 남자들을 변절시키고 파멸시킨 요부라고 손가락질을 받았다. 좌파 세계에서도 남녀차별은 엄존했던 것이다. 과거에는 물론이고 현재에도.

1920년대 여성 사회주의자 트로이카. 왼쪽부터 고명자, 주세죽, 허정숙. 1931년 《삼천리》.

좌파 남성들조차 여성해방을 이해하지 못하는 데 분개하고 정조 운운하는 위선적 남성 지식인들을 맹렬히 비난하였다. '여성과 반역' 같은 그녀의 강연 제목은 이런 생각을 잘 보여 준다.

그러나 실제 생애를 살펴보면 주세죽은 박헌영과 김단야에 매여 있는 모습을 보였다. 박헌영의 옥바라지를 위해 상점 여점원으로 일하면서 영양실조에 시달렸고, 근우회 활동을 하던 도중에 박헌영을 망명시키고자 함께 국외로 탈출하였으며, 소련에서 중국으로 박헌영이 파견되자 자신도 학업을 중단하고 따라갔다. 주세죽은 박헌영과 김단야 때문에 사업과 학업을 중도에 포기한 적이 많았다. 가부장적 문화를 바탕으로 한 조직의 지시에 저항하기 어려웠던 것일까?

봉건시대보다 더한 차별과 억압을 당하던 식민지 조선 여성들의 여성운동은 우파와 좌파를 나눌 만큼 한가롭지 못했다. 기독교 계열이냐 아니냐 정도의 차이가 있을 뿐이다. 차마리아, 정종명, 주세죽… 쟁쟁한 여성 활동가들은 모두 여성 차별의 핵심 원인인 식민지 억압을 깨뜨리기 위해 독립운동에 전념했다. 이들의 헌신을 바탕으로, 해방 이후 여성들은 새로운 남녀평등을 위한 또 다른 노력과 투쟁을 시작하였다.

백정들이 양팔저울을 든 이유

형평운동

교과서 속 한 줄 역사 갑오개혁으로 신분에 따른 차별이 폐지되었지만, 백정은 여전히 사회적 편견과 차별에 시달렸고, 일제시대에도 전혀 바뀌지 않았다. 백정들은 자녀 입학 거부 문제를 계기로 1923년 진주에서 조선 형평사를 조직하고 형평운동을 시작하였다. 형평운동은 신분해방운동을 넘어 민족운동의 성격까지 띠었다.

장면 1

학교에 등교하는 아이의 손을 잡은 어머니는 고개를 꼿꼿이 세우고 앞을 보며 걸었다. 그녀는 속으로 공포에 질려 울고 있었지만 겉으로는 태연한 척했다. 그녀 주위에 수많은 백인들이 늘어서서 욕을 퍼부었다.

"검둥이는 물러가라."

"검둥이는 너희들 땅으로 가라."

장면 2

이학찬은 아들의 손을 잡고 눈물을 흘리며 학교를 걸어 나왔다.

아들이 진주 제3야학교를 퇴학당한 데 대한 분노의 눈물이었다. 그의 귓전에는 교장의 말이 쟁쟁하게 울렸다.

"아드님을 퇴학시키지 않으면, 다른 학생들 모두 자퇴하겠답니다. 백정의 자식과 같은 학교를 다니지 못하겠다는 겁니다."

첫 장면은 1954년 미국 아칸소 주에서 '학교흑백분리법'이 철폐되자 흑인 학생이 학교에 입학하려다가 백인들에게 거부당한 사건('리틀록 사건')이고, 두 번째 장면은 1922년 진주에서 백정 이학찬이 아들을 학교에 입학시키려다 지역 주민들에게 거부당한 사건이다. 앞 사건은 미국 정부가 군대까지 투입해 등교를 성사시켰고, 뒤 사건은 일제에 저항하는 백정들의 평등운동인 '형평衡平운동'으로 이어졌다.

일본이 부활시킨 백정 차별

'백정白丁'은 도축업자, 즉 가축을 도살하여 가공·판매하는 사람이다. 생명을 빼앗는 일이어서 동서양을 막론하고 금기시하는 직업이었고, 종사자는 사회 최하층을 형성했다. 고기를 먹으면서 그에 꼭 필요한 일을 하는 사람들을 천대하는 것은 부당한 일이다. 당연히 근대 세계에서는 이들에 대한 차별을 폐지하였고, 우리도 1894년 갑오개혁 때 백정에 대한 차별을 철폐하였다. 하지만 관습적 차별은 여전히 남아, 그들과 결혼하는 것, 이웃으로 사는 것, 친구로 사귀는 것을 꺼렸다.

그런데 일제강점기 들어 이러한 관습적 차별이 오히려 제도적으로 부활하였다. 일제는 호적에 백정임을 반드시 표기하도록 하고 학교에 입학할 때 신분을 밝히도록 하는 등 백정 격리 정책을 제도화했다. 일본이 원래 백정 차별이 심한 나라인 데다,* 한국인들을 분열시켜 통치하려는 정책이었다.

1930년 조선 형평사가 개최한 형평운동 전국대회 포스터. 그러나 30년대 초 일제의 탄압이 극심해지며 몇 년 후 백정들의 평등운동은 막을 내렸다.

이런 상황에서 학교 입학을 거부당한 이학찬 사건이 백정들의 분노에 불을 댕겼다. 이에 진주의 많은 백정들이 모여 '형평사'라는 운동 단체를 만들고 백정 차별 폐지와 평등한 대우를 주장하는 형평운동을 일으켰다. '형평衡平'은 양팔저울을 뜻한다. 양팔저울이 양쪽이 수평을 이루어 무게를 재는 것처럼, 세상도 균형을 이루어야 제대로 굴러간다는 의미였다. 정의의 여신이 들고 있는 양팔저울과 비슷한 의미다.

진주에서 일어난 차별 반대운동은 곧 전국으로 퍼져 나갔다. 생각 있는 사람들이 적극 동조하였고, 일제 억압에 분노한 일반인들

----

* 일본에서도 1922년 백정 차별 반대 투쟁인 '수평사 운동'이 일어났다. 수평사 운동은 한국 형평운동의 모델이 되었다.

을 비롯하여 차별 받는 모든 사람들, 여성·노동자·도시 빈민 등이 연대하여 일어났다. 백정들의 요구는 간단했다. 같이 살고, 모욕하지 말라는 것이었다. 백정 아이의 입학을 거부하고, 동네에 이사오는 것을 거부하고, 나이와 상관없이 무조건 반말을 쓰는 그런 행동을 하지 말라는 것이었다.

연대, 소수자 운동의 무기

그럼에도 여전히 백정 차별을 당연하게 여기는 사람들이 많았다. 1929년 3월 21일 밀양에서 형평사원 김일도가 양반 김판쇠에게 모욕을 당하자 화를 참지 못하고 고기 자르는 칼로 찔러 죽이는 사건이 일어났다. 감히 백정 주제에 양반에게 맞선다고 깔아뭉개면서 예전에 사라진 양반의 권위를 누려 보려다가 당한 일이었다.

1933년 8월 28일 광주 송정리에서는 형평사원 조조원이 3년 동안 사귄 애인 박복례가 이별을 통보하며 백정이라고 모욕하자 칼로 찔러 죽인 사건이 일어났다. 박복례가 감히 백정이 자신을 결혼 상대로 여겼다고 화를 내자 홧김에 벌인 일이었다. 백정 차별 의식은 몰락 양반, 여성, 소작 농민 같은 사회적으로 차별 받는 사람들이라고 해서 다르지 않았다. 이들은 자신의 비참한 처지를 백정에게 풀며 더 화를 내기도 했다.

이러한 갈등을 해결하려면 약자끼리 싸우는 것이 아니라 근본 원인을 제거해야만 한다. 형평사는 그 근본 원인이 일제 지배에 있다고 보았다. 이를 극복하려면 약자들의 연대가 절실했다. 형평운동은 노동운동, 농민운동, 여성운동 등 약자들의 저항운동과 연대하여 일제와 투쟁하면서 더 힘을 얻었다. 연대하여 억압의 사슬을 끊는 것! 형평운동은 소수자 운동이 나아가야 할 방향을 정확히 알고 있었다.

형평운동이 힘을 얻자 일제는 지도부를 회유하는 한편, 강력한 탄압의 칼을 휘둘렀다. 사회적 약자들은 탄압으로 입는 피해도 더 크기 마련이다. 게다가 소수자 운동은 다수의 관심에서 잊히기도 쉽다. 운동이 어려워지자 일부가 일제와 타협하기 시작했다. 일제와의 타협은 백정에 대한 대중의 혐오감을 더욱 부채질하고 형평운동을 어렵게 했다. 결국 1930년대가 되면서 형평사도 해체되고 형평운동도 사실상 막을 내린다.

1965년 발표한 황순원의 소설 〈일월〉은 백정에 대한 현대사회의 뿌리 깊은 차별 의식을 다루고 있다. 2000년대 출간된 허영만의 만화 〈식객〉에도 도축업자에 대한 사회적 편견을 다룬 에피소드가 실려 있다. 소수자 운동은 한 사회의 양심과 평등의 정도를 보여 주는 척도이지만, 그 주체가 약자이자 소수인 데다 역사적·문화적 배경이 자리 잡고 있어서 문제 해결이 매우 어렵다.

그런 의미에서 형평운동은 오늘날 소수자 운동이 참고할 만한 중요한 역사적 전례가 될 만하다. 사회의 근본 문제를 함께 고민함으로써 스스로 다수가 되고, 비슷한 처지의 약자들과 연대하며, 회유와 탄압에 흔들려서는 안 된다는 것, 그것이 90여 년 전 형평운동이 주는 교훈이다.

24

보호받기만 한 마지막 황제

순종

교과서 속 한 줄 역사 1926년 대한제국의 마지막 황제인 순종이 세상을 떠나자 조선공산당, 학생단체, 천도교 일부 세력 등이 장례일에 대규모 만세 시위를 계획하였다. 이 계획은 사전에 발각되어 많은 이들이 검거되었다.

그것은 유례없는 양위식讓位式이었다. 왕위를 물려주는 선왕도, 물려받는 신왕도 없는, 왕이 없는 양위식이자 즉위식. 1907년 7월 19일, 헤이그 밀사 사건으로 고종이 강제 퇴위당하고 즉위하게 된 순종은 차마 아버지를 몰아내고 왕이 될 수 없다 하여 양위식에 참가하지 않았다.

그러나 하루 뒤인 7월 20일, 순종은 즉위를 축하하는 각국 외교 사절을 접견하는 것으로 왕으로서 공식 업무를 수행하기 시작했다. 하루 사이에 돌변한 이유는 무엇일까?

허수아비 왕, 무기력한 왕실

순종은 어릴 때부터 병약했다. 명성황후는 여러 번 임신했지만 사산하거나 아이를 낳아도 열흘을 넘기지 못하고 사망했다. 고종은 명성황후의 유일한 소생(첫째 아들은 생후 5일 만에 요절하였다)이자 왕위 계승자인 순종을 각별히 아꼈으며, 명성황후는 병약한 아들이 여러 번 위험한 고비를 넘기는 것을 보고 무속에 의지하기도 했다. 이때 명성황후를 조종해 세간의 지탄을 받은 무당이 '진령군'이다 (박근혜 국정농단 사태의 주인공인 최순실을 일컬어 '21세기의 진령군'이라 고 하였다).

순종은 장성한 뒤에도 1898년 고종 독살 기도 사건 때 아편이 다량 든 커피를 마셨다가 또 죽을 고비를 넘겼다. 이때 순종은 이빨이 빠지고 혈변을 보는 등 사경을 헤맸고, 이로 인해 심신이 더욱 약화되었다. 그래서 1907년 33세의 나이에도 순종은 여전히 고종의 그늘에 있었다.

고종은 순종을 무척이나 아꼈다. 황현의《매천야록》에 따르면, 고종이 순종의 옷을 일일이 입혀 주었다고 한다. 고종은 순종이 일제에 맞서 저항하기를 기대하지

1890년 무렵 조선의 제26대 왕 고종과 10대 중반의 세자 척拓(후일 순종).

않았다. 양위식에 참석하지 않았던 순종이 7월 20일부터 왕의 집무를 본 것은 그 때문이었다. 하지만 고종은 순종을 왕으로 인정하지도 않았다. 어디까지나 왕은 고종이었고, 순종은 허수아비였다.

1919년 고종이 세상을 뜨면서 사실상 조선 왕조는 막을 내렸다. 이어 고종 복위를 추진하던 복벽파도 역사에서 퇴장하고, 왕을 부정하는 공화파들이 독립운동을 주도하였다. 왕실은 쇠락해 갔고, 순종은 무기력한 삶을 이어 가다 1926년 병사했다. 그의 장례식은 학생들의 시위(6·10만세운동)로 마무리되었으며, 3·1운동 같은 거대한 민족적 저항은 일어나지 않았다.

순종이 죽은 후 조선 왕조는 순종의 이복동생 영친왕이 이었다. 영친왕은 일제의 요구를 묵묵히 수용하였으며, 일본 육군 중장으로 중일전쟁과 태평양전쟁에 복무하였다. 또 다른 혈육 의친왕은 망명을 시도하는 등 저항하였지만 시간이 흐르면서 은둔의 길을 걸었다. 고종의 막내 딸 덕혜옹주는 일본인과 강제로 결혼한 후 비정상적인 생활에 지쳐 정신병을 앓았다. 의친왕의 아들 이건은 일본 육군 중좌로서 훗날 일본에 귀화하였고, 이건의 이복동생 이우는 일본 육군 중좌로 중일전쟁에 참여하였으며 원폭 피폭으로 사망하였다.

왕실 구성원 중 누구도 민영환처럼 순국하거나 최익현처럼 싸우지 않았다. 망국의 책임을 지려는 행동도, 나라를 되찾으려는 투쟁도 하지 않았다. 그것은 왕실의 몫이 아니라 백성들과 충신들의 몫이라고 생각했기 때문일까?

그것이 왕조 사회의 한계이다. 왕이 곧 국가이므로 왕은 지켜야 하는 존재이고 위험한 일에 나서서는 안 되는 존재이다. 그들은 책

고종 황제 일가. 왼쪽부터 고종의 아들(순종의 이복동생)인 영친왕과 순종, 고종, 귀비 엄씨, 덕혜옹주. 귀비 엄씨는 영친왕 이은의 모후로, 1897년 대한제국 성립 후 황비로 책봉되었다.

임을 다하는 존재가 아니라 보호받아야 하는 존재인 것이다. 현대 사회에 이런 지배자가 필요할까?

권력자에게 따르는 책임

1911년 신해혁명으로 청이 멸망한 뒤 마지막 황제 푸이傅儀는 폐위 되었다. 푸이는 처음에는 자금성에서 살았지만 곧 쫓겨나 상하이로 이주했는데, 일본이 장차 활용할 가치가 있다고 보고 그를 보호하 였다. 마침내 1931년 만주를 점령한(만주사변) 일본이 국제사회의 비난을 피하려고 만주를 독립시켜 괴뢰국으로 만들면서 초대 황제 로 푸이를 추대하였다.

　푸이는 만주국을 멸망한 청의 부활로 여겼다. 하지만 아무리 노력해도 만주국은 일본의 괴뢰국일 뿐이었다. 푸이는 온갖 수모를 당하며 억지 황제 자리에서 꼭두각시 노릇을 하다 일제 패망 직후 소련군에 체포되었다. 그는 포로수용소에서 중국 공산당 정부로 넘겨져 그곳에서 수감 생활을 하였다.

푸이는 자신의 행동이 정치적 행위였다고 강변했지만, 만주국을 토대로 한 일제 침략 행위에 자신이 협조했음을 인정하고 참회하였다. 그는 말년을 정원사로 일하면서 자신의 삶을 반성하며 여생을 보냈다.

대한제국의 마지막 황실이 일제에 적극적으로 협조했을 리 없다. 자신들의 나라를 빼앗겼는데 잘된 일이라고 생각했다면 바보임이 틀림없다. 덕혜옹주는 항상 물병을 들고 다녔는데, 그 이유를 물

전사가 된 여왕 락슈미바이

19세기 인도는 수많은 토후국들이 독립적으로 영토와 국민들을 지배하며 무굴 제국의 지배에서 벗어나 있었다. 그중 인도 중부에 잔시 왕국이 있었다. 잔시 왕국은 왕이 죽어 왕비 락슈미바이가 왕위를 계승하였는데, 영국 동인도회사가 여성은 왕이 될 수 없다며 잔시를 정복하자 락슈미바이는 이에 불복하고 국민과 함께 저항하였다.

1857년 세포이 항쟁이 일어나자 여왕도 호응하였다. 영국군이 잔시의 저항을 진압하려고 쳐들어오자 여왕은 남자 군복을 입고 앞장서서 싸웠고, 잔시의 모든 국민이 저항에 동참하였다. 경기도 절반 정도 크기의 작은 토후국이지만 영국군은 고전을 면치 못했다. "저들은 여왕을 지키고 나라의 독립을 위해 싸우고 있다." 영국군 지휘관의 변명이었다. 결국 1858년 6월, 영국군은 락슈미바이를 집중 저격하여 사살하고 겨우 잔시를 손에 넣었다. 락슈미바이는 반영 투쟁의 상징이 되었고 이후 인도 독립운동의 기폭제가 되었다.

1919년 3월 3일 고종 국장 당시 상복을 입은 순종. 1월 21일 승하한 고종의 국장(인산) 일에 맞춰 3 · 1운동이 일어났다.

으니 누군가 독살할지도 모르기 때문이라고 말했다고 한다.

하지만 그것만으로 그들이 지배층다운 모습을 보였다고 평가할 수는 없다. 지배층에게는 더 높은 책임과 행동이 요구된다.

근래에 대한제국 황실을 재조명하고 재평가하는 시도들이 이루어지고 있는데, 망국의 책임과 독립 주체에 대한 역사적 평가를 망각한 일방적인 미화는 곤란하다. 독립은 우연히 얻은 것이 아니다. 수백만 명의 의로운 투쟁과 희생으로 되찾은 나라이다. 그 과정에서 황실은 무엇을 했는가? 역사적 평가와 해석에 반드시 전제되어야 하는 물음이다.

그런 점에서 조정래의 소설《아리랑》에서 의병장 송수익이 한 말을 곱씹어 볼 만하다.

"강제 양위를 당했을 때 상감은 만백성을 향해서 외쳤어야 하네. 백성들이여, 나와 더불어 왜적들과 싸우자고 말이네. 그리고 군대를 이끌고 앞장섰어야 하네. … 왜놈들의 총칼에 죽었다면 백성들은 어찌 했겠나. 이 땅에 합병이란 없었을 거네."

독립운동가 길러 낸 '명문' 학교들

민족학교

교과서 속 한 줄 역사 을사조약을 전후하여 애국계몽단체들이 오산학교, 대성학교 등의 사립학교를 설립하였는데, 1900년대 후반에 이르러 설립한 사립학교 수가 크게 늘어났다.

최용건이 오산학교로 간 까닭은?

최용건은 어린 시절 민족의식이 강한 소년이었다. 이런 학생들은 대개 민족학교에 진학하여 독립운동가가 되는 것을 꿈꾸었다. 최용건도 신민회가 평안북도 정주군에 만든 민족학교 오산학교에 입학했다.

당시 오산학교는 최용건처럼 독립운동가가 되려는 소년들, 명문학교라고 하니 별 생각 없이 들어온 학생들, 그 학생들 중에서 옥석을 가리려는 교사들, 그런 학교를 감시하는 일제의 눈길이 복잡하게 얽힌 공간이었다. 교장인 고당古堂 조만식은 30대의 나이에 경영난을 겪고 있는 오산학교에 부임하여 민족학교로 일으켜 세운 인물이었다.

독립운동가가 되고 싶어 안달이 난 최용건은 조만식 교장이나 독립운동과 연계된 교사들의 눈에 들기 위해 신중하면서도 결의에 찬 모습을 보여 주려 애썼다. 1920년(혹은 1921년) 마침내 조만식이 최용건을 불렀다.

"자네. 민족을 위해 큰일을 해 보려는가?"

"맡겨만 주신다면 무슨 일이든 하겠습니다."

"그러면 소개장을 써 줄 테니 중국으로 가게."

소개장을 받은 최용건은 학교를 중퇴하고 압록강을 건넜다. 중국에서 활약한 사회주의 독립운동가 최용건은 이렇게 탄생했다. 최용건이 걸었던 길은 당시 많은 청년 독립운동가가 거쳐 간 기본 코스였다.

독립운동가는 하늘에서 뚝 떨어지지 않는다. 강한 애족심을 바탕으로 교육 훈련 과정을 거쳐 키워진다. 독립운동가를 길러 내는 데 가장 큰 역할을 담당한 것이 1900년대 건립된 사립학교들이다.

민족학교와 '불온 서클'이 배출한 독립운동가들

그중에서도 신민회가 건립한 오산학교와 대성학교는 가히 '독립운동의 사관학교'라 할 만했다. 지금도 오산고등학교(정주→부산→서울)에는 독립운동가 선배들을 기리는 기념물들이 조성되어 있다. 신사참배 거부로 폐교당한 평양의 숭실학교에는 학생 윤동주가 있었다. 윤동주는 숭실학교에서 학우지에 시를 싣는 등 활발한 활동을

신민회가 평안북도 정주와 평양에 각각 세운 오산학교(왼쪽)와 대성학교의 학생들. 신민회의 민족
운동 노선에 따라 이승훈과 안창호가 설립했다.

펼쳤다. 그때부터 그의 문학은 민족적 서사를 띠었다. 이후 연희전
문을 거쳐 일본으로 유학을 간 윤동주는 1943년 치안유지법 위반
으로 일본 땅에서 체포되어 2년형을 선고받고 후쿠오카 형무소에
서 복역하던 중 29세의 젊은 나이에 사망했다. 해방 이후 유고 시집
이 간행되면서 윤동주는 한국인이 가장 사랑하는 시인이 되었다.

민족학교와 함께 독립운동가 양성에 큰 역할을 한 것은 학생운
동이다. 많은 학생들이 학교에서 이른바 '불온 서클'을 조직하여 동
맹휴업을 선동하고 일본인 교사들에 맞서고 민족교육 실시를 주장
하였다. 그러다 퇴학당하면 그들을 기다리며 주목해 온 독립운동가
선배들의 품에 안겼다. 대표적 인물이 장준하다.

장준하는 1937년 평안북도 선천의 신성중학교 재학 시절 교장
이 '수양동우회 사건'(기독교인들이 만든 독립운동 활동 모임)으로 체포
되자 동맹휴업과 시위를 주도하다 체포되었다. 이후 민족학교를
찾아 전전하다 일본 유학을 간 장준하는, 그곳에서 학도병으로 전

선에 끌려갔으나 탈영하여 중국 대륙을 유랑한 끝에 광복군에 합류했다. 장준하는 착실히 진급하여 광복군 중위로 미국 OSS(현재 CIA)와 함께 추진한 국내 진공작전에 참여하기도 했다. 일제 패망 이후 일부 한국 출신 일본군 장교들이 뒤늦게 광복군에 합류하려 했는데, 장준하가 그중 박정희 당시 일본 육군(만주군) 중위의 따귀를 때렸다는 일화가 전한다.

독립군 사관학교 신흥무관학교, 독립운동가 사관학교 오산학교·숭실학교, 여성 독립운동가의 산실 이화학당…. 이런 학교들이 없었다면 수많은 독립운동가도 없었을 것이다. 역사에 이름을 올릴 만한 학교들이다. 요즘 이른바 명문 학교는 서울대 합격생 수로 가려진다. 대학 입시가 나라와 세계에 헌신할 사람을 가리는 시험이 아닐진대, 그것으로 명문 운운하는 것은 우스운 일이 아닌가? 부자나 고위직을 많이 배출했다고 명문 학교라고 할 수 있을까?

일제시대 전대협

조선학생사회과학연구회

교과서 속 한 줄 역사 1926년 6월 10일, 순종의 장례식 날 학생들은 일제의 감시를 뚫고 예정대로 장례 행렬이 지나가는 곳곳에서 격문을 뿌리고 만세시위를 벌였고, 여기에 많은 시민들이 가세하였다.

"피고 이선호, 중앙고보 학생, 조선사회과학학생연구회 집행위원 맞지?"

"그렇습니다."

"자네는 6월 10일 소요에서 어떤 역할을 했나?"

"호각을 부르면 일제히 나아가 거사를 하려고 했는데 뜻대로 되지 않았습니다."

"그와 같은 행동을 한 이유는 뭔가?"

"자유를 부르짖으면 반드시 자유가 온다는 신념 하에 자유를 위하여 투쟁하였습니다."

1926년 11월 2일 6·10만세운동 사건의 첫 공판을 보도한 《동아일보》 기사. "거사의 동기와 목적은 삼척동자라도 다 안다"고 되어 있다. 서 있는 사람은 연희전문학교 학생 이병립이다.

3·1운동이 일어난 1919년까지는 아직 학생운동 개념이 없었다. 그래서 기독청년회나 천도교청년회 같은 청년 종교인들이 3·1운동을 이끌었다. 이후 1920년대 문화통치의 일환으로 교육 기회가 확대되고 학생 수가 늘어나면서 학생들의 저항운동도 본격화되었다.

문화통치가 낳은 불순 동아리

일제가 교육 기회를 확대한 이유는 친일파를 양성하기 위해서였다. 3·1운동을 경험하면서 일제는 일본인이 직접 통치하는 방식으로는 조선인들의 독립 열망을 억누르고 조선을 제대로 통치할 수 없다고 판단하였다. 그리하여 이이제이夷以制夷, 즉 친일파들을 양성하여 조선인이 조선인을 통치하는 방식으로 전환을 꾀하여 학교와 언론을 육성하는 정책을 폈으니, 이것이 바로 '문화통치'다.

친일파 양성 교육은 철저하게 일본에 대한 충성심을 기르고 조선을 멸시하는 내용으로 진행되었다. 일본은 천황이 다스리는 아시아에서 가장 문명개화한 나라이며 일본인들은 모두 예의 바르고 질서정연하며 남을 배려하는 착한 민족인 반면, 조선은 원시적 농업국가로서 각종 야만적 악습이 지배하는 사회이며 조선인은 열등하고 게으르고 이기적인 민족이라고 가르쳤다. 이런 교육을 잘 따르면 '모범생', 따르지 않으면 '문제아'라고 낙인찍었다.

하지만 당시 중학교 이상의 교육기관에 다니는 학생들은 대개 머리가 좋거나 집안 배경이 좋았으며, 또 자존심 강한 사춘기 청소년들이었다. 그들은 철저한 민족 차별 교육과 이를 점수화하여 등수를 매겨 줄 세우는 교육에 수치심을 느끼고 분노하였다. 이런 학생들이 끼리끼리 모여 비밀 동아리를 만들어 공부하고 토론하며 자신들의 처지를 이해하려고 노력하면서 자연스레 사회과학 공부를 하게 되었다.

일제는 사회과학 동아리를 불순 단체로 규정하고 학내 지도를 강화했지만 효과를 보지 못했다. 근원을 뿌리 뽑지 않고 줄기만 잘라서는 문제가 해결되지 않는다. '불순' 동아리 탄생의 근본 원인은 일본인과 조선인에 대한 차별 교육이었다. 우후죽순 늘어난 불순 동아리들은 차별 교육 철폐를 주장하며 곳곳에서 동맹휴업 투쟁을 벌였다. 동맹휴업 건수는 1921년 33건, 1926년 55건, 1928년 83건으로 증가하였다. 1926년 6·10만세운동 때는 2만여 명, 광주학생운동 때는 5만여 명의 학생이 휴업에 동참했다.

사회과학 동아리 학생들은 연합조직도 만들었다. 특히 마르크스주의 서적을 탐독하던 좌파 계열 학생들 일부가 조선공산당과 연계하여 조직 건설의 노하우를 전수받아 1924년 '조선사회과학학생연구회'를 건설하였다. '조선사회과학학생연구회'는 서울의 사회과학 동아리 연합단체로서 연희전문 이병립, 경성제대 이천진, 중앙고보 이선호 등이 중심이었다. 이들 중 일부는 조선공산당 내 4대 파벌 중 하나인 '화요회'와 연계되어 있었는데, 그렇다고 연구회가 공산당 산하 조직은 아니었다.

사회과학 동아리들은 감시를 받기는 했지만 학술 및 계몽 강연 등 비교적 온건한 활동을 펼치면서 활동을 이어 갔다. 당시 학생들은 집안 형편이 좋은 편이었다. 가난한 고학생도 있었지만 비싼 학비를 대는 것이 만만치 않아 대개는 좀 사는 집안 출신들이었다. 이는 온건한 민족주의 계열이나 친일적 환경에서 자란 학생들이 많았음을 의미하며, 따라서 이들을 적극적 독립운동 세력으로 보기는 어려웠다. 당시 조선공산당 등이 학생운동에 큰 관심을 두지 않은 것도 이 때문이었을 것이다.

1926년 순종이 죽자 전국적으로 애도의 물결이 일어났다. 민주주의를 체험하지 못한 민중들에게 왕은 아직 절대적 존재였고, 그런 왕의 죽음은 또 한 번 망국의 설움을 확인시켜 주었다. 천도교와 공산당 등은 이러한 분위기를 대규모 독립운동으로 연결시키려고 만세 시위를 계획했는데, 3·1운동의 교훈을 잊지 않은 일제가 철저하게 사전 검속을 실시하면서 운동 지도부들이 6월 8일까지 모

1926년 6월 10일 순종의 상여를 에워싼 군중. 조선공산당과 천도교 등이 주도했지만, 시위를 성사시킨 이들은 서울 주요 학교의 학생들이었다.

두 잡혀 들어가면서 계획은 수포로 돌아갔다.

하지만 학생운동이 있었다. 조선학생사회과학연구회는 사전에 태극기와 격문을 준비하고 시내 곳곳에 조직원들을 대기시킨 뒤 준비한 신호에 따라 시위를 선동하기로 했다. 그리하여 순종 장례 행렬을 따라 종로·을지로 등에서 순차적으로 시위가 벌어졌고, 이에 시민들이 호응하면서 6·10만세운동이 일어났다. 체포된 학생운동 지도자들은 당당히 자신들의 생각을 진술하였다.

> "거사가 양심이니 진술도 양심대로 – 동기와 목적이 양심으로 일관한 각 피고의 일치된 진술" – 《동아일보》 1926년 11월 4일

이병립, 이천진, 이선호, 박두종, 박하균 등 조선학생사회과학연

구회 지도부들은 징역 3년에서 2년을 구형받고 1년 이상의 실형을 산 뒤 만기 출소하였다. 이들은 이후 대부분 독립운동에 헌신하였고, 이선호 등은 해방 후 독립운동 훈포상을 받았다.

학생운동이 없었다면

1920년대 3대 독립투쟁으로 3·1운동, 6·10만세운동, 광주학생운동을 꼽을 만큼, 20년대 독립운동에서 학생운동은 매우 큰 역할을 했다. 그럼에도 조선학생사회과학연구회 관련 기록은 매우 소략하며, 그마저도 대부분 6·10만세운동에 국한되어 있다. 언제 해산했는지도 명확하지 않고, 심지어 1924년 창립한 조선학생사회과학연구회와 1925년 창립한 조선학생과학연구회가 같은 단체인지 다른 단체인지조차 확실하지 않다.

학생운동은 일제시대뿐 아니라 우리 역사의 중요한 고비마다 커다란 역할을 했다. 6·10만세운동과 광주학생운동(1929), 4·19혁명과 5·18광주민주화운동, 그리고 1987년 6월항쟁까지. 그럼에도 불구하고 관련 기록은 부실하며 체계적 연구도 이루어지지 않고 있다. 자료의 소실, 이념적 급진성, 기성 정치 세력과의 충돌, 주역들의 혼란한 미래 등이 그 원인으로 지적되는데, 그렇다 해도 역사에서 그들이 담당했던 역할에 비해 너무 소홀히 다루어지는 듯하다.

사실상 학생운동의 맥이 끊어진 오늘날, 요즘 학생들이 이기적이고 보수적이라고 비판하는 목소리만 높일 것이 아니라, 왜 학생운동인지 그들이 역사에서 담당했던 역할은 무엇인지 생각해 보아야 하지 않을까?

경성제국대에서 서울대로

1925년까지 조선에는 대학이 없었다. 총독부의 우민화 정책 때문이었는데, 그러다 보니 조선에 체류하는 일본인 자녀들의 진학 문제가 발생했다. 일본인들의 민원이 폭주하자, 일제는 1925년 동숭동 일대에 경성제국대학을 설립했다. 이곳이 지금의 마로니에 공원 자리이며, 그 앞길이 대학로이다(대학로라는 명칭은 1966년 '서울대 앞길'이라는 의미로 붙여졌다).

경성제국대학은 일본인을 위한 대학이어서 교수도 일본인, 교육도 일본식이었다. 그래서 해방 이후 경성제대를 폐교하고 새로 국립대를 만들자는 주장이 일어났는데, 미군정은 지난 20년간 경성제대에서 축적한 연구 업적을 그대로 보존하자는 입장이었다. 이에 반대하여 일어난 전국적인 동맹휴업 등의 반대 운동이 '국대안 파동'(1946)이다. 결국 경성제대는 이름만 서울대로 바뀌었다.

서울대는 4 · 19혁명을 계기로 민족대학의 면모를 보여 주기 시작했다. 특히 박정희 시대 반독재 시위의 중심 역할을 하였고, 이에 박정희가 서울대 캠퍼스를 청와대에서 멀리 떨어진 서울 남쪽 끝 관악산 기슭으로 옮겨 버리면서(지금의 서울대 관악 캠퍼스) 서울대 자리는 공원이 되었다. 조선시대 반역자가 나오면 집을 헐고 연못으로 만드는 것과 같은 일이라는 비판이 쏟아졌다.

현재의 서울대는 한국 최고의 교육기관, 베스트 오브 베스트 대학, 민주화의 성지, 학생운동의 중심, 친일 교육기관의 후신, 엘리트주의와 학벌사회의 중심이라는 양면적 평가를 받고 있다. 이는 서울대가 걸어온 역사와 무관하지 않다. 탄생 당시 생긴 일제의 흉터가 아직도 남아 있는 것이다.

사회주의와 민족주의 세력의 제휴

민족협동전선운동

교과서 속 한 줄 역사   일제가 '치안유지법'을 공포하여 사회주의 운동을 대대적으로 탄압하였다. 그러자 사회주의 세력은 일제의 탄압을 극복하고 항일 투쟁의 역량을 강화하기 위하여 민족주의 세력과 연합하려는 움직임을 보였다. 사회주의 세력 중 일부는 정우회 선언을 발표하여 민족주의 세력과의 제휴를 주장하였다.

"민족주의 세력에 대하여는 그 부르주아 민족주의적 성질을 명백하게 인식하는 동시에 또 그 과정적 동맹자적 성질도 충분히 승인하여 그것이 타락하는 형태로 출현되지 아니하는 것에 한하여 적극적으로 제휴하여 대중의 개량적 이익을 위하여서도 종래의 소극적 태도를 버리고 분연히 싸워야 할 것이다." - 〈정우회 선언〉 1926년 11월

신간회 창립의 결정적 계기가 된 〈정우회 선언〉의 일부이다. 오래전 글인 데다 좌파들이 즐겨 사용하는 말들이어서 약간 어렵다. 풀어 보면 이렇다. 민족주의 세력은 기본적으로 부르주아로서 노동

자·농민을 착취하는 세력이므로 자유와 평등 세상을 만들려면 타도되어야 하는 대상이다. 그러나 일제 지배 하에서는 노동자와 마찬가지로 일본 제국주의에 억압받고 착취당하므로, 독립을 이룰 때까지는 노동자와 민족주의 세력도 같은 처지로서 독립운동의 동지다. 민족주의자들이 친일파로 타락하지 않는 한, 독립을 통해 노동자들이 국민으로서 최소한의 권리와 자유를 누리려면 종래의 적대적인 태도를 버리고 이들과 적극 공동 투쟁해야 한다는 뜻이다.

사회주의자들의 이러한 태도 변화는 독립운동과 사회주의의 관계를 이해하는 데 중요한 단서를 제공한다.

노동자들에게 사회주의가 통한 까닭

"성은 마르크스요 이름은 레닌, 그래서 마르크스 레닌주의"라는 말이 나돌 정도로 일제 하 사회주의자들의 수준은 천차만별이었다. 박헌영·김단야 같은 지도부들은 소련 공산당과 교류하며 논쟁을 벌일 만큼 뛰어난 이론가였지만, 노동조합과 농민조합에 가입해서 투쟁하는 현장 좌파들은 마르크스와 레닌을 한 사람으로 아는 정도의 사람들이 많았다. 이들은 사상 때문에 사회주의 운동에 가담한 것이 아니라 현실의 비참한 처지를 극복하기 위해 나선 것이니 당연한 일이었다.

당시 노동자들의 처지는 매우 열악했다. 민족기업들도 경영인이 조선인일 뿐 모두 독립운동에 우호적인 것도 아니었고, 노동자 착취는 일본 기업과 큰 차이가 없었다. 예컨대 20년대 대표적인 고무신 생산 기업인 대륙고무공업은 '순종이 신은 고무신'을 카피로 내세운 애국 마케팅으로 수혜를 보았는데, 그 사장 이하영은 일본의 자작 작위를 받고 중추원 고문을 지낸 대표적 친일파였다. 또한 대륙고무공업 노동자들의 열악한 처지가 언론에 자주 보도되기도 했다. 이런 상황이었으니 노동자들이 사회주의에 경도되지 않을 수 없었다.

이외에도 봉건사회 질서에서 차별받고 억압받던 많은 여성, 노동자, 농민, 백정 등이 사회주의 사상에 기울어졌다. 이들은 처음에는 민족주의자들을 적대시하고 계급혁명을 통해 새로운 세상을 만들고자 하였다. 3·1운동 이후 분출한 독립운동의 열기, 사회주의 혁명을 이룬 소련의 식민지 독립운동에 대한 지원도 이런 흐름에 큰 영향을 끼쳤다.

신간회 창립 이끈 〈정우회 선언〉

그러나 1925년 전후 독립운동이 처한 어려움은 사회주의자들에게 새로운 각성을 불러일으켰다. 공업 기반이 부실한 농업 중심의 식민지에서 노동자 계급투쟁으로 일제를 타도하기는 어려웠다. 이러한 한계는 1925년 '치안유지법'* 시행으로 더욱 뼈저리게 다가왔다.

....

* 일본에서는 1912년부터 1926년까지 소위 '다이쇼 데모크라시'라는 민주주의적 개혁 흐름이 힘을 얻는다. 하지만 1920년대 초반 경제가 침체되고 다이쇼 천황의 건강 문제로 젊은 히로히토 황태자가 정치에 간여하면서 점차 천황 독재의 분위기가 부활하였다. 그 전조가 사회주의 사상을 탄압하는 치안유지법 제정이었다. 1925년부터 일본

일제는 치안유지법으로 연평균 1천여 명 이상을 사상범으로 검거, 처벌하였다(1925~1931년까지 6,400여 명 검거, 《동아일보》 1931년 12월 12일). 일제 지배에 저항하는 모든 이에게 폭넓게 적용하여 "노동자 검거가 적은 것이 특색(《동아일보》 1931년 1월 3일)"일 정도였다. 이 즈음 시작된 예비검속도 독립운동을 어렵게 했다. 혐의자를 미리 체포하는 예비검속은 특히 6 · 10만세운동 때 큰 역할을 했다.

하지만 정통 사회주의를 표방하는 세력은 민족주의자와 연합하는 것을 꺼렸다. 게다가 좌파 내부의 견해 차이를 조절할 지도부도 부재했다. 사회주의자의 지도부를 자임한 조선공산당이 치안유지법의 첫 번째 희생물이 되어 핵심 인물들이 모두 검거되었다.

화요회, 북풍회, 서울청년회 등 다양한 분파들의 대립, 권오설 같은 좌우합작에 호의적인 공산당 지도부가 6 · 10만세운동 당시 체포된 것도 문제였다. 그래서 민족주의 계열이 손을 내밀어도 화답하기 어려웠다.

이런 어려움을 뚫고 나온 것이 〈정우회 선언〉이었다. 핵심 인물들이 검거되어 조선공산당이 혼란에 빠져 있을 때 조선공산당의 외곽단체였던 정우회가 과감하게 민족주의자와의 단결을 호소하는 선언문을 발표한 것이다. 〈정우회 선언〉은 사회주의자들 내부에서 큰 논란을 불러일으키고 분열을 심화시키기도 했지만, 결국 이

은 사회주의 및 노동운동을 가혹하게 탄압했고, 1926년 히로히토가 천황이 되면서 군국주의로 넘어간다. 일본에서 효과를 발휘한 치안유지법은 인권이 전무한 조선에서 사회주의와 독립운동의 씨를 말릴 정도로 위력을 떨친다.

선언에 동의하는 사람들 중심으로 민족협동전선운동, 즉 좌우연합이 성사되었다. 그리고 1927년 2월, 〈정우회 선언〉 3개월 뒤 신간회가 창립하였다.

1920년대, 아직 사회주의 사상이 미숙하고 내부 분열로 혼란스러울 때 〈정우회 선언〉은 사회주의에 경도된 이들에게 영감을 주

정백, 사회주의와 사민주의의 대립

사회주의는 민족을 부정한다. 그래서 사회주의를 신봉하는 사람들이 민족 독립을 지향하는 것은 모순이었고, 정통 사회주의자들은 민족적 사회주의자들을 적대시하였다. 반면 민족적 사회주의자(민족 좌파)는 농업적 기반이 강한 식민지에서 (고도로 발전된 자본주의에서나 가능한) 사회주의 혁명이 일어나기 어려우므로, 독립하여 민족국가를 만들고 사회주의와 자본주의가 절충된 체제를 만들어야 한다고 보았다. 이러한 절충된 형태는 사회민주주의(사민주의)를 의미하였다.

당시 사회주의자들은 사민주의자들을 배신자, 즉 자본주의로 규정하여(공산당은 사민주의를 사회 파시즘으로 규정했다.) 배척했고 그 과정에서 여러 불행한 일들이 일어났다. 중국공산당에서 활동하다가 〈정우회 선언〉을 계기로 국내에 들어와 3차 조선공산당 중앙위원 등을 역임한 정백鄭栢도 그런 경우이다. 그는 여러 차례 검거되면서 해방까지 활동하였고, 해방 직후인 1945년 8월 16일 조선공산당 재건(장안파 공산당) 과정에서 주도적 역할을 하였다. 하지만 박헌영계는 40년대 정백의 비밀 활동을 친일 활동을 덮으려는 조작으로 판결했다. 공산당에서 축출당한 정백은 여운형과 좌우합작 운동을 하다 여운형이 암살된 이후 결국 우파로 전향하였고, 한국전쟁 때 공산당에 의해 반동분자로 총살당했다.

여러 증언에 따르면, 박헌영에게 반기를 든 일부 사회주의자들도 서울에서 체포된 후 친일 반동분자로 몰려 처형당했다고 한다. 정통 사회주의자와 민족 좌파, 사민주의 사이의 대립이 해방 이후에도 계속 이어진 것이다.

1927년 2월 17일자 《조선일보》에 실린 신간회 창립 대회 소식. 1931년
까지 약 4년간 지속된 신간회는 사회주의와 민족주의 세력이 결집하
여 만든 일제시대 최고의 민족협동전선체였다.

었다. 이렇게 형성되기 시작한 민족 좌파와 사회주의 계열 독립운
동가들의 연대는, 새로운 독립국가의 사회상으로 초보적인 사회민
주주의를 제시하며 또 다른 모습으로 발전한다.

저 부회장 맞는데요

홍명희

교과서 속 한 줄 역사 1927년 비타협적 민족주의자들과 사회주의자들이 협력하여 신간회 창립 대회를 열고 회장에 이상재, 부회장에 홍명희를 선출하였다. 농민, 노동, 청년 단체들이 대거 가입한 신간회는 140여 개 지회와 4만여 명에 이르는 회원을 보유한 대중적 민족운동단체로 성장하였다.

신간회 창립대회는 15일 오후 7시 15분부터 시내 종로 기독교청년회관 홀에서 개최되었는데 출석 회원은 약 200여 명이었다. … 긴장된 가운데 임원선거가 있어 무기명투표로 **회장 이상재 부회장 홍명희** 양씨를 선거한 후 다시 간사는 35인을 선거하기로 한 후 전형위원으로 권동진 씨 외 11인을 선정하여… –《동아일보》 1927년 2월 17일

(신간회는) 2월 15일 중앙 기독교청년회관에서 창립총회를 열고 **이상재를 회장에, 권동진을 부회장에 선출**하고… –《경향신문》 1976년 3월 23일

신간회 임원 선거를 다룬 신문 기사인데, 1927년 당시의 기사와 1976년 기사 내용이 다르다. 백과사전은 어떨까?

> 신간회는 비슷한 목적으로 성립된 민흥회民興會의 명제세明濟世 등과 통합을 추진, **이상재와 권동진**權東鎭을 정·부회장으로 선출하였다. – 인터넷 한국민족문화대백과사전

> 창립총회에서 **회장 이상재, 부회장 권동진**, 그리고 안재홍, 신석우, 문일평을 비롯한 간사 35명을 선출하고… – 인터넷 위키백과

신간회 부회장은 왜 홍명희에서 권동진으로 바뀌었을까? 일부에서는 홍명희가 부회장을 사양하고 조직부 간사를 맡았다고 하는데, 조직부 간사와 부회장을 겸임한 것인지 아니면 부회장을 사임한 뒤 조직부 간사만 한 것인지 명확하지 않다. 어쨌든 창립총회에서 권동진이 부회장으로 선출되지 않은 것은 분명한 사실이다. 그렇다면 의도적으로 신간회 부회장을 왜곡한 것인데, 도대체 왜?

홍명희가 해방 이후 북한에서 부수상까지 오른 사회주의 진영의 거물이었기 때문이다.

'신간회'의 실질적 배후

홍명희는 1888년 명문 풍산 홍씨 집안에서 태어났다. 풍산 홍씨는 경의왕후(정조의 어머니인 혜경궁 홍씨)와 홍국영을 배출한 조선 후기

권세가였다. 홍명희의 아버지 홍범식은 군수 벼슬을 지낸 관료로서 한일합병 당시 자결한 애국지사였다.

홍명희는 이광수, 최남선과 함께 '조선의 3대 천재'라 일컬어질 정도로 머리가 좋고 학문적 능력이 우수했다. 아버지가 살아 있을 때 일본에서 유학하기도 했지만 아버지가 순국한 이후 조선으로 돌아왔고 마침내 3·1운동으로 투옥되면서 그의 본격적인 독립운동 역사가 시작되었다.

홍명희는 연희전문 강사, 휘문학교 교사, 오산학교 교장, 《동아일보》 편집국장, 《시대일보》 사장 등을 역임하며 교육과 언론 분야에서 맹활약하였다. 이광수·한용운 등과 깊이 교유하며 민족주의 진영 인사들과 두루 관계를 맺었지만, 본인은 사회주의에 많이 경도되어 있었다. 이처럼 좌우를 아우르는 폭넓은 관계가 신간회 창립 과정에서 큰 역할을 하였다. "분열을 지양하는 새로운 줄기新幹"라는 의미의 '신간회'라는 명칭도 그가 지었다고 한다.

좌우를 아우르는 새로운 단체 신간회 창립 과정에서 가장 큰 문제는 '회장'이었다. 회장을 좌파가 맡으면 좌편향, 우파가 맡으면 우편향이라는 비난과 함께 각각 반대편에서 반발하기 십상이었다. 이런 경우 연장자가 회장을 맡는 것이 가장 무난하다. 신간회는 당시 독립운동계 최연장자인 이상재 선생(당시 77세)을 회장으로 선출하였다. 이상재는 급진 개화파로 독립협회와 만민공동회 의장을 역임한 한국 근대화 운동의 산증인이었다. 그리고 부회장으로는 신간회 탄생의 산파 역할을 한 홍명희를 선출하고, 간사와 전형銓衡(가려뽑음)위원으로 좌우를 망라하여 각각 35명, 11명을 선출하였다.

그런데 창립 1개월 만에 이상재가 병사하면서 지도부를 개편하게 되었다. 홍명희는 조직부 간사로 좌우연합을 총괄하고, 부회장이 회장 업무를 대행하였다. 1928년에 부회장 권동진이라는 기사가 나오고, 주요 행사에서 개회사를 권동진이 하는 것으로 보아 이때는 완전히 조직 개편이 정리된 것으로 보인다. 하지만 신간회는 1928년부터

벽초 홍명희는 해방 이후인 1948년 월북한 탓에 조선민주주의인민공화국의 정치가로 공식 기록에 남았다. 그러나 일제 강점기 '조선의 3대 천재'로 불리며 문학(《임꺽정》)·언론·정치 분야에서 맹활약한 거물이다.

다시 좌우 갈등에 휩싸인다. 서울지회 회장에 사회주의 계열 허헌이 당선되자 우파 조병옥이 불복하여 항의하면서 갈등이 빚어졌고, 1929년 '민중대회' 사건으로 좌익 지도부가 대거 검거되자 송진우·조병옥 등이 좌파를 배제하고 새로운 지도부를 구성하면서 좌파의 불만이 폭발했다. 마침내 1931년 사회주의 계열이 이탈하면서 결국 신간회는 해체되었다.

지워진 이름, 반쪽 역사

신간회 해체 이후 홍명희는 학문 연구에 매진하면서 《조선일보》에 소설 〈임꺽정〉을 연재하기 시작했다. 10년 동안 연재한 이 소설은

1958년 5월 1일, 평양 교외 호수에서 뱃놀이하는 홍명희와 김일성. 1948년 4월 김구 등과 함께 방북했다가 돌아오지 않은 홍명희는 다른 월북 작가들과 달리 부수상 등 고위직을 역임했다.

홍명희의 투옥과 건강 악화 등으로 네 차례나 연재가 중단되었으며, 끝내 미완으로 남았다. 하지만 이 소설로 홍명희는 사실주의 작가로 이름을 떨쳤으며, 임꺽정을 의적 두목으로 대중들의 뇌리 속에 각인시켰다.

해방 이후 홍명희는 민족 좌파로서 분단 반대, 통일정부 수립에 매진하다 여운형 암살 등 신변 위협이 높아지자 남북협상을 위해 월북한 뒤 북한에 눌러앉았다. 그가 월북하자 남한에서는 월북 작가의 작품을 모두 금지시켰고, 이로써 소설 《임꺽정》과 함께 홍명희라는 거물 활동가는 역사에서 사라지게 되었다. 물론 신간회 부회장도 권동진으로, 신간회의 산파도 안재홍과 권동진으로 대체되었다.

분단에 따른 남북 대결은 많은 역사 왜곡을 낳았다. 특히 해방 이후 북한에서 활약한 사람들의 자리가 지워지면서, 일제 하 독립운동사는 반쪽만 남게 되었다. 소련 독재자 스탈린이 숙청한 사람들을 사진에서 지워 버렸듯, 우리도 역사 기록에서 그들을 지워 버린 것이다.

불완전한 반쪽 역사는 역사에 대한 의문과 불신을 키우고 "우리 선조들은 독립운동을 제대로 한 것일까?"라는 자학적 역사의식을 만들었다. 정치적 이유로 인한 역사 왜곡은 결국 후손들에게 불행과 불이익을 준다. 사라진 역사, 비틀어진 역사를 반드시 바로잡아야 하는 이유다.

국제프롤레타리아 연대를 보여 주마

원산 총파업

교과서 속 한 줄 역사　일본인에 비해 적은 임금과 열악한 노동환경에 시달리던 조선인 노동자들은 일본인 경영자의 민족 차별에 대한 투쟁도 활발히 하였다. 노동쟁의가 발생하는 곳은 대부분 일본인이 경영하는 공장이었기에 쟁의의 성격도 생존권 투쟁에서 반일 반제국주의 투쟁으로 바뀌어 갔다. 1929년 원산 총파업이 대표적이다.

"8시간 노동 즉시 실시하라!"

"식민지를 해방하라!"

일본노동조합전국협의회 명의의 원산 총파업 지지 격문.

1923년 5월 1일, 일본에서 열린 메이데이 기념식장을 장식한 문구이다. 일본공산당 등이 주도한 대회에서 조선을 비롯한 식민지 해방을 요구하는 문구가 내걸린 것이다. 우리 교과서에는 단 한 번도 실리지 않은 이 사실은, 독립운동을 이해하는 데 필요한 또 하나의 중요한 역사이다.

차별, 저임금에 혹사당한 조선 노동자들

1920년대 조선 공업화가 시작되면서 노동운동도 태동하였다. 당시 노동자들의 처지는 비참하기 그지없었다. 일본 측 자료에 따르면, 하루 12시간 이상 노동하는 노동자의 비율이 일본인이 0.3퍼센트인 데 비해 조선인은 46.9퍼센트나 되었다. 반면 9~10시간 노동자는 일본인이 45.3퍼센트, 조선인은 8.4퍼센트였다.

임금은 일본 노동자의 절반에서 8분의 1까지 차별받았다. 《조선중앙일보》(1936년 7월 2일)에 따르면, 방직공장 여성 노동자는 일당 15전, 한 달 총수입이 4원 정도였다. 1932년 《신동아》 6월호에서는 고무신공장 노동자는 일당 80전을 받지만 고용이 불안정해 봄과 가을에는 일거리 얻기가 힘들다고 했다. 이 경우 월수입은 대략 20원 정도이다.

1920년대 중반 쌀 한 가마니(60킬로그램)가 20원이었으니, 방직공장 여성 노동자는 쌀 12킬로그램 정도, 고무신공장 노동자는 쌀 한 가마를 살 정도의 월급을 받은 것이다. 현재 쌀 시세로 환산하면 한 달 월급이 4만 원에서 20만 원 정도였던 것이다(연봉으로 환산하면 50만 원에서 100만 원가량). 2016년 한국 최저임금이 시간당 6,470원이므로, 12시간 노동 기준 일당 7만 7,640원, 주6일 노동 기준 월 201만 원 정도이다. 현재 최저임금으로 환산하여 비교하면, 지금의 보름치 월급 정도를 일제강점기 때는 연봉으로 받은 셈이다.

"임금을 깎지만 말아 달라." 1931년 5월 임금 삭감 위기에 직면한 고무공장 노동자들을 위해 평양 을밀대 지붕에 오른 여성 노동자 강주룡. 우리나라 최초의 '고공농성'이었다.

차별과 저임금에 혹사 당하면서도 노동자들은 사장에게 임금을 좀 올려 달라고 애원할 뿐 투쟁에 나서지 않았다. 노동조합을 만들어 단결해서 싸워야 한다고 말하면 "저는 정치에는 관심 없어요. 그저 사장님이 월급 좀 올려 주시면 좋겠어요."라고 소박하게 바랄 뿐이었다. 하지만 일제 지배 하에서 인간다운 삶을 기대하기 어렵다는 사실을 깨달은 노동자들이 노동운동에 뛰어들기 시작했다. 1925년 55건이던 노동쟁의는 1930년 160건, 1935년 170건으로 지속적으로 증가했다. 일제시대 노동쟁의 중 가장 대표적 사건이 바로 원산 총파업이다.

연대 투쟁으로 석 달간 이어진 파업

1928년 9월 영국계 라이징 선 석유회사의 일본인 감독이 한국인 노동자를 구타했다. 노조가 이 일을 엄중 항의하며 파업에 돌입하자 회사는 3주 만에 사태 해결을 약속했으나 3개월이 지나도록 약속을 이행하지 않았고, 이에 노조는 1929년 1월 재차 파업에 돌입했다. 원산노동연합회(원산노련)가 사태 해결을 위해 교섭에 나섰으나 결렬되자, 원산노련 산하 노조들이 연대파업에 나섰다. 원산 지

1929년 1월부터 4월까지 이어진 원산 총파업은 일제강점기에 일어난 최대 규모의 노동쟁의이다.

역 사용자 단체인 원산상업회의소는 파업 가담자를 해고하고 중국인 노동자를 수입하는 한편, 폭력배를 동원하고 경찰과 군대에 협조를 요청했다. 폭력배들이 노동자들을 구타하고 군대가 무력행진을 하는 등 계엄 같은 분위기가 원산을 지배하였다.

원산 노동자들은 각처에 연대를 호소했다. 이에 호응하여 신간회가 지지 활동을 펼치고 부산·수원·군산 등의 노동단체들이 성금을 모금했으며 일본에서도 노동단체들이 모금을 하는 한편 고베의 부두 노동자들이 동조 파업에 들어갔다. 중국·프랑스·소련 등지에서도 지지 성명을 발표했다.

며칠이나 이어 갈 수 있을지 걱정했던 원산 총파업은 연대 투쟁덕에 석 달을 이어 갔다. 비록 일제의 탄압으로 실패로 돌아갔지만, 그 규모나 기간 면에서 일제강점기를 대표하는 대표적 노동 사건이었다. 한 가지 아쉬운 점은, 당시 조선공산당이나 조선노동총동맹 같은 총파업을 확실하게 이끌어 줄 중앙조직이 모두 와해된 상태여서 전국적 투쟁으로 확산되지 못했다는 것이다.

노동운동이야말로 가장 강력한 민중들의 독립운동이었다. 그것은 사회적 약자들의 연대에 의해서만 가능한 투쟁이었으며, 역사를 이끌어 가는 생산자들의 힘을 보여 주는 투쟁이었다. 그러나 해방

김동인과 이효석 소설 속 노동자들

김동인의 소설 〈배회〉는 일제 하 노동운동에 대한 지식인들의 불편한 시각을 보여 준다. 〈배회〉의 주인공 A는, '외래사상'에 오염되어 합리적 해결은 외면하고 오직 투쟁할 건수만 찾는 도덕적으로 타락한 노동자들을 비판한다. 이러한 인식은 20세기 전반 서구 부르주아 사회의 일반적 노동자관과 일치한다. 당시 서구 노동자들은 퇴근 뒤 집단적으로 모여 술을 마시고 취한 채 노래 부르고 싸움질하며 동료애와 단결력을 높였는데, 이에 대해 부르주아들은 금주와 조기 퇴근을 강조하며 "퇴근 후 바로 집에 가서 아이들과 놀아 주는 아빠"를 바람직한 노동자상으로 제시했다. 노동자들의 단결을 막으려 한 것인데, A는 바로 그러한 바람직한 노동자 이데올로기를 주장하며 '우으로 사람다이'(위를 향하여, 사람답게)를 외친 것이다.

〈메밀꽃 필 무렵〉의 작가로 유명한 이효석은 좌파 학생운동을 거쳐 우파로 전향한 뒤 사실상 친일로 변절한 인물이다. 초기 소설 〈마작철학〉과 〈프레류드〉에서는 지식인에 의해 계몽된 노동자들이 투쟁에 나서는 내용을, 1935년 발표한 〈계절〉에서는 주인공이 중산층으로서의 기득권을 포기하고 일본으로 건너가 공산당 활동을 하는 내용을 다루었다. 하지만 후기작으로 갈수록 이효석의 작품은 사회나 사상보다 인간 내면으로 빠져든다. 〈메밀꽃 필 무렵〉의 서정적 서사, 〈하얼빈〉에 등장하는 차이콥스키를 듣고 아침 식사로 빵을 뜯으며 러시아 여자와 사귀는 국제적 인간형은 민족문제에서 벗어나고픈 이효석의 속내를 보여 주는 듯하다. 이효석 소설에 등장하는 노동자들은 대개 각성한 지식인에 의해 이끌리는 비주체적 존재이다. 노동자에 대한 확고한 지식인 우위 사상을 가진 이효석, 민중을 믿지 못했던 그는 허무 속에서 방황하다가 결국 변절의 길로 나아갔다.

이후 노동운동을 기피하는 분위기에서 일제 하 노동운동도 외면당했다. 이제라도 민중의 독립 의지를 보여 준 대표적 운동으로 적극 조명되어야 할 것이다.

굴절된 독립군의 역사관

대종교

교과서 속 한 줄 역사 나철, 오기호 등은 단군신앙을 기반으로 대종교를 창시하였다. 이들은 만주, 연해주 일대에서 포교 활동을 전개하여 항일의식을 고취하였으며, 많은 애국지사들이 이에 가담하였다. 일제 탄압으로 거점을 옮긴 대종교는 무장독립단체 중광단을 만들고 북로군정서로 개편하였다.

"그때 만주에서 무장독립운동 하던 사람들은 《신단민사神檀民史》, 《신단실기神檀實記》같은 책들을 다 가슴에 품고 투쟁했습니다."

MBC 다큐멘터리 〈이제는 말할 수 있다〉(74회) '독립운동의 대부 나철' 편에서 서굉일 교수가 한 말이다. 《신단민사》와 《신단실기》는 대종교 제2대 교주 김교헌이 쓴 역사책이다. 이 책에는 다음과 같은 내용들이 담겨 있다.

개천 125년(기원전 2333) 10월 3일, 나라 사람들이 신인神人을 추대하여 임금을 삼으니 바로 단군이다. 나라 이름은 단, 혹은 배달이라고 했다. 비서갑 하백의 딸을 왕후로, 아들 부루를 태자로 삼았다. 191년 태자 부루를 보내 중국 하우씨와 도산에서 회의를 하니 최초의 외교이다. - 《신단민사》

개천 3849년 이후 220년간 조선이 고려를 대신하여 우리의 남쪽 강토를 통치하고 북쪽 강토는 만주의 부락이 있었으나 국가의 체제는 갖추지 못하였다. 4073년 이후 280년간은 압록과 두만 이남은 조선이고 북쪽은 대청이다. 그들의 선조는 금나라와 같은 계림 김씨이다. - 《신단실기》

오늘날 재야 사학으로 통칭되는 비주류 역사학 주장의 일부에는 대종교(단군교)의 역사관이 담겨 있다. 그들은 독립운동 사상을 계승했다며 오늘날에도 이러한 역사관을 강변하고 있다.

나철, 만주 독립군의 든든한 버팀목

대종교는 1909년 나철이 창시한 신앙으로 단군을 신격화한 종교이다. 나철은 유학자였지만 을사조약 전후 나라를 되찾으려면 전통 신앙을 부활시켜야 한다며 '단군교'를 창시했다. 이후 단군교라는 이름이 일제의 탄압을 초래한다 하여 '대종교'라 칭했다. 나철은 한일병합을 계기로 교단을 만주로 옮겨 본격적인 독립운동에 나섰다.

당시 해외 독립운동에서 대종교가 차지한 비중은 절대적이었다. 연해주 대한광복군 정부 정통령 이상설, 대한독립군단 총재 서일,

대종교의 창시자인 홍암 나철은 단군사상으로 독립운동을 펼쳤다. 그가 우리 역사 속으로 단군을 끌어들인 것은 당시로서는 민족 정기를 바로 세우는 일이었다.

북로군정서 사령관 김좌진, 대한독립군 사령관 홍범도, 임시정부 대통령 박은식 · 주석 이동녕 · 법무총장 신규식 · 국무위원 이시영, 역사학자 신채호, 한글학자 주시경 등 우리 귀에 익은 독립운동가들이 모두 대종교 출신이었다.

대종교는 두 가지 측면에서 당시 독립군에게 큰 힘이 되었다. 하나는 나라 잃은 민족에게 민족 정체성을 유지시켜 주는 버팀목 역할을 한 것이다. 민족과 국가는 계란 알맹이와 껍질의 관계와 같아서 나라 잃은 민족은 깨진 계란처럼 흩어지게 마련이다. 유대인이 하나님을 중심으로 뭉쳤듯, 한민족에게도 그런 매개가 필요했는데 대종교가 그 역할을 한 것이다. 대종교에 역사학자나 한글학자가 많은 것도 이 때문이다.

또 하나는 자금이다. 독립운동도 돈이 있어야 한다. 특히 독립군은 무기를 암거래로 조달해야 했으므로 비싼 가격에 구매할 수밖에 없었다. 나라 없는 민족이 무슨 수로 그 많은 돈을 구하겠는가. 가장 큰 돈줄은 종교, 그중에서도 천도교나 대종교 같은 민족종교였다. 그 덕에 대종교가 운영하는 북로군정서는 독립군 부대 중 가장 좋은 화력을 갖추었다.

대종교가 중요한 역할을 하면 할수록 일본의 탄압도 집요해졌다. 일본은 대종교를 유사종교로조차 인정하지 않았다. 독립운동을 수행하는 조직으로 규정하였으며 종교는 명분일 뿐이라고 보았다. 엄청난 탄압으로 교단이 존폐의 위기에 놓이자, 나철은 1916년 황해도 구월산에 들어가 일제 탄압에 항의하는 시를 남기고 스스로 목숨을 끊었다.

김교헌, 한민족의 범위를 넓히다

나철의 뒤를 이어 대종교의 제2대 교주가 된 김교헌은 만주에서 더욱 열심히 독립운동에 나섰다. 청산리대첩, 임시정부 수립이 그의 노력 속에 이루어졌다. 그는 특히 역사서 저술에 공을 들였으며, 신채호와 함께 민족주의 역사학 발전에 힘을 쏟았다. 김교헌은 중국 땅에서 독립운동을 해야 하는 만큼 중국 속의 조선에 관심을 기울였고, 한민족을 동북아시아 유목민족 전체로 크게 잡아 만주족·거란족까지 우리 민족 범위로 끌어들였다.

이는 국가의 역사관으로는 매우 위험한 침략주의적 성격을 갖지만, 나라 잃은 민족에게는 다른 민족과 더불어 살아갈 수 있는 사상적 토대가 되었다. 그런 생각이 《신단민사》와 《신단실기》 등에 담겼고, 이것이 오늘날 재야 사학의 일부가 되었다.

일제는 청산리대첩 이후 만주 독립운동 세력을 극심히 탄압했는데, 특히 대종교가 핵심 타깃이 되었다. 그런 상황에서 1921년 자유시 참변(221쪽 참조) 이후 독립군 내부의 분열이 심해지고 기독교

대종교의 제2대 교주 김교헌 역시 독립운동가의 길을 걸었다.

계열, 대종교 계열 등이 종교를 이유로 반목하기도 했다. 이는 김교헌에게 깊은 절망감을 주었다. 김교헌은 1923년, 7년 전의 나철처럼 스스로 목숨을 끊었다.

제3대 교주 윤세복은 일제 탄압을 피해 중·소 국경 지대인 밀산密山으로 이동하여 발해의 옛 성터 주변에 학교와 교단을 만들어 독립운동의 맥을 이었다. 해방을 앞둔

대종교 친일 논란

제3대 교주 윤세복은 1934년 일본 당국과 교섭하여 '재만시교권인허신청서在滿施敎權認許申請書'를 제출하여 포교의 권리를 얻었다. 이는 일반적으로 대종교의 친일 변절로 해석되는데, 그렇다면 1942년 일제가 대종교를 박해한 임오교변은 왜 일어났을까? 이와 관련하여 이극로가 천진전天眞殿 건립을 위해 윤세복에게 편지를 보냈는데 그중 "일어나라 움직이라 한배검이 도우신다"라는 구절을 일제가 봉기를 일으키려는 것으로 받아들였다는 증언이 있다. 즉, 대종교는 친일을 했지만 일제가 믿지 않았다는 것이다.

대종교 친일 논란에 대해서는 학계의 엄밀한 검증이 필요하다. 30~40년대 일제의 탄압과 전시 상황에서 궁지에 몰려 위장 전향이나 일시적 타협을 한 경우가 있었는데 이에 대해 엇갈리는 해석이 존재한다. 특히 진보적 지식인들은 대종교처럼 민족주의 성향이 강한 세력이 해방 이후 극우로 변질된 경우 대개 비판적이다. 하지만 30~40년대 대종교의 행적과 관련하여 재중국 동포들의 우호적인 증언이 많아서, 제한된 문헌 사료만으로 판단하는 것은 한계가 있다. 폭넓은 자료 수집과 엄격한 비판이 필요하다.

1942년 일제의 대탄압('임오교변')으로 수많은 대종교인들이 체포되어 투옥당하고 일부는 옥사하였는데, 이때 윤세복은 무기징역을 선고받았다. 조선공산당의 박헌영이 징역 6년, 재건공산당의 이재유가 징역 6년을 선고받은 것과 비교하면, 윤세복이 얼마나 중형을 받았는지 알 수 있다.

배타적 민족주의로 남다

해방 이후 대종교는 근거지인 만주를 떠나 국내로 들어왔지만 어려움을 겪었다. 안호상 등 이승만의 분단 정부 수립에 협력한 일부 세력을 제외하고는 철저하게 배척당했다. 대종교의 역사학도 신채호가 주장한 민족적 공존보다는 안호상의 단일민족주의 같은 민족 우월주의만 남게 되었다.

김교헌은 민족의 범위를 넓게 잡고 공존을 주장했지만, 안호상 등은 한민족을 순수 혈통의 한반도인*으로 좁게 잡고 우월주의에 입각한 배타적 민족주의를 표방하였다. 이로써 대종교는 친일파와 민주화 세력 모두에게 배척당하게 되었다. 오늘날 대종교 신도는 극히 미미하다.

일제시대 대종교의 활약과 역사관은 재평가받을 만하다. 정치적

....

* '순수 혈통 한반도인'은 타 민족의 문화를 배격하고 민주주의나 사회주의도 배격하는 엄선된 한민족을 의미한다. 이러한 시각은 조선족 · 조센진 · 빨갱이 등 같은 한민족조차 분류하여 배격하는 극단적 선민주의로 나타났다. 이러한 시각에서 민중은 '개돼지'가 될 수밖에 없다.

상황 때문에 많은 오해와 왜곡이 덧씌워진 부분이 있다. 일제 하 남의 나라 땅에서 정체성을 지키며 독립운동을 해야 했던 특수한 상황을 인정하고, 그 속에서 오늘날 우리가 계승할 것이 무엇인지 명확히 인식한다면, 대종교에 대한 역사적 재평가는 좀 더 긍정적이지 않을까 싶다.

두 영웅의 비극적 죽음

김좌진 · 홍범도

교과서 속 한 줄 역사 자유시로 이동한 독립군은 러시아 적군에 의해 무장해제를 당했고, 이 와중에 수백 명의 독립군이 희생당했다(자유시 참변). 1920년대 후반 만주에서는 3부를 비롯한 독립운동 단체의 통합운동이 전개되었다. 그 결과 완전한 통합을 이루지는 못하였으나, 남만주 지역의 국민부와 북만주 지역의 혁신의회가 조직되었다.

북풍한설 몰아치는 만주 벌판에 나는 새도 떨어뜨린다는 천하의 명사수 독립군 대장 두 명이 마주했다. 북로군정서 김좌진 장군과 대한독립군 홍범도 장군이었다.

"우리 장군님은 백두산에서 호랑이 잡던 포수여. 누가 뭐래도 조선 최고 총잡이지."

"우리 김좌진 장군은 눈 감고 날아가는 참새 눈깔도 맞추는 명포수여. 누가 감히 최고라고 떠드는 거여?"

부하들의 객쩍은 입씨름 때문이었는지, 저녁 추위를 잊으려 마신 술기운 탓이었는지, 50대의 홍범도와 30대의 김좌진 두 장군이 권총을 들고 마주 섰다. 아들 뻘인 김좌진을 향해 홍범도가 말했다.

"먼저 쏘시게. 내 양보하지."

"아닙니다. 장유유서이니 먼저 쏘시죠."

"허허, 어른이 양보하면 그냥 감사하다 하고 먼저 쏘는 걸세."

"알겠습니다. 그럼 20보 밖의 동전 맞추기입니다."

김좌진은 유효사거리 끝에 세워진 작은 동전을 향해 권총을 겨냥했다. 총 한 자루, 총알 한 발이 목숨만큼 소중한 독립군이었다. 한 발 한 발 영혼을 담아 쏘아야 했기에 독립군들은 모두 명사수였다.

"탕!"

총소리가 나고 동전이 날아갔다.

"명중입니다."

부하들이 환호성을 질렀다. 동전 한복판이 뚫렸다. 홍범도는 씨익 웃더니 느긋하게 사선에 서서 부하에게 말했다.

"너는 20보 밖에서 동전을 위로 던지거라."

표적을 공중에 던져서 맞춘다고? 모두 눈이 동그래졌다. 부하가 동전을 던지자, 홍범도가 속사로 권총을 쏘았다.

"명중입니다."

홍범도가 장난스럽게 권총의 화연을 입김을 불어 날리자, 김좌진도 허탈한 표정으로 웃었다.

"선배님도 참!"

호랑이 잡는 포수 홍범도, 금수저 출신 김좌진

청소년기에 역사 선생님께 들은 이야기다. 아마도 홍범도에게 우호

홍범도(왼쪽)와 김좌진. '흙수저' 출신의 홍범도와 '금수저' 출신의 김좌진은 독립군이 된 과정이나 정치 성향 등 모든 것이 달랐지만, 1920년대 우리 독립운동사를 대표하는 열혈 독립군이었다는 공통점이 있다.

적인 이들이 전한 이야기가 아닐까 싶다. 김좌진은 몰라도 포수 출신인 홍범도는 실제 명사수로 이름을 떨쳤다. 가난한 집에서 태어나 어린 나이에 부모마저 잃고 고아로 떠돌며 살았던 홍범도는 밥만 먹을 수 있다면 머슴살이도 마다 않고 닥치는 대로 일했고, 마침내 호랑이 잡는 포수가 되었다.

호랑이 사냥은 호랑이에게 먹힐 수도 있는 위험한 일이었다. 행동반경이 수십, 수백 킬로미터에 이르는 호랑이를 상대하려면 호랑이만큼 용맹하고 건강하고 사격술이 뛰어나야 했다. 그런 그가 동학농민군에 이어 의병이 되고 의병장이 되었다. 의병장 중 최고의 용장으로 이름을 떨칠 만했다.

아내와 둘째 아들이 일제의 고문으로 죽고 장남은 의병으로 전사하면서 나이 마흔에 혼자가 된 홍범도의 싸움은 더욱 격렬해졌다. 호랑이 잡는 홍범도 부대 앞에서 일본군은 추풍낙엽이었다. 그런 세월이 25년을 흘러 1919년이 되었다. 이때 홍범도의 나이 51

세, 대한독립군 사령관이었다.

홍범도보다 스무 살 어린 김좌진은 홍범도와 정반대의 삶을 살았다. 세도정치로 유명한 안동 김씨 가문 출신으로, 그의 아버지는 충청도 홍성의 유명한 부자여서 거느리는 종만 수십 명이었다. 요즘 말로 '금수저 출신'이었다. 그러나 집안이 개화파 쪽이어서 김좌진은 독립협회 시절부터 10대의 어린 나이에 세상에 눈을 떠 애국애족의 마음을 품게 되었다. 일설에 따르면, 소작인에게 집안 농토를 나누어 주고 노비를 해방시켰으며 학교를 설립하여 민족 인재 양성에 나섰다고 한다.

김좌진은 20대에 신민회 사람들과 어울리고, 한일병합 이후에는 박상진 등과 함께 대한광복회에서 활동하다 1916년 대한광복회 만주 부사령이 되어 만주로 떠났다. 그 길이 조국, 가족과의 영원한 이별길이었다. 김좌진은 신흥무관학교에서 활동하며 대종교인으로 북로군정서 사령관에 취임하였다. 그리고 1920년 일본 토벌군이 국경을 넘어 만주로 들어오자 홍범도와 함께 청산리 계곡에서 맞서 싸워 대승을 거두었다(청산리대첩).

고국으로 돌아오지 못한 홍범도의 유해

청산리대첩에서 패배한 일제는 그 보복으로 독립군을 도운 우리 동포 수천 명을 학살하였다(간도참변). 간도가 초토화되어 위기에 봉착한 독립군 부대는 서일을 총재로 대한독립군단을 조직하고 중·러 국경인 밀산으로 이동했다. 당시 러시아는 내전으로 혼란한 상황이었다. 1917년 러시아혁명 이후 혁명을 지지하는 '적군赤軍'과 반대하는 '백군白軍'이 충돌하였고, 혁명을 무산시키려는 열강의 군대도 들어와 있었다. 그 와중에 연해주에서 러시아의 백군·일본군 연합부대와 맞서고 있던 적군이 우리 독립군에게 손을 내밀었다. 힘의 열세를 만회하려고 반일反日 연합을 제안한 것이다. 이에 독립 군단은 연해주 자유시(알렉세예프스크)로 이동하였다.

"나는 좌익들을 믿을 수 없습니다."

김좌진은 고개를 저었다. 그는 국경을 넘는 것도 꺼렸고, 적군과 연합하는 것도 싫어했다. 그는 주위의 만류를 뿌리치고 다시 만주로 돌아가 버렸다. 그리고 얼마 후 정말 러시아 적군이 일본과 타협하는 일이 벌어졌다. 일본군에게 철수 등을 약속받으면서 독립군을 무장해제시키겠다고 약속한 것이다. 적군은 우리 독립군에게 무장해제하면 러시아 국민으로 받아들이겠다고 제안했다. 독립군은 반대파와 찬성파로 갈렸고, 결국 찬성파와 적군이 연합하여 반대파를 공격하는 일이 벌어졌으니, 이것이 '자유시 참변'(1921)이다.

이 사건으로 독립군과 연해주 동포들은 만신창이가 되었다. 이때 사태를 수습하고 연해주 사람들이 다시 독립운동을 지원하도록 노력한 사람이 홍범도였다. 그러나 1937년 연해주의 일본 국적자들(즉, 우리 교포들)을 모두 중앙아시아로 이주시키라는 스탈린의 명령이 떨어졌다. 강제 이주 과정에서 우리 동포들은 포로처럼 짐승처럼 취급당했고 수만 명이 질병과 굶주림, 추위, 들짐승의 습격으로 죽어 갔다. 이에 항의한 홍범도를 비롯한 지도자들은 '반동 민족주의자'로 몰려 숙청당했다. 중앙아시아로 이주한 홍범도는 그곳

1921년 무렵, 50대의 홍범도 장군.

에서 극장 경비원 등의 일을 하며 평범한 일상을 영위하다 해방을 2년 앞두고 조용히 숨을 거두었다. 사후 홍범도는 좌파로 몰려 대한민국에서 유해 송환을 거부하는 바람에 아직도 중앙아시아에 잠들어 있다.

조선 청년의 총에 쓰러진 김좌진

한편 만주로 돌아온 김좌진은 북로군정서를 중심으로 신민부를 만들어 북만주에서 계속 독립군 활동을 펼쳤다. 하지만 1925년 '미쓰야 협정'으로 중·일이 연합하여 독립군 토벌에 나서면서 활동을 이어 가기 어려울 정도로 위기에 몰렸다. 김좌진은 독립군 양성 등 소극적 활동을 펼치면서 개인 사업으로 정미소를 운영했다. 그런데 이것이 문제가 되었다. 일제가 제공한 자금으로 정미소를 차렸다는 소문이 돌면서 친일 시비가 일어난 것이다. 하지만 김좌진은 그런 소문을 개의치 않았다.

1920년대 후반 사상과 이념의 차이를 극복하여 하나의 독립운동 단체를 만들자는 '민족 유일당 운동'의 일환으로 3부(참의부·정의부·신민부) 통합이 추진되고 그 결실로 국민부가 탄생했지만, 좌익에 대한 불신과 증오를 품고 있던 김좌진은 좌익세가 강한 국민부를 인정하지 못했다. 오히려 세력을 모아 혁신의회라는 새로운 단체 결성에 앞장섰다. 3부 통합이 실패로 돌아가자 이를 김좌진 탓으로 돌리는 사람들이 많았고, 친일 소문은 그런 비판에 날개를 달아 주었다.

1930년 1월 북만주의 차디찬 바람이 살을 에는 날 아침, 몇 명의 청년들이 김좌진을 찾아왔다. 과거 김좌진 부대에서 싸웠던 전우들이었다. 그들은 소개장을 가져왔다며 일자리를 부탁했다. 김좌진이 정미소 앞에서 소개장을 들여다보고 있는데, 한 청년이 총을 뽑아 김좌진의 가슴을 향해 방아쇠를 당겼다. 향년 41세였다. 총을 쏜 청년은 고려공산당 소속으로 통합운동의 걸림돌을 제거하려 했다고 하는데, 일설에는 친일파로 오해해서 쏘았다고도 한다.

20년대를 대표하는 위대한 두 영웅은 그렇게 안타까운 최후를 맞았다. 이들의 굴곡진 삶은 1920년대 독립군이 처한 고난과 시련, 한계를 보여 주는 것인지도 모르겠다. 그리고 독립군은 30년대 양세봉과 지청천이라는 새로운 영웅을 맞이한다.

아리랑의 유래를 아시나요?

나운규

교과서 속 한 줄 역사　1926년 나운규가 민족의 비애를 담은 영화 〈아리랑〉을 발표하며 우리 영화계는 큰 변화를 맞이했다. 이때까지의 영화는 기록영화가 대부분이었지만, 아리랑은 드라마이면서 예술적 완성도도 뛰어난 작품이었다. 1935년에는 최초로 유성영화가 제작되었다.

아리랑 아리랑 아라리요

아리랑 고개를 넘어간다

나를 버리고 가시는 님은

십 리도 못가서 발병 난다

　민족의 애창곡 〈아리랑〉, 이 노래는 언제부터 부르기 시작했을까? 〈정선아리랑〉 〈밀양아리랑〉 같은 전통 민요와는 전혀 다른 이 노래는 어디에서 왔을까? 가장 유력한 설은, 이 노래가 1926년 나운규의 영화 〈아리랑〉의 OST라는 것이다.

〈의리적 구투〉에서 〈아리랑〉까지

영화는 20세기를 대표하는 문화 장르이다. 영화를 "움직이는 장면을 토대로 내용을 담고 있으며 관객에게 상영할 목적으로 만든 것"이라고 정의했을 때, 최초의 영화는 1895년 파리에서 뤼미에르 형제가 상영한 〈리옹의 뤼미에르 공장을 나서는 노동자들La Sortie de l'usine Lumière à Lyon〉로 꼽힌다. 이후 영화는 매우 빠르게 비약적으로 발전하였다.

조르주 멜리에스 감독이 1902년 〈달세계 여행Le Voyage dans la lune〉을 통해 편집 기법을 선보이고, 1910년대에는 찰리 채플린의 코미디 영화가 유행했으며, 1920년대 프리츠 랑이 표현주의의 걸작 〈메트로폴리스Metropolis〉를 발표하는 등 영화는 장르화되고 예술의 경지로 발전하였다. 1927년 최초의 유성영화 〈재즈 싱어The Jazz Singer〉, 1932년 최초의 유성 컬러 영화 〈꽃과 나무Flowers And Trees〉가 발표되었으며, 1939년에는 이 모든 발전을 모두 모은 기념비적 작품 〈오즈의 마법사The Wizard of Oz〉가 미국에서 개봉되었다.

20세기 대중예술의 총아답게 조선에도 영화는 바로 도입되었다. 일반 대중에게 영화가 상영된 것은 1903~1905년 사이로 추정된다. 이때 상영된 작품이 영화인지 활동사진인지 알 수 없지만,* 1906년 이후 여러 영화관들이 생기면서 영화 관람의 시대가 도래

....

* 사진을 빨리 돌려 움직이는 것처럼 보이게 하는 '활동사진'은 영화보다 더 오랜 역사를 갖고 있다. 1888년 에디슨이 만든 활동사진이 큰 인기를 끌었으며, 서커스 등에서 상업적 용도로 활용되었다. 이 때문에 영화의 기원을 둘러싸고 논쟁이 일었다.

무성영화 〈아리랑〉(1926)에서 영진으로
분한 나운규와 영희 역을 연기한 신일선.
우리 영화계의 선구자이자 독립운동가인
나운규의 호 '춘사春史'는 오늘날 영화제
명칭으로 쓰인다.

한 것은 틀림없다. 우리가 만든 최초의 영화는 1919년 〈의리적 구투〉로 알려져 있다.[*] 20년대에는 〈장화홍련전〉, 〈운영전〉 등 주로 고전작품이 영화화되었다. 그리고 1926년 마침내 문제작 〈아리랑〉이 나왔다.

〈아리랑〉을 만든 사람은 나운규이다. 10대 시절에 3·1운동에 참가했던 나운규는 만주 등지를 유랑하다 독립군 활동에 가담하여 옥고를 치렀으며, 감옥에서 나온 후 20대의 젊은 나이에 영화계에 뛰어들어 단역배우에서 일약 주연배우로 성장하였고 24세의 젊은 나이에 직접 감독과 주연을 맡아 영화 〈아리랑〉을 만들었다. 1926

----

[*] 〈의리적 구투〉는 연극과 영화가 결합한 형태여서 엄격한 의미의 영화로 보기는 어렵다. 완벽한 영화적 형태를 갖춘 최초의 영화는 〈월하의 맹세〉(1923)이다. 〈월하의 맹세〉는 최초로 여배우가 출연한 영화이기도 하다. 이전까지는 남자 배우가 여장을 하고 연기했다. 이렇게 보면 이월화가 우리나라 최초의 영화 여배우가 된다.

년 10월 1일, 이제는 전설이 된 단성사에서 개봉한 영화 〈아리랑〉의 줄거리는 다음과 같다.

3·1운동에 참가했다가 미쳐 버린 영진은 걸핏하면 일본 경찰이나 그 앞잡이들에게 낫을 휘두르곤 한다. 그가 아끼고 사랑하는 이는 여동생 영희뿐인데, 영진의 친구 현구와 영희가 서로 사랑하는 사이가 되었다. 그런데 일본 밀정 기호가 영희를 겁탈하려고 덤비자, 현구가 기호와 격투를 벌인다. 영진이 곧 낫을 휘둘러 기호를 죽인다. 살인의 충격으로 정신이 돌아왔지만 살인죄로 체포되는 영진, 그는 슬퍼하는 마을 사람들을 오히려 위로하며 끌려간다. 그리고 흐르는 아리랑….

〈아리랑〉이 민족영화인가

〈아리랑〉을 '항일영화' 혹은 '민족영화'로 규정하는 것에 부정적인 견해가 존재한다. 가장 큰 이유는, 이 영화가 일제의 검열이나 상영 금지를 당한 적이 없기 때문이다. 실제로 일제 말기에는 징용 노동자들을 상대로 일제가 일부러 이 영화를 상영하기도 했다.

하지만 여기서 '영화'라는 예술 장르의 특성, 혹은 대중문화의 특성을 생각해 볼 필요가 있다. 대중문화는 창작자의 의도 못지않게 대중들의 수용 태도도 중요하다. 홍난파가 작곡한 노래 〈봉선화〉의 경우를 보자. 홍난파가 별다른 의도 없이 작곡한(상류층 파티용 연주곡이었다고도 한다) 〈봉선화〉는 조선인들의 민족감정을 불러일으켰고, 이 때문에 홍난파는 일제에 감시당하는 처지가 되었다. 원래 친일 노래였던 〈선구자〉도 독립군들이 즐겨 부르면서 성격 논쟁에 휘말렸다. 〈아리랑〉도 마찬가지다. 동학농민운동부터 8·15 광복까지 한민족의 수난과 투쟁사를 그린 조정래의 대하소설 제목이 '아리랑'이고, 이 소설 곳곳에 '아리랑'을 부르는 장면이 나온다. 〈아리랑〉은 싫든 좋든 민족영화로 규정될 수밖에 없는 측면이 존재하는 것이다.

민족의 영원한 애창곡이 되다

개봉 당시 〈아리랑〉에 대한 평가는 극찬 일색이었다. "올해 나온 조선 영화[*] 중 제일 나은 것은 아리랑"《동아일보》1926년 12월 18일 〈1926년도 영화계를 보내며〉), "올해 영화계에서 가장 기쁜 일은 나운규가 아리랑에서 보여 준 기교"라는 찬사가 이어졌다. 〈아리랑〉은 일제시대 영화의 대명사가 되었고, 그 주제가는 한국인의 대표 노래가 되었다.

나운규는 〈아리랑〉 이후에도 왕성한 활동을 펼쳐 30년대까지 한국의 대표 영화감독으로 자리매김했다. 1928년 개봉한 〈사랑을 찾아서〉에서 간도로 떠나는 실향민을 그렸다가 검열에 걸려 일부가 삭제당하고 나운규도 잡혀갈 뻔했지만, 전체적으로는 일제 검열과 흥행성, 민족성 사이에서 교묘한 줄타기로 시련을 헤쳐 나갔다. 그러나 예술인다운(?) 무절제한 생활 탓에 1937년 35세의 젊은 나이로 세상을 떴다.

오늘날 나운규의 〈아리랑〉을 둘러싸고 다양한 평가가 존재한다.[**] 평가가 분분한 이유는 그의 영화가 전해지지 않기 때문이다. 일제시대에는 물론이고 80년대까지도 한국의 영화 작품 보존 수준은 형편없었다. 실제 작품을 보지 못한 채 관련 기록만으로 영화를 평가하

[*] 이 기사에 따르면, 1926년에 공개된 영화는 개봉 예정 2편 포함 총 9편이다. 그러나 일부에서는 4편으로 기술하고 있다. 특정 기준에 따라 한국 영화와 일본 영화를 구분한 때문인 듯하다.

[**] 나운규는 좌파는 아니었던 것 같다. 일제시대 전성기를 누리고 월북 후 인민배우 반열에 오른 문예봉은 1965년 나운규를 "천재적 예술가"라고 평했다가 숙청당했다.

두 명의 '파시스트 히로인', 복혜숙과 하라 세츠코

복혜숙은 한국 영화 1세대 여배우를 대표하는 인물이다. 그녀는 목사의 딸로 태어나 이화학당을 나온 인텔리 여성이었지만, 연기에 대한 열망으로 모든 것을 버리고 배우의 길을 걸었다. 최초의 여배우 이월화와 함께 20~30년대 영화계를 주름잡았지만, 기생과 연예계가 명확히 구분되기 전이어서(정확히는 기생이 창기로 전락해 가던 시점이라) 이월화와 함께 권번 기생 생활을 하며 영화계를 지켰다.

복혜숙

1933년 이월화가 요절한 후 독보적 여배우로 활약했으며, 〈서울에 딴스홀을 허하라〉라는 유명한 청원서의 주인공으로서 족적을 남겼다. 1940년대 태평양전쟁이 일어나자 많은 배우들이 일본 전쟁영화에 출연했다. 복혜숙도 예외가 될 수 없어 〈국기 아래서 나는 죽으리〉를 비롯한 수많은 영화에 출연하고 정책적으로도 긴밀한 협조 관계를 맺었다. 복혜숙의 친일 경력은 해방 이후 많은 영화인들의 비판을 받았고, 그녀는 외로운 말년을 보냈다.

하라 세츠코

인텔리 출신인 복혜숙과 달리 '20세기 일본 최고의 여배우' 하라 세츠코는 8남매의 가난한 집안에서 태어났다. 열다섯 살 때 생계를 위해 형부 쿠마가이 감독의 권유로 여배우 활동을 시작한 세츠코는, 파시스트인 형부 때문에 40년대까지 주로 일본 군국주의를 찬양하는 영화에 출연하여 '파시스트 히로인'이라 불렸고, 독일에서 히틀러의 환대를 받을 정도로 국제적 명성을 얻었다.

그러나 일제 패망 이후 세츠코는 다른 길을 걷는다. 그녀는 전후 일본 영화인들이 전쟁을 반성하는 영화를 만들기 시작할 때 구로자와 아키라 감독이 만든 영화 〈우리 청춘 후회 없다〉에서 군국주의에 저항하는 여주인공 역을 맡아 변신에 성공한다. 이후 구로자와, 오즈 야스지로 등 당대 최고의 감독과 호흡을 맞춰 전후 일본의 혼란과 미래를 전망하는 영화의 여주인공으로 맹활약하였다. 1962년 홀연 은퇴한 뒤 50년 동안 독신으로 살며 은둔 생활 끝에 2015년 사망하여 신비의 여배우로 남았다.

만약 해방 이후 한국 영화계가 분단과 냉전에 휘말리지 않고 일제 청산과 새 조국 건설의 과정에서 자유롭게 영화를 만들 수 있었다면, 복혜숙도 친일 여배우라는 오명을 조금이라도 씻을 기회를 얻지 않았을까?

는 것은, 코끼리를 직접 보지 않고 들은 대로 설명하는 것과 같다.

하지만 영화 〈아리랑〉이 한국 사회에 얼마나 큰 영향을 끼쳤는 지는 '아리랑' 노래 하나만으로도 충분히 알 수 있다. 영화의 OST 가 민족의 영원한 애창곡이 되었다는 사실은, 당대 민중들이 이 영화를 얼마나 사랑했는지 잘 보여 준다.

떴다! 조선 최초의 비행사들

안창남 · 권기옥

교과서 속 한 줄 역사 제1차 세계대전 이후 항공기는 과학기술의 상징이 되었다. 일제는 조선인 과학자나 기술자의 양성에 관심을 두지 않았다. 이러한 상황에서 우리 민족은 과학 대중화 운동을 일으켰다.

"떴다 보아라 안창남의 비행기, 내려다보아라 엄복동의 자전거"

1922년 12월 조선인 비행사 안창남이 여의도 비행장에서 고국 방문 비행을 선보이자, 사람들은 이 노래를 부르며 감격해했다. 물론 모든 사람이 다 열광한 것은 아니었다. 윤치호는 이날 일기에 이렇게 썼다.

"안 군은 수천 명의 조종사 중 한 명일 뿐이다. 그러니 호들갑을 떨 일이 아니다. 그런데 《동아일보》에서 지난 몇 주 동안 여러 지면을 할애하여 치켜세웠다. 안 군을 도우려는 단체가 생겨나고

1921년 7월 11일자 《동아일보》 3면에 실린 안창남의 기사. 조선 민족의
탁월한 재주를 물려받아 동경비행학교를 졸업하고 이 학교의 조교수가
되었다는 내용이다.

성금을 걷었다. 멍청이들!"

문명국에서는 이미 비행기 조종사가 보편화되기 시작한 그때,
최초의 비행사가 탄생했다고 난리법석을 떠는 것이 창피했던 모양
이다. 하지만 나라 잃은 백성의 감정을 이해했다면 그렇게 말할 수
있었을까?

비행사의 꿈을 이룬 동갑내기

조선에서도 이미 5년 전인 1917년 미국인 스미스가 곡예비행을 선
보인 바 있었다. 수많은 관중이 모여 새로운 신기술의 총아에 열광
했던 그날의 행사는, 1901년생 동갑내기 두 사람의 운명을 바꾸어
놓았다.

그중 한 사람이 안창남이다. 휘문고보를 다니던 열여덟 살의 안
창남은 어려서 부모를 잃어 가정 형편이 어려운 데다 3·1운동으

로 조선이 온통 들끓자, 학교를
중도에 포기하고 자신의 꿈인 비
행사가 되기 위해 일본으로 건너
갔다. 1920년 오구리 비행학교에
입학한 그는 각고의 노력 끝에 1
년 만에 비행사 자격증을 획득하
고 비행 대회에서 우승하는 등 이

안창남은 중국으로 건너가 독립군
공군을 만들려고 했다.

름을 알렸다. 안창남은 비행 조종술뿐 아니라 비행기 정비, 조립 등
의 기술도 익혔다. 자주적 기술 발전을 욕심냈기 때문이다.

안창남과 마찬가지로 비행의 꿈을 가슴에 품은 또 한 사람은 권
기옥이다. 가난한 집안에서 태어난 권기옥은 열한 살 때 공장 노동
을 할 정도로 힘든 시절을 보내다가 열두 살에 소학교에 들어갔다.
늦게 학업을 시작했지만 총명한 데다 열심히 노력하여 1918년 숭
의여학교 3학년에 편입하고, 그곳에서 재학생과 졸업생들의 비밀
결사 독립운동 단체인 '송죽회' 회원으로 활동하면서 3 · 1운동을
주동하여 투옥되었다.

이후 김재덕 권총 사건, 평남도청 폭파 사건 등으로 체포와 투옥
을 반복하던 그녀는 1920년 중국으로 망명하여 임시정부의 지시에
따라 중국 운남 항공학교 1기생으로 입학하여 조선 최초의 여성 비
행사가 되었다.* 학교는 조선 여성을 받아 주려 하지 않았지만, 16

---

* 최초의 남자 비행사는 1920년 미국 레드우드 비행학교를 졸업한 우병옥, 오림하, 이용
  식, 이초 등이라고 한다. 이들은 임시정부 노백린과 함께 임정 공군을 위한 비행사 양

세 때 스미스의 곡예비행을 보고 품었던 비행사의 꿈과 그녀의 강한 의지가 학교 당국자들의 마음을 흔들었다.

독립군 조종사, 중국 하늘을 누비다

일본에서 활동하던 안창남은 1922년 《동아일보》의 주선으로 애기愛機 '금강'을 몰고 여의도 상공에서 고국 방문 기념 비행을 선보였다. 선진 문명국에 대한 열등감과 배움에 대한 목마름에 차 있던 조선 민중들은 환호했다. 안창남은 당시 경륜 경기에서 일본 선수를 물리쳐 영웅으로 떠오른 엄복동과 함께 최고 스타가 되었다.

하지만 관동 대지진으로 일본에서 재일 조선인들을 대상으로 학살이 자행되자 중국으로 탈출했고, 그곳에서 임시정부와 접촉하여 독립군 공군을 만들려 했으나 사정이 여의치 않아 여운형의 소개로 중국 비행학교에 들어가 교관으로 활약했다. 그러면서 항일 비행학교 설립 등을 목표로 '대한독립공명단'이라는 항일 비밀 조직을 만들어 중국 군벌 옌시산閻錫山의 후원을 받으며 무장투쟁을 준비했다. 1929년 우편차량 탈취 사건(독립군 자금 확보를 위해 우편차량을 습격한 사건. 체포된 활동가가 배후로 안창남을 지목하여 화제가 되었다.)의 배후 인물로 안창남이 지목되어 화제가 되기도 했다.

한편 권기옥은 비행사가 되었지만 비행기가 없어서 중국 군벌

성학교 설립에 공헌하였다.

1920년대 중국 국민군 조종사로 활약할 당시의 권기옥(왼쪽 첫 번째).

평위샹馮玉祥의 동로군 항공대, 장제스蔣介石 등의 국민혁명군 동로항
공사령부 비행대에서 활동하였다. 당시 독립군 공군의 꿈을 꾼 다
른 비행사들과 마찬가지로 그녀 역시 중국 공군 조종사로서 일제
와 싸우며 실력을 키워 갔다. 7천여 시간을 비행하며 많은 작전을
수행하여 대령으로 진급하였으며, 그녀를 암살하기 위해 일제가 첩
자를 보내자 오히려 조선 비행사들이 합심하여 처단하기도 했다.
1926년 5월 21일《동아일보》는 중국에서 활약하는 조선 조종사들
을 대서특필하였다.

중국 창공에 조선의 붕익鵬翼
한참 동안 중국 천지에 풍운이 소란할 때 북경을 중심으로 맹렬
히 활약하던 조선 비행가 안창남씨 등 3~4명과 그중에는 꽃 같
은 여류 비행가까지 국민군에 참가하야 그동안 놀라운 재능을 발

휘하던 바 … 안창남 씨는 그의 제자인 유기석 비행사와 함께 방금 산서 비행대에서 맹렬한 활동을 계속하고 … 오직 한 사람뿐이던 조선 여자 비행가로 한 번 진중에 나타날 때에는 군인의 정신을 빼리만큼 미인의 용모를 가진 권기옥 양도 … 국민군 제1비행대에 나서 남다른 천재를 발휘하여 많은 공로를 나타냈는데 다음의 기회를 얻으려고 어디론지 갔다 하며…

그러나 안창남은 1930년 정비 불량 비행기를 몰다 사고로 추락사하였다. 향년 29세, 너무나도 안타깝고 아쉬운 죽음이었다. 최용덕 등 많은 동지와 후배들이 그의 유지를 받들어 독립군 조종사로

또 한 사람의 여성 비행사, 박경원

2005년 개봉된 영화 〈청연〉(윤종찬 감독)은 영화가 공개되기 전부터 친일 논쟁에 휩싸이면서 사회적으로 큰 논란을 불러일으켰다. 일제시대 여성 비행사 박경원을 모델로 한 이 영화의 제목 '청연'은 그녀가 조종했던 애기愛機의 이름이다. 이 영화를 홍보하면서 '최초의 여성 비행사 박경원의 삶과 사랑을 담았다'는 것을 내세웠는데 이것이 문제가 되었다. 박경원의 친일 경력과 '최초 여성 비행사'라는 타이틀 때문이었다. 굳이 따지자면 박경원은 '일본에서 최초로 비행사 자격증을 획득한 한국 여성'이었다. 일제시대를 배경으로 비행사를 꿈꾸었던 가공의 여인의 삶을 다룬 영화로서, 영화의 예술적 · 기술적 측면에 초점을 맞추어 홍보했다면 작품 면에서 정당한 평가를 받고 흥행도 성공하지 않았을까? 무리하게 '실존 인물 이야기', '최초 여성 비행사'를 내세웠다가 친일파 미화 영화라는 비판을 받고, 어쩌면 역사 속에 묻히고 싶었을 일제시대의 한 평범한 여인을 역사의 논쟁거리로 만들어 버린 셈이 되었다. 결국 영화 〈청연〉은 흥행에도, 영화의 모델이 된 인물에게도 상처를 안긴 작품이 되었다.

활약하였다.

권기옥은 1926년 중국군 고위 장교이자 독립운동가로서 임정 외교위원을 지낸 이상정(시인 이상화의 형)과 결혼하였다. 1932년 일제가 상하이 사변을 일으키자 비행기를 몰고 나가 일본군에게 기총소사를 가해 무공훈장을 받았고, 장제스의 부인 쑹메이링부터 의열단까지 폭넓은 인맥을 형성하며 1935년 민혁당 시절부터 임시정부 때까지 30~40년대 독립운동가로 활약했다. 해방 이후에는 초대 국회 국방 전문위원으로 한국 공군 창설의 산파 역할을 하였다.

일제강점기 비행기 조종사는 일제에 의해 가로막힌 첨단 기술에 도전한다는 의미와 함께, 일제와 싸울 공군을 양성한다는 의미도 있었다. 16세 아름다운 시절 조종사의 꿈을 품었던 젊은이들은, 식민이라는 민족의 현실 앞에서 험난한 독립군 조종사의 삶을 살아야 했다.

이불 속 돈과 굶주림

신채호

교과서 속 한 줄 역사 신채호는 고대사 부분에서 우리 민족의 전통과 정신을 강조하는 《조선상고사》, 《조선사연구초》 등을 저술하였다. 또 김원봉의 요청으로 신채호가 작성한 〈조선혁명선언〉에는 폭력투쟁을 통한 민중직접혁명을 추구하는 의열단의 기본 정신이 담겨 있다.

단재 신채호 선생은 도무지 돈에 대한 관념이 없어서 돈을 벌 생각은커녕 주변 사람들이 도와주는 돈도 잘 챙기지 않았다. 어쩌다 수중에 돈이 생기면 독립운동 자금으로 쓰거나 남에게 나눠주곤 했으니 늘 돈이 없었고, 당연히 끼니를 거르기 일쑤였다. 제자들이 백방으로 돈을 구해 선생의 끼니를 보살폈으나 며칠씩 굶는 일이 허다했다. 하루는 친구가 집에 들렀는데, 청소를 하지 않아 엉망인 방 안에서 며칠을 굶어 초췌하기 이를 데 없는 몰골로 이불을 뒤집어쓰고 앉아 책을 읽고 있는 것이 아닌가.

"이 사람아, 이게 돼지우리인가, 사람의 방인가. 청소 좀 하게."

친구의 잔소리에 신채호 선생이 몸을 일으켜 청소를 하려고 이

불과 요를 치우는데 그 밑에서 돈이 나왔다.

"어, 아직 돈이 있었네."

선생은 돈을 주워 호주머니에 넣고 방을 청소했다. 사실 그 돈은 친구가 요 밑에 슬쩍 넣어 둔 것인데, 선생이 이불 속에 웅크리고 앉아 책만 읽느라 발견하지 못하고 있자 안타까운 마음에 다시 가서 청소를 빙자해 돈을 찾도록 한 것이었다.

이 이야기에서 알 수 있듯, 신채호의 삶은 치열함 그 자체였다. 1880년에 태어나 1936년 옥사할 때까지 단 하루도 편히 살아 본 날이 없었다. 그가 어떤 사상적 견해를 갖고 있었든, 어떤 행동을 했든 후대인들이 감히 비판하지 못하는 것은 이 때문이다.

무정부주의자가 된 천재 유학자

신채호는 명문가인 고령 신씨 출신으로 신숙주의 18대손이다. 그러나 집안이 가난해서 친척인 신기선의 도움을 받아 공부하였다. 신기선은 온건 개화파로 갑신정변 때 개화당 내각 이조판서, 갑오개혁 때 군부대신, 대한제국에서 학부대신과 법부대신을 지내고 유명한 애국계몽운동 단체인 '보안회' 회장을 지낸 개화파 권력가였다. 신채호는 신기선의 도움으로 천재 소리를 들으며 공부하여 16세에 성균관에 입교하여 25세에 성균관 박사, 오늘날로 치면 서울대 교수가 되었다. 그는 20년 연상의 박은식과 함께 당대 최고 유학자로 이름을 날렸다.

하지만 신채호는 명망과 학문에 구애받지 않았다. 그는 신기선

1930년대 중국 뤼순 감옥에서 수감 생활을 하던 당시의 신채호. 1929년 치안유지법 위반 등으로 일제에 체포되어 10년형을 언도받은 단재는 결국 1936년 2월 독방에서 뇌일혈과 영양실조 등으로 사망했다.

을 탄핵한 독립협회에 가담하여 열렬한 신사상 신봉자가 되었다. 박은식과 마찬가지로 유교가 변하지 않으면 민족의 미래가 없다고 생각한 그는, 유럽의 근대 민족주의 사상을 받아들여 민족국가 건설과 근대화를 부르짖었다. 자신의 생각을 실천에 옮기기 위해 성균관 박사를 그만두고 《황성신문》, 《대한매일신보》 등에서 필봉을 휘둘렀다. 장지연의 〈시일야방성대곡〉이 신채호가 쓴 것이라는 소문이 돌 정도로 그의 글은 유명했다.

당시 신채호의 사상을 잘 보여 주는 것이 《을지문덕전》, 《이순신전》 같은 위인전기와 역사책 《독사신론》이다. 그는 근대적 민족국가 수립을 위해서는 민족과 국가를 이끌 영웅이 나와야 한다며 영웅 전기를 썼다. 또 새로운 영웅들의 올바른 역사 인식 정립을 위해 민족의 우월성을 강조하는 《독사신론》을 저술하였다. 그리고 단군을 숭배하는 대종교 교인이 되었다.

하지만 영웅은 나오지 않았고 나라는 망했다. 신채호는 자신의 사상을 전면 재검토했다. 영웅에 의존하지 않는 사상, 그것은 민중사상이었다. 그는 민중직접혁명을 주장하는 무정부주의를 수용하

였다. 그의 무정부주의는 의열단과 무정부주의동방연맹 활동으로
나타났다.

'주의를 위한 조선' 아닌 '조선을 위한 주의'

많은 이들이 신채호의 무정부주의에 대해 의아해한다. 사회를 착
취와 억압의 도구로 보는 무정부주의와 민족국가 건설은 모순되기
때문이다.

> 도덕이나 주의라는 것이 이해에서 나왔느냐 시비에서 나왔느
> 냐? … 인류의 문제는 이해 문제뿐이다. 이해 문제를 위하여 석가
> 도 나고 공자도 나고 예수도 마르크스도 크로포트킨도 났다. 그
> 의 제자들도 스승의 정의를 잘 이해하여 자기들의 이해를 구하므
> 로 중국의 석가가 인도와 다르며, 일본의 공자가 중국과 다르며,
> 마르크스도 카우츠키의 마르크스와 레닌의 마르크스와 중국, 일
> 본의 마르크스가 다른 것이다. 우리 조선 사람은 매양 이해 이외
> 에서 진리를 찾으므로 석가가 들어오면 조선의 석가가 되지 않
> 고 석가의 조선이 되며, 공자가 들어오면 조선의 공자가 되지 않
> 고 공자의 조선이 되며, 무슨 주의가 들어와도 조선의 주의가 되
> 지 않고 주의의 조선이 되려 한다. 그리하여 도덕과 주의를 위하
> 는 조선은 있고 조선을 위한 도덕과 주의는 없다. – 신채호, 〈낭객의
> 신년만필〉(《동아일보》 1925년 1월 2일)

신채호에게 필요한 것은 조선을 위한 무정부주의이지, 무정부주의를 위한 조선이 아니었다. 이러한 생각은 '일본의 무산계급을 조선인으로 보는 것은 몰상식이니'라는 글에서도 드러난다. 그는 사회주의가 표방하는 국제 프롤레타리아주의가 제국주의 국가의 노동자와 식민지 노동자 사이에서는 전혀 작동하지 않는 현실을 꿰뚫어보았다. 민족 간 착취가 엄존하고, 식민지 착취가 강대 민족 내부의 계급 갈등 완화에 복무하는 상황에서 민족을 부정하고 국제적 연대를 주장하는 것은 이상理想에 지나지 않았다. 식민지 민중에게 열강의 노동계급은 적일 수밖에 없었다.

신채호는 "인류로서 인류를 압박치 못하며, 사회로서 사회를 박삭치 못하는 이상 조선 건설"(〈조선혁명선언〉)을 주장했다. 개인과 개인 사이의 평등과 공존은 민족과 민족, 사회와 사회의 평등이 전제되지 않으면 결코 이루어질 수 없다는 것이었다.

현실에 발디딘 민족주의 사관

신채호는 이상을 부르짖는 지식인들을 경멸했다. 그는 현실적 이상에만 의미를 두었다. 식민지 해방과 관련한 직접 행동이 전제되지 않는 모든 이상을 거부하였다. 그래서 민족과 민족의 평등을 주장하기 위해 먼저 조선 민족의 정체성을 확실히 하고자 했다. 조선 민족은 어디에서 왔고 어떻게 이어져 여기에 이르렀는가? 그것이 바로 고대사 연구이고 그의 민족주의 사관이었다.

신채호 같은 일제 하 민족주의 역사관을 '정신사관'이라 한다. 민족의 정체성을 정의하고자 했기 때문이다. 민족은 역사와 문화와 언어적 동질성을 가진 집단이다. 이는 의식으로 나타나므로 의식을 규정해야만 한다. 그래서 영토·국력 등 물질적이고 민족 우월적인 것에 관심을 두는 오늘날 재야 사학자들과 달리, 신채호는 민족 간 공존을 위한 민족의식의 특수성에 관심을 두었다. 잘나고 못난 것이 중요한 게 아니라, 차이를 인정해야 공존할 수 있으므로.

그의 대표적 연구가 바로 고려시대 '묘청의 난'(서경천도운동)을 언급한 〈조선 1천 년래 대사건〉이다. 많은 이들이 유교가 조선을 망쳤고, 유교는 예로부터 우리의 전통 사상이라고 주장했다. 이에 대해 신채호는 유교는 우리의 전통 사상이 아니며, 5천 년 역사 중 최근 1천 년 동안의 정치 이데올로기일 뿐이라고 반박했다. 모든 것은 바뀌고 변화들이 축적되어 새로운 것이 나타나는데, 그 과정을 무시하고 지금의 모습만으로 비판하는 것은 근시안적 사고이다. 그런 근시안적 사고로는 절망에 빠진 민족이나 개인을 일으킬 수 없다.

1928년 동아시아 무정부주의자들은 일제 침략에 대항하여 대규모 폭탄 공격을 감행하기로 했다. 폭탄 구입 자금을 마련하는 과정에서 위조지폐를 구했는데, 신채호가 직접 가지러 가겠다고 했다. 아랫사람들이 가겠다는 것을, 실천에는 위아래가 없다며 직접 나선 신채호는 결국 타이완 기룽 항에서 미리 정보를 입수한 일본 경찰에게 체포되었다.

그는 징역 10년형을 선고받고 안중근이 죽은 뤼순 감옥에서 복역하던 중 1936년 뇌일혈로 쓰러졌다. 향년 56세. 그는 병보석을 신청하려는 변호인에게 "친일파를 보증인으로 세워 가며 나갈 수는 없다"고 거절하고 끝내 옥에서 사망했다.

한평생을 일관되게 치열하게 살 수는 없다. 그런 사람이 있다면 필시 영웅일 것이다. 신채호가 그런 사람이었다. 그 자신은 영웅의 삶을 살았지만, 모든 사람이 그렇게 살 수 없다는 것을 잘 알고, 영웅이 아닌 평범한 사람들이 주인 되는 세상을 꿈꾸었다. 그리고 그 꿈을 위해 남들은 한 번도 어렵다는 사상적 변환을 두 번, 세 번이나 감행했다. 낡은 사상에 갇혀 있거나, 이상에 경도되어 현실을 외면하는 작금의 지식인들에게 신채호는 꼭 새겨 두어야 할 스승일 것이다.

역사학계의 라이벌

백남운 · 정인보

교과서 속 한 줄 역사   정인보는 '5천 년간 조선의 얼'
이라는 글을 《동아일보》에 연재하여 민족정신을 고
취하였다. 안재홍과 함께 우리 민족 스스로 발전할
수 있는 역량을 가지고 있다는 사실을 밝히기 위해
정약용 연구를 중심으로 한 '조선학 운동'을 전개하
였다. 백남운은 《조선사회경제사》를 저술하여 한국
사가 세계사의 보편적 발전에 입각하여 발전해 왔음
을 강조하였으며, 민족주의 사학의 정신사관과 식민
사관의 정체성론을 모두 비판하였다.

남으로 한강을 바라보며 세 건물이 둘러싸듯 자리 잡은 연희전문
학교는 1930년대 민족교육의 산실이었다. 당시 역사학계의 양대
거물 둘이 이 학교에 있었으니, 상대商大의 백남운과 문과의 정인보
였다. 마르크스주의자 백남운과 민족주의자 정인보는 학문적으로
는 대립했으나 일제 식민사관에 저항하는 동지적 입장이었다.

"백남운 선생은 다 좋은데 민족 개념이 없어. 왜 책을 일본어로
쓰느냐 말이야."

"무슨 소리. 일본어로 써서 일본 놈들을 깨우쳐야지 조선말로 써
서 조선 사람들끼리 읽으면 의미가 있나?"

"일본 놈들이 깨우치겠어?"

"일본 노동자계급은 깨우치겠지. 일본공산당도 조선 민족은 열등하다고 생각하잖아. 정인보 선생은 조선을 망쳐 먹은 유학자들이나 두둔하고."

"무슨 소리. 정약용은 조선의 마르크스야."

연희전문 학생들은 각자의 사상에 따라 백남운과 정인보를 두고 갑론을박했지만, 국어학자 최현배와 함께 참스승으로 모시며 자랑스럽게 여겼다.

근대 실학 연구의 선구자, 정인보

1893년 서울에서 태어난 정인보는 양명학파인 강화학파*의 계승자 이건방에게 사사師事했다. 이 때문에 정인보를 '마지막 양명학자'라고도 한다. 그는 한일병합이 되자 20대의 나이에 중국으로 망명하여 신채호·박은식 등과 함께 독립운동 단체인 '동제사同濟社'에서 활동하였다. 동제사는 훗날 임시정부 주요 활동가들의 배출구가 된다.

하지만 아내가 고국에서 외로이 죽자 귀국하여 정인보는 연희전문 교수가 되었다. 교육자이자 학자로서 은밀히 독립운동을 펼치다

----

* 양명학은 관념적 이상적인 성리학을 비판하며 실천을 중시하였다. 명나라 때 창시되어 일찍이 17세기에 정제두에 의해 소개되었다. 하지만 조선 후기 성리학 유일사상 체제가 확립되면서 재야 사상으로 밝은 빛을 보지 못했다. 실학자 이익, 정약용 등에 영향을 미쳤고, 전주 이씨 소론 계열이 대표적인 양명학 집안이었다. 강화학파는 한일병합을 맞아 순국하거나 망명하였다.

체포되기도 하고, 제자들에게 민족의식을 고취하고 독립운동을 권유하다 끌려가기도 했다. 6·10만세운동에 연희전문 학생들이 많이 잡혀 가서 그도 검사에게 불려가 취조를 당했다.

그의 역사 연구는 30년대에 본격화되었다. 그는 정약용 연구로, 또 오늘날 우리가 사용하는 '실학實學'이라는 말을 처음 제안한 것으로 유명하다. 17~19세기 유행한 개혁사상을 지칭할 마땅한 호칭이 없었는데 정인보 선생이 통칭하여 '실학'이라 부르자고 제안한 것이다.

정인보는 독립운동 동지였던 신채호의 사관을 계승했는데, 신채호가 고대사를 중심으로 민족 정체성의 시원을 밝혔다면(낭가사상), 정인보는 민족 정체성의 근대적 모습을 실학에서 찾았다(얼사상). 그러면서도 신채호와 박은식의 약점이었던 사료 비판 등 실증주의적 측면을 보완하여 훗날 안재홍 등의 신민족주의 사관 발전에 공헌하였다.

'정체성론' 반박한 정통 마르크스주의자, 백남운

정인보보다 한 살 어린 백남운은 평범한 어린 시절을 보냈다. 미래에 대한 고뇌와 방황으로 10대 시절을 보낸 백남운은 20대에 일본으로 유학하여 일본 대학에서 유행하던 마르크스주의를 배웠다.

1922년 민립대학 설립운동에 참가하고 1925년 연희전문 교수가 되었으며 홍명희·안재홍 등과 함께 '조선사정연구회'에서 과학적 연구를 진행하였다. '조선사정연구회'는 주의에 따라 조선 역사와 현실

1931년 3월 《동아일보》에 연재된 지식인들의 서재 풍경 중 정인보(왼쪽)와 백남운.

을 끼워 맞추는 개량주의자들에 맞서기 위해 결성된 조직이었다.

1920년대 총독부는 조선사편수회를 조직하고 도쿄대 교수 등을 중심으로 식민사관 완성에 박차를 가하였다. 이때 일본의 좌파 교수들도 맹활약하였다. 이들은 마르크스의 사회발전 5단계론(원시 공산제 – 고대 노예제 – 중세 봉건제 – 근대 자본주의 – 현대 공산주의)에 따라 일본과 유럽을 근대 자본주의로, 한국 등 아시아를 노예제나 봉건제 사회로 규정하고 자본주의로 이행하기 위해서는 식민지배가 필요하다고 주장하였다. 이는 후진적 조선은 일본의 도움 없이는 발전할 수 없다는 '정체성론'을 뒷받침하는 유력한 이론이었다.

당시 조선공산당을 비롯하여 많은 조선의 정통 마르크스주의자들 역시 이 부분에서 큰 혼란을 겪었다. 물론 정체성론에 가장 큰 영향을 받은 것은 변절한 친일파들이었다. 이광수 등이 정체성론의 입장에서 "일제가 허락하는 범위 안에서 민족의 실력을 양성하는" 운동을 주장하다 끝내 친일의 길로 들어섰다.

백남운은 이 주장에 정면으로 반기를 들었다. 그는 "우리 조선 역사 발전의 전 과정은 … 다소의 차이는 인정되더라도 그 외형적 특수성은 … 독자적인 것이 아니며, 세계사적 일원론적 역사법칙에 의하여 다른 제 민족과 거의 동일한 발전 과정을 거쳐 온 것이다. 그 발전 과정의 빠름과 느림은 결코 본질적인 특수성이 아니다."(조선봉건사회경제사)라고 주장하였다.

평양 애국열사릉에서 다시 만나다

정인보와 백남운은 서로 비판적 관계였다. 정인보는 민족적 특성보다 세계적 보편성을 강조하는 것에 비판적이었고, 백남운은 민족을 절대적 관념적 존재로 보는 관점을 비판했다. 하지만 그럼에도 둘은 공통점이 있었다. 그것은 우리 민족이 스스로 발전해 왔고, 발전할 수 있음을 증명함으로써 일제 지배 이데올로기에 저항한 것이다.

1940년대, 일제의 탄압이 심해지자 정인보와 백남운 모두 교직을 그만두고 산속으로 들어가 은둔 생활을 했다. 정인보는 해방 이후 잠시 이승만 정부에 참가하였지만 대개 국학 연구에 매진하였다. 백남운은 여운형과 근로인민당을 창당하는 등 적극적인 활동에 나섰는데, 박헌영과 충돌하면서 남한 내에서 입지가 궁색해졌다. 당시 남한에서 반反박헌영 세력은 정백처럼 전향하거나 월북할

1948년 4월, 평양에서 열린 남북연석회의에 참석해 축사를 낭독하는 백남운. 이 길로 월북한 백남운은 홍명희처럼 예외적으로 평탄한 생을 보낸 남한 출신 지식인이 되었다.

수밖에 없었다. 백남운은 1948년 북한이 건국하자 교육상에 취임하였다.

1950년 한국전쟁이 일어나자 정인보는 북한이 후퇴할 때 끌려가다 폭격으로 죽었다. 북한은 정인보를 평양 애국열사릉에 안장하였다. 백남운은 전쟁에서 살아남아 최고인민의회 의장 등을 역임하다 1973년 사망한 것으로 알려졌다. 그 역시 애국열사릉에 안장되었다. 연희전문에서 함께 식민사학에 대항하다가 풍파에 휩쓸렸던 두 위대한 민족사학자는 죽어서도 같은 묘지에 묻힌 것이다.

문화재는 민족의 정신이다

전형필

교과서 속 한 줄 역사   일제의 문화재 약탈에 맞서
전형필은 우리 문화재를 보존하는 데 심혈을 기울
여 자신의 재산을 문화재를 모으는 데 썼다. 그리고
1938년 보화각(현 간송미술관)을 건립하여 우리나라
최초의 사립 박물관을 열었다.

해마다 봄, 가을이면 성북동 간송미술관에 많은 인파가 몰리곤 했다. 필자도 몇 년 전 신윤복 풍속화 진품을 공개한다는 소식을 듣고 찾아간 적이 있다. 미술관 앞에 늘어선 그 기나긴 줄이란! 줄의 끝을 찾아가는 데도 한참을 걸어야 했다. 마침내 줄 끝에 도달해 보니 팻말에 '2시간'이라고 씌어 있었다.

두 시간을 기다려 겨우 입장을 했으나 사람에 가려 제대로 작품을 감상하기 어려웠다. 사람들은 신윤복의 풍속화 앞에서 떠날 줄 모르고 코를 박고 바라보았다. 그때 사람들이 '하나 둘 셋' 합창을 하더니 옆 사람을 밀었다. 그렇게 밀어 내고서야 다음 사람이 그림을 볼 수 있었다. 그날 두 시간을 기다리고 한 시간 동안 용을 써서 겨우 신윤복의 풍속화를 감상할 수 있었다.

협소하고 답답한 공간이지만, 간송미술관은 한국 최초의 사립 박물관이자 국보급 주요 문화재를 소장한 미술관이다. 특히 정선의 진경산수화와 신윤복의 풍속화 등 주요 소장품을 공개하는 봄과 가을에는 많은 이들이 몰려들었다. 이 미술관을 건립한 주인공이 바로 간송 전형필이다.

35년간 이어진 일제의 문화재 테러

식민지의 문화재는 보물 아니면 이데올로기다. 일제는 35년간 저들이 보물로 소장할 만한 것은 일본으로 밀반출하고, 식민지배를 정당화할 것들은 연구소와 박물관에 소장하고, 그렇지 않은 것들은 파괴했다. 우리가 5천 년 역사를 자랑하면서도 문화적 빈곤을 면치 못하는 이유 중 하나가 일제 35년 동안 이루어진 문화적 테러 때문이다. 2001년 탈레반이 아프가니스탄의 바미얀 석불을 파괴하여 전 세계의 지탄을 받았는데, 우리는 그런 테러를 35년 동안 당한 셈이다.

몇 가지 예를 들어 보자. 1926년 스웨덴의 구스타프 황태자가 조선을 방문했다. 일제 지배에 우호적이고 고고학에 조예가 깊은 구스타프 황태자의 환심을 사려고 일제는 보물찾기 이벤트를 마련했다. 경주의 한 고분을 직접 발굴하도록 주선한 것이다. 황태자는 하루 동안 무덤을 파헤쳐 금관을 찾아냈다. 그것이 바로 사적 512호 서봉총('스웨덴 황태자가 발굴하여 봉황 장식 금관을 찾아낸 무덤'이란 뜻)

1926년 10월 10일, 경주 노서동 고분 발굴에 참여한 스웨덴의 구스타프 황태자(사진 위 중앙).

이다. 그나마 황태자가 금관을 가져가지 않아 유물들은 한국에 남았지만, 고분의 역사적 가치는 모두 훼손되고 말았다. 원래 고분은 몇 달에서 몇 년에 걸쳐 세밀히 발굴해야 한다.

'데라우치 문고'는 또 어떤가. 데라우치 문고는 초대 조선 총독 데라우치가 모은 보물과 문화재들을 보관하고 있는 곳으로서, 특히 그가 4년의 총독 임기 동안 조선에서 가져간 각종 문화재를 보유하고 있다. 총 1만 8천여 점 소장품 중 한국 관련 문화재가 1,500여 점, 한국에서 가져간 중국·일본 자료가 수천 점 이상이다. 이 중 극소수 문화재만 반환되었다.

1920년대 일제는 4세기에 일본 야마토 정권이 가야에 일본부를 두어 지배했다는 '임나일본부설'을 입증하려고 경남 김해 일대를 발굴하였다. 그러나 몇 년을 발굴해도 원하는 자료가 나오지 않자 다시 파묻어 버렸다. 해방 이후 이곳을 다시 발굴하자는 의견이 나왔는데, 통상 한 번 발굴한 곳은 다시 발굴하지 않으므로 논란이 일었다. 하지만 일제의 발굴을 믿을 수 없다는 의견이 우세하여 재발굴하게 되었다. 이곳에서 발굴한 것이 유명한 김해 신석기 유적이다. 일본은 한반도 신석기 문화 따위에는 관심이 없었던 것이다.

골동품 사 모으는 것도 독립운동이다

일제의 문화재 테러에 맞서 민족의 문화재를 지키는 것은 매우 힘든 일이었다.* 그런 의미에서 간송 전형필의 문화재 지키기는 저평가된 측면이 많다. "부자들이 골동품 사 모으는 것도 독립운동이야?"라고 되물을 수도 있지만, 식민지에서 '민족'과 관련된 것은 무엇이든 위험한 일이고, 무엇보다 어려운 일이었다.

전형필은 백방으로 문화재를 사 모으려고 노력했지만 어려움이 한두 가지가 아니었다. 골동품 가격은 중개인을 통해 결정되므로 사고자 할수록 비싸지며, 사욕이 앞서면 싸게 살 수 있지만 공익을 위하면 오히려 가격이 올라간다. 하지만 전형필은 가격을 깎지 않

---

* 2013년작 〈모뉴먼츠 맨〉은 히틀러로부터 유럽의 걸작들을 구하려는 이야기를 담은 영화이다. 문화재 파괴나 약탈은 쉽지만 지키는 것이 얼마나 어려운지 충분히 느낄 수 있는 영화이다.

았다. 그는 '정당한' 가격을 고집했다. 《훈민정음 해례본》(국보 70호)을 살 때, 처음 파는 쪽에서 1천 원을 불렀는데 전형필은 중개인에게 1천 원, 파는 쪽에는 1만 원을 지불했다. 한글 창제의 원리를 밝힌 《훈민정음 해례본》은, 문의 창살을 보고 한글을 지었다는 둥 한자를 변용했다는 둥 일제가 퍼뜨린 한글 창제와 관련한 억측을 불식시킨 소중한 문화재이다. 전형필은 그 가치를 알고 그에 맞는 적정 가격을 지불한 것이다.

일본인들이 전형필에게 빼앗기지 않으려고 거금을 투자할 때도 전형필은 물러서지 않았다. 그는 신윤복의 《혜원전신첩》에 몇 년 동안 공을 들여 마침내 사들였고, 국보 68호 청자상감운학문매병은 거금 2만 원, 국보 294호 백자청화철채동채초충난국문병은 1만 4천 원에 일본 경쟁자들을 물리치고 사들였다. 당시 좋은 집 한 채 가격이 1천 원이었으니, 지금으로 치면 아파트 10채 이상의 값을 지불한 것이다. 전형필은 문화재 수집을 위해 일본인 중개인까

〈인디애나 존스〉와 〈내셔널 트래져〉

할리우드 영화 중에는 고고학 발굴가들의 모험 이야기가 많다. 80년대 최고 인기 영화였던 〈인디애나 존스〉 시리즈, 게임으로 유명한 〈툼 레이더〉 시리즈, 2000년대 유행한 〈내셔널 트래져〉, 2010년대 〈미이라〉 시리즈 외에도 액션 어드벤처 장르 영화들은 거의 예외 없이 보물찾기 이야기를 소재로 하고 있다. '보물'은 모두 그 나라의 소중한 문화재들이다. 문화재는 그 나라와 민족의 역사이다. 우리 민족의 역사가 탐험가들의 손에 파괴되고 미국으로 건너가고 아이들 손에 던져진다고 생각해 보라. 보물찾기의 역사가 익숙한 서구 사람들에게는 그저 재미있는 영화일지 몰라도, 식민지 역사를 겪은 우리에게 그 영화는 아프다.

지 고용하였다. 골동품상인 온고당의 주인이었던 일본인 심보 기조新保喜三는 전형필에게 큰 도움을 주었다. 전형필은 문화재를 사는 데만 골몰하지 않았다. 조선 후기 대표화가 심사정의 〈촉잔도권〉은 구입하는 데 5천 원, 보존 처리하는 데 6천 원이 들었다.

전형필은 그렇게 모은 문화재들을 보화각에 소장하고 보존했다. 일생을 문화재 보존에 공을 들였지만, 안타깝게도 많은 서적들이 한국전쟁 때 불타 버렸다. 그래도 《훈민정음 해례본》, 신윤복과 정선의 화첩, 상감청자와 백자 등의 문화재가 남아 전해지는 것은 모두 그의 덕이다. 전형필이 죽은 후 보화각은 간송미술관이 되어 지금에 이르고 있다.

"돈을 벌어 애국애족"했던 전형필 덕분에, 선조들의 문화적 정수를 느끼고 우리 민족의 문화사를 확인할 수 있으니, 고마운 일이 아닌가.

남북한 국립묘지에 안장된 독립운동가

양세봉

교과서 속 한 줄 역사   만주사변으로 중국인의 반일 감정이 높아지고 이런 분위기에서 한국독립군과 조선혁명군은 중국군과 연합하여 독립전쟁을 전개하였다. 양세봉이 지휘하는 조선혁명군은 중국 의용군과 연합하여 요령성 영릉가에서 일본군을 격퇴하고 흥경성을 점령하기도 하였다.

순국선열 양세봉의 묘 – 국립 현충원 애국지사 묘역

량세봉 선생 독립군 사령 – 평양 애국열사릉

    남한 현충원과 북한 애국열사릉 두 곳에 무덤이 있는 유일한 사람, 독립군 대장 양세봉. 1920년대를 대표하는 독립군 대장 김좌진

의 묘소는 고향인 충남 홍성에, 홍범도의 묘소는 중앙아시아에 있는데, 양세봉 장군의 묘는 남과 북 국립묘지에 모두 있다. 굉장한 사람인 모양이지? 그런데 혹시 양세봉 장군이 누구인지 아시나요?

'영릉가 전투' 이끈 조선혁명군 사령관

1896년 평안도에서 가난한 농민의 아들로 태어난 양세봉은, 3·1운동 이후 국내에 조직된 독립군 부대인 천마산대에 가담하여 싸웠고, 이후 만주로 들어가 광복군 총영과 정의부 등에서 현장 지휘관으로 복무했다. 1920년대 후반 3부(임시정부의 참의부·정의부·신민부) 통합 시도가 실패로 돌아가 국민부와 혁신의회로 분열되고, 국민부는 행정과 군사조직으로 각각 조선혁명당과 조선혁명군을 만들었는데, 이때 조선혁명군 사령관이 양세봉이었다. 양세봉은 조선혁명군을 이끌고 만주사변 이후 한중연합작전을 주도하며 혁혁한 전공을 세웠다. 그중 대표적 전투가 '영릉가 전투'이다.

양세봉 부대는 만주국에 있던 요령성 영릉가에 주둔한 일본의 괴뢰 군대인 만주군을 기습 공격하기 위해 '소자하蘇子河'를 몰래 건넜다. 물살이 거세 건너기 어려운 탓에 만주군이 경계를 소홀히 한 것을 역이용한 것이다. 조선혁명군이 기습하고 중국군이 양동작전을 펼치자, 만주군은 혼비백산하여 패주하였다. 일본군과 만주군이 비행기까지 동원하여 반격해 왔지만 모두 물리치며 빛나는 전공을 세웠다.

일본은 한중연합작전을 무너뜨리려고 한·중 이간책을 쓰는 한편, 대규모 병력을 동원해 독립군을 공격하였다. 안팎으로 어려움에 빠진 조선혁명군은 결국 중국군과 결별하고 독자적인 활동을 펼쳤는데, 이때 신출귀몰한 유격전으로 일본군에게 타격을 입히면서 양세봉은 만주의 전설적 장군이 되었다. 해방 이후 한동안 김일성이 양세봉의 전설을 차용했다는 소문이 돌기도 했다.

國民府員梁世奉等
重大陰謀를計劃
新賓縣中心 ○○團體
關東軍討伐을決意
朝鮮○○黨
張信國公判

1933년 1월 26일자 《동아일보》 기사. 국민부의 양세봉 등이 일제 관동군 토벌을 결의하였다는 소식을 전하고 있다.

예컨대 장군이 일반 병사들과 함께 먹고 함께 자고 함께 싸우고 함께 의논하며 동고동락했다고 하는데, 이런 유의 전설은 중국 악비 장군 신화를 비롯하여 민중의 군대에 흔히 등장한다. 중국 공산혁명 당시 마오쩌둥의 군대도 민심을 잡기 위해 이를 군율의 기초로 삼았다.

일본은 양세봉 장군의 전설이 조작된 것이며 공산 게릴라들의 흔한 선전선동이라고 주장했다. 극심한 굶주림과 추위 속에서 어떻게 장군이 병사와 함께 자고 먹을 수 있겠는가, 군대라는 조직의 특성상 불가능한 일이라는 주장이었다. 양세봉 군대가 민폐를 끼치지 않는다는 이야기도 조작이라고 했다. 백성들의 물자를 징발하지 않으면서 먹고 싸울 수 없다는 것이었다.

남한에서 그의 이름이 잊혀진 이유

온갖 소문이 난무하는 가운데, 일본군의 포위망이 점점 양세봉 부대를 조여 왔다. 그 와중에 1934년 박창해라는 자가 중국인 왕명번과 함께 새로운 한중연합작전을 의논하자며 양세봉을 유인했다. 양세봉은 과거 전우였던 왕명번을 믿고 부관과 함께 따라 나섰는데, 이것이 함정이었다. 양세봉은 투항 권고를 뿌리치고 저항하다 집중사격을 받고 전사하였다.

독립군이 양세봉의 시신을 수습하여 안장하였는데, 양세봉의 전설을 무너뜨릴 확실한 증거를 원한 일본은 백방으로 수색하여 양세봉의 무덤을 찾아내 목을 잘라 효수하고 시신을 가져가 병원에서 해부하였다. 정말 양세봉이 부하들과 똑같이 먹었는지 궁금했던 것이다. 양세봉의 위에서는 일반 병사들이 먹는 풀죽이 나왔다. 일본군은 양세봉에게 경의를 표하고 시신을 유족에게 돌려주었다. 그들도 양세봉 장군을 인정하지 않을 수 없었던 것이다.

남북이 국립묘지에 각자 안장할 만큼 뛰어난 활약을 보였던 독립군 대장 양세봉은 그러나 정작 남한에서는 잊힌 인물이 되었다. 그 이유는 분단이다. 북한에서 김일성과 양세봉의 친분을 내세워 김일성의 만주 항일투쟁 경력에 적극 활용한 까닭에, 남측에서 양세봉은 친북 좌익 계열로 규정되어 꺼리는 존재가 되었다.[*] 또 다른 이유는 30년대 독립군 활동이 상대적으로 저평가된 때문이다. 우

---

[*] 연변대학 박창욱 교수는 양세봉의 조선혁명군에 김일성이 합작을 요청했지만 거절당했다고 주장했다.

리는 20년대 청산리대첩이나 40년대 광복군을 강조하고, 상대적으로 30년대 독립군 활동에는 소홀한 편이다. 이 또한 해방 이후의 정치적 상황 때문으로 보인다.

양세봉 장군.

양세봉, 그 이름 석 자는 독립운동사에서 길이 빛나는 이름이다. 중국에서도 그의 흉상을 크게 세워 기릴 만큼 높이 평가하고 있다. 남한, 북한, 중국, 일본 모두 높이 평가하는 독립군 대장이 해방 이후 정치적 상황 때문에 묻혀 버리는 것은 너무 안타까운 일이다.

"수염이 허연 노인인 줄 알았지"

김일성

교과서 속 한 줄 역사 동북항일연군 내의 한인 유격대는 천도교 등의 민족주의 세력까지 포함하여 조국광복회를 결성하였다. 이들은 국내 민족운동가들과 손을 잡고 함경도 일대에도 조직을 확대하고 국내에 들어와 일제 통치기구를 파괴하기도 하였다.

"아버지 어릴 적에 김일성에 대한 전설이 많았다. 수염이 허옇게 난 홍길동 같은 장군인데, 동에 번쩍 서에 번쩍 하면서 하루는 평양, 또 하루는 부산에 나타나 왜놈들을 죽이고 사라진다는 거야. 또 분신술을 해서 예닐곱 명의 김일성이 한꺼번에 나타나 동시에 왜놈들을 무찌른다는 거야. 어릴 적 예산에도 김일성 장군이 나타나 독립군 자금을 모아 사라졌다는 이야기도 있었지."

"왜 그런 전설이 돌았을까요?"

"이런 일도 있었대. 도둑놈이 남의 집에 들어갔다가 주인에게 들킨 거야. 이놈이 당황해서 주인에게 '나는 김일성이다. 독립군 자금을 모으러 왔다.'고 했대. 그러자 주인이 두 말 않고 돈을 내놓았다는 거야. 당시 김일성을 사칭하면 순순히 돈을 내놓아서 그런 도둑들이 많았대. 그래서 분신술 소문이 돈 것 아닐까? 아무튼 예산에도 김일성이 내려왔다는 소문이 있었으니까."

필자가 어릴 적 아버지에게 들은 이야기다. 김일성은 30년대 후반 전설적 장군이었다. 그러다 보니 정작 그 실체에 대해 설왕설래가 많다.

엇갈린 정보, 부풀려진 소문들

1937년 6월 5일 《동아일보》에서 호외를 발행했다. 만주 지역 비적떼 200여 명이 함경남도 보천보를 습격하여 관공서에 불을 지르고 달아나 일본군이 추격대를 조직해 토벌에 나섰다는 내용이었다. 당시 '비적'은 독립군을 지칭하는 말이었으므로, 결국 독립군이 보천보를 습격했다는 기사였다. 1920년 독립군의 마지막 작전 이후 17년 만의 국내 진공 작전이었다. 독립군에 대한 기억을 되살린 이 사건으로 온 나라가 뒤집어졌고, 그 대장 김일성에게 관심이 집중되었다.

김일성에 대한 관심이 커지는 가운데 언론은 저마다 김일성을 추적했다. 이때 세 가지 보도가 있었다. 첫째는 1937년 10월 잡지 《삼천리》의 김일성 회견기다.

"후리후리한 키, 우락부락한 말소리 음성을 보아 고향은 平安道 (평안도)인 듯. 예상보다 연령은 … 30 미만의 청년. 대장이란 標的

1945년 10월 14일 평양에서 열린 도시민중대회에서 대중에게 처음으로 소개된 김일성. 당시 나이 서른셋이었다. 뒷줄 오른쪽 첫 번째가 소련의 쉬티코프 중장이다.

이 없고, 복장, 食飮에까지 하졸과 한가지로 기거를 같이하며 甘苦를 같이 하는데 그 감화력과 포용력이…"

둘째는 만주에서 취재했다는 모 잡지의 기사로, 김일성은 40대 이상이며 남쪽 출신인데 일본군의 추격을 받아 전사했다는 내용이었다. 셋째는 일본의 발표(1938)로 역시 만주에서 사살했다고 밝혔다. 하지만 일본군이 사살했다고 발표한 이후에도 김일성이 나타나면서 생사조차 불분명한 상태가 되었다.[*]

....

[*] 1940년 3월 25일 동북항일연군 김일성 부대와 일본군 토벌대 마에다 부대가 전투를 벌였다(홍기하 전투). 일본군 측 자료에 의하면 "김일성 비적 떼와 전투, 일본군 58명 전사"였다.

이처럼 엇갈린 정보가 난무하면서 김일성 이야기는 민간에서 회자되며 한껏 부풀려졌다. 홍길동이나 산신령 같은 존재로 허연 수염을 기르고 도포 자락을 휘날리며 분신술과 둔갑술을 구사하는 현실과 괴리된 존재가 되었다. 해방 이후 앳된 33세의 김일성이 등장했을 때 조만식 선생이 "나는 김일성이 수염이 허연 노인인 줄 알았어."라고 말했다는 소문도 그 때문이었다.

가짜 김일성 논란

그렇다면 김일성의 정체는 무엇일까? 그의 본명은 김성주, 김일성은 가명이다. 1912년 평양에서 민족주의적 분위기의 집안에서 태어나 기독교 계통 학교를 다녔다. 학교 시절 사회주의 계열 조직에 가입하여 활동하였으며 가세가 기울어지자 만주로 이주하였다. 학교를 중퇴한 후 동생 김영주 등과 함께 만주의 좌익 게릴라 투쟁에 참가하였다. 만주의 연합 항일무장단체인 동북항일연군에서 활동하였으며, 이때 보천보 전투를 지휘한 것으로 알려져 있다. 일본군의 추격을 피해 만주 깊숙한 곳에서 도피 생활을 하였고, 제2차 세계대전이 발발하자 소련으로 들어가 활동하다 귀국하였다.

북한의 김일성은 가짜 김일성이며, 보천보 전투를 이끈 주인공은 다른 사람이라는 주장도 있다. 하지만 실증적 연구 내에서는 북한의 김일성이 보천보 전투의 주인공이라는 것이 다수설이다. 가짜 김일성이라는 주장이 나온 이유는, 당시 김일성의 생사가 불분명했다는 것, 가명인 '일성'(우리말로 '한별')이 당시 인기 있는 가명이어서 동명이인이 많았다는 것, 30년대 만주의 사회주의 계열 독립군에 대한 연구가 많이 부족하다는 점 등을 들 수 있다. 민간에 떠돌던 이야기 속 김일성과 실제 김일성이 너무 달랐던 것도 작용했을 것이다. 전설의 김일성은 양세봉 장군 등 여러 독립군 장군들의 이야기가 섞여서 만들어졌을 것이다.[*]

그렇다면 김일성의 항일 투쟁을 어떻게 평가해야 할까? 중요한 것은 공연히 그의 활동을 부정하거나 과장할 이유는 없다는 것이다. 김일성이 소속되었던 동북항일연군과 만주의 사회주의 독립군들의 활동은 분명 사실이다. 최용건, 오백룡, 김책 같은 이름들은 기록 여기저기서 확인할 수 있다. 훗날 북한 노농적위대 사령관에 오르는 오백룡은 40년대에도 만주에서 활동한 대표적인 빨치산이었다. 이들이 만주에서 일본군과 싸운 것은 분명하다.[**]

....

[*] 김일성이 가짜라면 보천보 전투의 김일성은 누구일까? 가장 유력한 인물로 꼽힌 사람이 김광서 장군이다. 일본 육사를 탈출해 신흥무관학교 교관이 된 후 맹활약한 김광서(가명인 김현충, 김경천으로 유명하다) 장군은 '백마의 장군'으로 역시 많은 전설을 만들었다. 하지만 1936년 소련에 정치범으로 체포되어 투옥되었기 때문에 보천보 전투의 주인공이 될 수 없다. 신용하 교수(서울대)는 보천보 전투 소식 이후 "26세 청년이라고는 생각 못하고 김좌진, 홍범도 같은 노장군이라 상상하며 각종 신화가 만들어져 전파하였다."라고 당시 상황을 설명하였다.

[**] 보천보 전투가 북한 정권에 의해 부풀려졌다는 비판이 있다. 보천보 전투는 사실 전투라기보다 습격이다. 일본군이 타 지역으로 출동해서 보천보를 비운 사이 습격해서 관공서에 불을 지르고 나온 것이다. 17년 만에 독립군이 국내에 진공했다는 점에서 심리전적 의의는 매우 크지만, '전과戰果'는 크지 않다.

북 권력 장악한 항일 빨치산파

문제는 이들이 해방 이후 북한 정권에서 소위 '항일 빨치산파'로서 정권을 장악하고 김일성 독재 체제를 수립한 것이다. 처음 북한에는 남한 공산당을 대표하는 박헌영의 남로당계, 소련의 정통 마르크스주의를 주장하는 허가이의 친소파, 중국공산당과 함께 항일전쟁을 수행한 김두봉의 연안파, 분단에 반대하여 월북한 김원봉 등의 민족주의계 등 다양한 정치 세력이 있었다. 하지만 한국전쟁 이후 1953년부터 1958년까지 소위 미제간첩단 사건, 반종파 사건 등을 거치며 차례로 제거되고 빨치산파가 권력을 독점하였다. 그리고 그들이 중심이 되어 주체사상을 만들고 유일사상 지도체제를 확립했다.

주목할 것은, 항일 빨치산파들이 북한 유일사상 독재 체제를 만들었다는 사실이다. 그들이 아무리 독립운동을 했다 해도 그에 대한 면죄부가 주어질 수는 없다. 인정할 것은 인정하고 비판할 것은 비판하는 것이 역사를 향한 기본 자세이다. 이것이 흐트러지면 30년대 김일성의 항일 활동 논쟁의 본질도 흐려질 수밖에 없다.

무장투쟁의 선봉에 선 여성 독립 전사

김명시 · 조신성

> 교과서 속 한 줄 역사　조선독립동맹의 군사조직인
> 조선의용군은 조선의용대 화북지대를 흡수하고 중
> 국 팔로군과 함께 일본군과 항쟁하였다.

조선의용대, 조선의용군, 광복군… 우리 독립운동사에 자랑스러운
이름을 남긴 독립군 부대에 용맹한 여장군들이 있었다.

"이놈들아, 내 배를 갈라라! 도산 선생이 작고하셨는데 그래 내가
어째서 못 간단 말이냐!"

평양역에서 앞을 가로막은 일본 경찰에게 큰 소리로 호통을 친
이 여인은, 대한독립청년단 총참모장 출신 여장군 조신성이다. 일
본 경찰들은 조신성의 호통에 주춤주춤 물러섰고, 그녀는 기차에
올라 서울로 가서 안창호 선생 영전 앞에 오열하였다.

대한독립청년단 이끈 열혈 투사, 조신성

조신성은 1874년 평안도 의주에서 태어났다. 재산과 명망이 있는 양반가에서 태어났지만 조실부모하여 조부의 손에 자란 그녀는 20대 초반의 나이에 청상과부가 되었다. 불행으로 점철된 의주 생활을 청산하고 서울로 올라온 조신성은 이화학당에서 수학하고 일본 유학도 다녀왔다. 이후 이화학당 사감, 규범여학교 교사, 평양 진명 여학교 교장 등을 역임했고 국채보상운동 등 망국 직전 민족운동에도 참여했다.

3·1운동 당시 40대의 나이에도 적극 활동했던 그녀는, 이를 계기로 무장투쟁에 나섰다. 평안도 맹산·영원·덕천 3군 청년들을 모아 대한 독립청년단을 조직하고 총참모장이 되었다. 〈독립선언문〉을 뿌리고 일본 경찰을 공격하는 한편, 친일파들에 사형 선고문을 보내고 독립 군 자금을 확보하고자 우편차까지 탈취하였다. 당시 기사를 보자.

여자 조신성이 중심된 맹산 사건 공판

항상 조선 총독정치를 반대하고 조선 독립을 희망하는 마음을 품고 기회만 있으면 서로 붙들고 서로 도와 조국을 위하야 몸을 바치고 독립을 위하여 힘쓰기를 도모… 독립운동은 절대 비밀 순사에게 말할 이유 없다고 조신성 답변 – 《동아일보》 1926년 10월 21일

이때의 보도에 따르면, 조신성은 청년단을 만들어 맹산 군수에게 사직을 권고하는 등 맹렬히 활동하던 중 11월 일본 경찰에게 체포, 투옥되었는데 옥중에서도 간수와 순사를 독립투사로 포섭하여

조신성은 평양 진명여학교 교장 등 평생 교육자의 길을 걸었지만, 무장 투쟁도 불사한 독립운동가이다.

계속 활동을 펼쳤다. 이 때문에 "하루도 조용할 날이 없었다"는 기사가 날 정도였다. 하지만 이 듬해 청년단이 일망타진되어 결국 징역 2년의 실형을 선고받고 1923년에 석방되었다.

출옥 이후 교육 사업에 매진 하던 조신성은 1928년에는 평양 근우회를 조직하여 집행위원장 이 되었고, 근우회 해체 이후에 도 계속 교육 사업을 펼쳤으며, 안창호와 함께 수양동우회 일을 돕 기도 했다. 그녀는 평양에서 가장 존경받는 여성 운동가였다. 1934 년 평양의 유지들이 모여 여성으로는 최초로(전체적으로는 이승훈 선 생 이후 두 번째) 환갑 잔치를 열어 줄 정도였다.

해방 이후 조신성은 북한에서 여성동맹 고문에 위촉되지만, 민 족주의 진영을 탄압하는 데 반발하여 월남한 뒤 반탁 투쟁에 참여 하였다. 분단 이후에는 우익 여성들이 만든 대한부인회 부총재에 오르는 등 대한민국 정부에 협조하였다. 그러나 80대 고령에 맞은 한국전쟁을 넘지 못하고 1953년 피난지 부산에서 쓸쓸이 숨을 거 두었다. 장례식은 대한부인회의 사회장으로 치러졌다.

사회주의 무장투쟁의 핵심, 김명시

> 연안독립동맹 영수의 환국을 맞이하야 국내 통일 문제는 아연 활기를 띠고 있는데 무정 장군 직속 지휘관으로 부하 2천여 명을 가지고 항일전에 활약하여 무훈을 세운 우리 조선의 잔 다르크요 현대의 부낭夫娘(조선 인조 때 평안도에서 활약했다는 여자 무인)인 연안독립동맹의 여장군 김명시 여사는 수일 전에 개선 귀국하였는데… - 《동아일보》 1945년 12월 23일

조선의용군 김명시의 귀국 관련 기사이다. 이 기사에서 말한 바대로 김명시는 '여장군'으로 일컬어진 사회주의 무장투쟁의 핵심 인물이었다. 마산에서 태어나 오빠, 남동생과 함께 사회주의 활동을 펼친 김명시는, 1925년 모스크바의 동방노력자공산대학*에 입학하여 상해와 만주에서 활동을 펼쳤다. 1932년 국내로 들어와 활동하다 체포되어 징역 7년을 선고받고 1939년 만기 출옥하였다.

출옥 즉시 중국으로 건너간 김명시는 중국 팔로군, 조선의용군에서 무장 활동을 펼쳤다. 그녀는 남자와 똑같이 훈련을 받고 수십 명의 여성 대원을 지휘하며 일본군과 싸웠다. 당시 언론 인터뷰에 따르면, 적군과 전투를 벌이고 야간에 강을 건너는 등 위험을 무릅

---

* 국제공산당 코민테른이 운영한 동방노력자대학은 당시 대표적인 공산당 간부 양성소였다. 박헌영, 주세죽, 허정숙, 조봉암 등 대표적 한국 사회주의자와 덩 샤오핑, 류 샤오치, 호치민 등 동아시아 주요 지도자들이 이곳을 나왔다.

김명시는 조선의용군의 영웅 김무정 장군의 부관이었다.

쓴 행군을 하고 적지에서 싸우는 등 숱한 고초를 겪었다고 한다. 그러면서 조선의용군의 전설적 장군인 무정(김무정)의 부관으로 독립동맹의 주요 간부로서 활발히 활동하였다.

해방 이후 그녀는 처음에는 환영을 받았다. 모윤숙·노천명 등 유명한 친일 시인들이 앞 다투어 그녀를 인터뷰하여 기사를 썼고,《동아일보》와《중앙신문》등에서도 그녀의 기사를 실었다. 좌우합작 단체였던 건국부녀동맹이 좌우로 갈라지자 좌익의 조선부녀총동맹의 중앙대표를 맡았고, 민전 중앙위원도 맡았다.

하지만 분단이 진행되고 남한에서 공산당 활동이 불법화되자 지하로 잠적한 김명시는, 1949년 10월 체포되어 조사 받던 중 종로경찰서 유치장에서 자살로 생을 마감했다. 당시 신문에 북로당 정치위원으로 발표되었는데, 이 때문에 그녀의 죽음은 여러 추측을 낳았지만 지금으로서는 진상을 알 수 없다.*

좌익이건 우익이건 무장투쟁에 남자와 여자, 장교와 사병의 구

---

* 남한은 남로당 관할로서 북한의 북로당은 간섭하지 못했다. 이는 국제공산당의 일국일당 원칙에 위배되므로 당시에도 문제가 되었다. 그래서 북로당 정치위원이 남한에서 활동한다는 것 자체가 범상치 않은 일이었다. 실제로 이듬해인 1950년 2월 북로당 성시백 간첩단 사건이 터지면서 관할 문제가 불거졌다.

아내나 여동생으로 불린 여성 전사들

1940년 광복군 창설식 사진에 등장하는 4명의 여성 중 가장 잘 알려진 이는 오광심이다. 오광심은 만주 독립군 단체인 정의부의 화흥학교를 졸업하고 배달학교에서 교직에 종사하다 만주사변 이후 조선혁명군(양세봉 장군의 독립군)에서 무장투쟁을 벌였다. 이 무렵 참모장 김학규(이승만 정권에 의해 김구 암살의 배후로 몰려 징역 15년을 받았다가 1961년 장면 정권 때 복권)와 결혼하였으며, 이후 민족혁명당에 이어 임시정부 광복군에 합류하여 중국 전선에서 활약하였다.

오광심

이화림은 임시정부 애국단에서 활동하다 김구와 결별하고 조선의용군에 참여하여 부녀대 부대장으로 활약하였다. 그녀는 수많은 전투에 참가했을 뿐만 아니라, 식사 등 가사노동까지 고된 역할을 수행했다.

이화림

김원봉의 아내 박차정 역시 조선의용대 대원으로 활약하였다. 많은 남자 독립군 대장 옆에는 아내나 여동생 대원들이 있었다. 더 이상 이들의 역할이 과소평가되어서는 안 될 것이다.

분이 있을 리 없다. 육체적 한계 때문에 역할에 제한이 있을망정, 두 독립군 여장군은 누구에게도 뒤지지 않는 열정적인 활동을 펼쳤다. 지금까지 주목받지 못했던 수많은 여성 독립 전사들의 이야기가 더 많이 발굴되고 알려질수록 우리 독립운동사의 영역도 그만큼 넓어지고 풍성해질 것이다.

내 시신을 밟지 마시오

윤봉길

교과서 속 한 줄 역사 윤봉길은 상하이 훙커우 공원에서 열린 일본 국왕의 생일 및 상하이 사변 승리를 축하하는 기념식에 폭탄을 던져 일본군 장성과 다수의 고관을 처단하였다. … 의거를 계기로 한국의 독립운동에 냉담하던 중국인들의 태도가 변화하였으며, 중국 국민당 정부는 한국의 독립운동을 적극 지원하게 되었다.

매헌 윤봉길 의사의 묘비 제막식이 순국 60주년인 19일 일본 이시카와 현 가나자와 시 노다산 묘지에서 거행됐다. … 화강암 비석과 함께 안내판을 세우고 조촐한 기념식을 가졌다. 안내판에는 윤 의사의 생애, 매장될 때까지의 경위 등이 기록되어 있다. 윤 의사는 일본군에 의해 총살된 후 노다산 공동묘지 구석 통로 밑에 묘표도 없이 매장됐었으나 이 같은 사실을 뒤늦게 알게 된 재일동포와 양심적 시민들이 '시체가 짓밟혀진 사실을 후대에 전할 필요가 있다'면서 모금운동을 전개, 200만 엔을 모았다. – 《동아일보》 1992년 12월 21일

일제는 윤봉길 의사의 시신을 공동묘지 통로에 매장하여 오가는 사람들에게 짓밟히도록 하였다. 윤 의사의 시신을 욕보인 것인데, 왜 이렇게까지 한 것일까?

'애국단'에 부여된 막중한 임무

1908년 충남 예산에서 태어난 윤봉길은 20대를 농촌계몽운동에 헌신하였으나 운동의 한계를 절감하고 중국으로 망명하여 임시정부를 찾아갔다. 그는 김구에게 조국을 위해 목숨을 바칠 각오를 역설하고 애국단에 가입하였다.

당시 임시정부와 중국 내 독립운동은 매우 어려운 처지에 놓여 있었다. 1925년 박은식 대통령이 사망한 이후 김구를 중심으로 한 임시정부는 이전의 힘과 활기를 되찾지 못했다. 구성원 중 많은 이들이 영양실조로 고통 받고 병사할 만큼 어려웠다.

1931년 만주사변으로 만주가 일본 지배 하에 들어가면서 독립군 활동도 여의치 못했다. 초반에는 한중 연합작전으로 기세를 올렸지만, 일제가 '만보산 사건'을 이용해 한·중 간 이간질에 나서면서 오히려 한중 갈등이 고조되었다. 만보산 사건은 만주의 조선인과 중국인 농민 사이에 일어난 분쟁인데, 일본이 일부러 조선인 편을 들어 중국인을 무력으로 진압해 놓고 국내에는 중국인들이 조선인을 살상했다고 선전했다. 이에 분노한 사람들이 평양·인천 등의 화교를 습격하여 다수의 사상자가 발생하자, 중국인들이 중국 내 조선인들을 공격하면서 양국의 갈등이 극에 달했다. 당연히 한

1931년 12월 13일 애국단에 가입하며 이봉창 의사가 서른두 살에 찍은 마지막 '기념사진'(왼쪽). 수류탄을 양손에 들고 있다. 이날 한인 애국단원으로서 조국의 독립과 자유를 회복하기 위해 적국의 수괴를 도살하겠다는 선서문도 작성했다.

중연합도 무산되고 우리 독립군은 일본과 중국 양쪽의 공격을 받는 처지에 놓였다.

임시정부가 이 난관을 헤치고 무너진 한중연합을 강화하려면 특단의 조처가 필요했다. 이에 김구가 만든 조직이 '애국단'이었다. 애국단은 일제의 심장부를 저격하여 독립운동에 활기를 불어넣고, 한국과 중국이 공통의 적과 싸우고 있음을 상기시킬 목적으로 만든 단체였다. 수십 명의 조직원으로 구성된 애국단은 먼저 일본 천황 저격을 시도하였는데, 바로 1932년 1월의 이봉창 의거이다.

중국의 반일 정서에 불을 지르다

이봉창 의거는 강대국의 국가원수를 노린 사건으로 전 세계에 대서특필되었다. 특히 만주사변으로 반일 감정이 고조된 중국에서 큰 관심을 일으켰다. 중국 언론은 이봉창 사건을 보도하면서 "불행히도 실패하였다"라고 하였고, 이것이 일본을 자극하여 상하이에서 일본 해군육전대와 중국 제19로군 사이에 전투가 벌어졌다(1차 상하이 사변).

국제적 대도시이자 중국 최대 도시인 상하이가 일본군에 침략당하자 중국인들의 분노가 폭발했다. 하지만 중국 국민당 정부의 지도자 장제스는 공산당 토벌에 여념이 없어 상하이를 구하지 않았고, 중국인들의 반일 반反장제스 정서는 위험수위로 치달았다. 이런 상황에서 상하이 주둔 일본군은 1932년 4월 29일 훙커우 공원에서 천황 생일(천장절) 축하식 겸 상하이 사변 승전 기념식을 거행하기로 했다. 중국인들의 반일 감정은 전혀 개의치 않는 안하무인적 태도였다.

김구는 바로 이날 기념식장에 폭탄을 던질 것을 윤봉길에게 지시했다. 윤봉길은 훙커우 공원을 꼼꼼히 답사하고 성심성의껏 준비했다. 임시정부 재정위원이었던 김의한은 윤봉길이 공원에서 돌멩이 던지는 연습을 하는 것을 목격했다고 한다. 윤봉길은 김구에게 투척용 물병 폭탄과 자폭용 도시락 폭탄을 받고 마지막 기념사진을 찍으며 이렇게 말했다.

"늙으면 쓸모없고 죽으면 소용없을 내 주먹으로 지금 일제를 때려 부수겠습니다."

거사 당일 아침, 윤봉길은 김구에게 자신의 시계를 건넸다.

"선생의 낡은 시계를 제게 주세요. 저는 앞으로 한 시간만 시계가

필요합니다. 앞으로 하실
일이 많지 않습니까."

그는 김구의 시계를 차
고 공원에 소풍 나온 사람
(혹은 기자)으로 위장하여
일본 헌병의 검문을 통과
했다. 당시 일본은 도시락
지참을 권했으므로 큰 의
심을 받지 않았다.* 윤봉길
은 연단 주변에 있다가 식
이 막바지에 이르렀을 때
폭탄을 던졌다. 1932년 4

왼손에 수류탄, 오른손에는 권총, 가슴에는
죽음을 다짐하는 절명사. 의거일 이틀 전인
1932년 4월 27일 촬영된 것으로 알려진 윤봉
길 의사 '기념사진'. 만 스물네 살이었다.

월 29일 오전 11시 40분이었다. 그날 오후 식민지 수도 경성(서울)
거리에 호외가 흩뿌려졌다.

백천 사령관과 중장 공사에게 수류탄을 투척, 천장절 축하식을
거행 중 상해 신공원에서 오전 11시 반 –《동아일보》 1932년 4월 29
일 호외

....

* 일설에 의하면, 이날 도시락도 철저히 검문을 해서 어느 여성이 도시락과 물병 폭탄을
  날라 주었다고도 한다. 이 여자는 중국 혹은 일본 여성이라고 하는데, 정확한 기록은
  확인하기 어렵다. 그날 현장에서 체포된 8명 중 중국 혹은 러시아인이 있었다는데 이
  중 한 명이 아니었을까 생각한다.

곧이어 또 다른 호외가 뿌려졌다.

폭탄현행범인 조선인으로 판명 윤봉길 연령 25세 범인 합 팔 명
조선, 중국, 러시아인

"중국 30만 대군도 못한 일을 해냈다"

세상을 놀라게 한 윤봉길의 홍커우 공원 의거는, 당일 오후 조선 전
역에 알려질 정도로 충격적 사건이었다. 일제는 상처 입은 맹수처
럼 닥치는 대로 관련자 등을 체포 연행하는 한편, 윤봉길의 재판도
일사천리로 진행하여 군사재판에서 사형을 언도하였다. 윤봉길은
사형 언도 후 일본으로 이송되었으며, 의거 8개월 만인 그해 12월
19일 총살당했다. 그들은 윤봉길을 총살한 것도 모자라 공동묘지
도로 밑에 매장하여 사람과 차들이 밟고 지나가도록 했다.

윤봉길은 '상해폭탄범인', 지금으로 치면 폭탄 테러리스트로 낙
인찍혔다. 천황 생일 축하식이라는 민간 행사에서, 그것도 민간인
들이 이용하는 공원에서 폭탄을 던졌다며 윤봉길을 매도하였다. 하
지만 일제의 만행과 침략에 공분하는 사람들은 이 사건을 '의거義擧'
라 일컬었다. 특히 중국인들이 통쾌하게 여겼다.

장제스는 "중국 30만 대군도 못한 일을 해냈다"고 치하하면서
임시정부를 적극 보호해 주고, 1945년까지 군사·경제 모든 면에
서 물심양면 지원을 아끼지 않았다. 중국 내 모든 독립운동 단체
가 통합하여 광복군을 창설하고 연합국의 일원으로 제2차 세계대

1946년 3월 9일, 임시정부의 유해 발굴단이 윤봉길 의사의 유해를 모시고 일본 가나자와 역을 출발하기 직전의 장면.

전에 참전하여 미군과 공동으로 국내 진공 작전을 준비할 수 있었던 배경에는, 홍커우 공원 의거에 따른 중국인들과 중국 정부의 호의가 있었다. 임시정부뿐만 아니라 중국에서 활동하는 다른 독립군 및 독립 단체들도 현지 중국인과 원활하게 협력할 수 있었기에 일제에 맞서 싸울 수 있었다.

해방 이후 임시정부는 이봉창 · 윤봉길 등 애국단 의사들의 유해 송환 및 추모식을 추진하였다. 13년 동안 일본에서 수모를 당한 그의 시신은 마침내 1946년 6월 국민장으로 조국에 안장되었다. 그를 테러리스트라며 모욕하려 해도 그의 의혈 활동과 독립운동에 남긴 업적은 효창공원 그의 푸른 무덤과 함께 영원할 것이다.

41

아나키스트 소설가

심훈

교과서 속 한 줄 역사 1920년대 후반부터 언론기관
이 중심이 되어 농촌계몽운동의 일환으로 한글을 보
급하는 문맹퇴치운동을 전개하였다. 동아일보사는
1931년부터 학생계몽대를 조직하여 브나로드 운동을
전개하였다.

1935년 《동아일보》는 '브나로드 운동'을 전개하면서 창간 15주년
기념 소설 공모를 하였다. 이때 당선된 작품이 심훈의 《상록수》이
다. 그래서 심훈은 《상록수》의 작가로 알려져 있고, 이 책 때문에
농촌계몽운동가로 기억된다. 하지만 그뿐일까?

"동경서 네 번, 부산서 사흘, 서울서 두 번이로군. 유치장 밥맛이
야 나만큼 알겠나?"하고 한편 입모습만 끌어올리며 웃는다. 세 사
람은 그 동안 세상의 변동과 동지들의 소식을 묻고 들려주고 하
느라고 시간 가는 줄을 몰랐다. 그러나 신통한 소식이라고는 하
나도 없었다. 요새는 서울 바닥이 폭풍우가 지나간 바다와 같이

잔잔해져서 이야기할 만한 거리도 없거니와, 그 일에 관계했던 사람들은 밥벌이 구멍을 찾느라고 눈이 벌개서 다닌다는 것과 …

계숙은 조금 더 바싹 다가앉는다. 수영은 여전히 입을 딱 다물고 가쁜 숨을 죽이고 있다가 머리를 들어 팔베개를 하고는 더듬더듬 입을 연다.

"앞장을 선 병정은 싸움을 해야만 헙니다. 그런데 우리는 싸움을 허다 말구 허기가 져서 밥을 찾지 않았어요. 몇 자밖에 안 되는 창자를 채우기 위해서. 그것이 구차허구 창피스러워요. 이 현실에서 밥을 얻어먹으려면 우리가 싸우려는 상대자 앞에 무릎을 꿇어야만 하니까요."

"참 그래요. 남의 걸 얻어먹을 수도 없고, 굶어 죽을 수두 없는 세상이야요. 나만 해도 하루에 열다섯 시간이나 자본주의 종노릇 헌 값이 겨우 몇 십 전이니 참 정말 기가 막혀요."

심훈의 또 다른 장편소설 《영원의 미소》(1933)의 일부분이다. 이 소설은 사회주의 학생운동가들이 세상에 나와 방황하다 농촌으로 돌아가 새로운 투쟁을 시작한다는 내용이다. 심훈 역시 이 소설의 주인공들처럼 사회주의 계열의 독립운동가였다. 또한 그는 시 〈그날이 오면〉에서 알 수 있듯 독립을 염원한 민족 시인이자, '카프' 발기인, 영화감독, 배우, 기자 등 다양한 영역에서 활약한 다재다능한 인물이었다.

다재다능한 청년 문학가

심훈은 1901년 유복한 집안에서 태어나 16세 때 명문가의 딸과 결혼하였다. 하지만 안락한 생활은 3·1운동 참여로 퇴학당하면서 끝이 났다. 심훈은 중국으로 망명하여 3년간 많은 사람들을 만나며 독립운동과 여러 사상을 접하였다. 이때 가까이 지낸 사람 중 한 명이 신채호 선생이다. 그래서 심훈의 사상도 정통 사회주의라기보다 아나키즘과 민족주의가 결합한 형태를 띠었고, 그 역시 신채호 선생처럼 민족주의 독립운동가로 평가받는다.

1923년 귀국한 심훈은 아내와 이혼하고 《동아일보》에 입사하여 기자로 활동하며 좌파 독립운동가의 길을 걷는다. 프롤레타리아 문학을 내세운 단체의 연극부에 가입하고, 그 유명한 조선 프롤레타리아 예술가 동맹인 '카프'의 발기인에 이름을 올렸으며, 1924년에는 각 신문사 사회부 기자 20여 명이 모여 만든 '철필구락부'에도 참여하였다. 철필구락부가 좌파적 성향을 드러내자 신문사에서 가입 기자들을 모두 쫓아냈는데, 이때 해직된 기자 중에 심훈을 비롯하여 박헌영, 허정숙, 임원근 등 조선공산당의 핵심 멤버들도 포함되어 있었다.

연기자의 길에도 관심이 많았던 심훈은 연극부 활동을 계기로 배

부유한 집안에서 태어난 심훈은 중국에서 철학과 극문학을 전공하고, 소설가·시인·언론인·영화인으로 활약한 독립운동가이다.

우·감독도 겸업했다. 1925년에 이수일과 심순애로 유명한 영화 〈장한몽〉의 주연배우 주삼손이 영화 제작에 불만을 품은 나운규의 선동으로 달아나 버리자, 그가 영화 후반부 이수일 역을 맡기도 했다. 1926년 《동아일보》에서 해직당한 뒤 일본으로 건너간 심

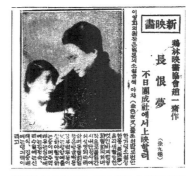

심훈이 이수일 역을 맡은 영화 〈장한몽長恨夢〉의 개봉을 알리는 1926년 3월 1일자 《조선일보》 기사. 이때 '신태식'이란 가명을 사용했다.

훈은 본격적으로 영화 수업을 받고, 1927년 〈먼동이 틀 때〉를 감독하였다. 이 영화는 대성공을 거두었다.

농촌에서 발견한 희망

심훈은 1928년부터 소설과 시를 쓰기 시작했는데, 번번이 일제의 검열에 걸려 출판하지 못했다. 그는 이 무렵부터 도시 지식인들에게 환멸을 느낀 듯하다. 《상록수》와 《영원의 미소》에는 허영과 가식에 빠져 운동과 사상으로부터 멀어져 "싸움을 허다 말구 허기가 져서 밥을 찾"는 지식인들에 대한 통렬한 비판이 곳곳에 보인다. 《상록수》에서 채영신이 환멸을 느낀 여성운동가나 《영원의 미소》에서 무기력한 모습으로 일관하는 병식이 그런 인물들이다. 또한 《영원의 미소》에서 계숙은 고단한 현실에 힘겨워하며 부잣집 아들 조경호에게 잠깐 마음이 흔들리는데, 이 역시 당시 세태를 반영하

고 있다.

심훈은 농촌으로 들어가기로 마음먹었다. 《상록수》의 박동혁이나 《영원의 미소》의 수영은 심훈 자신이 투영된 인물로 보인다. 1932년 심훈은 충남 당진으로 내려가 그곳에서 창작 활동과 함께 농촌 생활을 시작한다. 《영원의 미소》(1933)와 《상록수》(1935)도 이때 집필한 작품이다. 그는 당시 활발하게 일어나던 농민운동을 염두에 두고 창작 활동을 병행한 듯하다. 하지만 불행히도 1936년 전염병 장티푸스가 창궐할 때 사망하였다. 30대의 아까운 나이였다.

사회주의가 유행하면서 좌파적 색채를 띤 작가들이 대거 등장했지만, 사회주의의 혼란과 함께 많은 이들이 우왕좌왕했다. 관념적 좌파 이효석은 친일 색채를 띠기 시작하고, 카프의 박영희는 "얻은 것은 이데올로기요 잃은 것은 예술이다"라는 유명한 말을 남기

중국 대장정과 사회주의의 변화

마르크스는 노동자계급이 주역이 되어 사회주의혁명을 일으킬 것이라고 주장했고, 그래서 20세기 초까지 노동자 중심의 도시 봉기가 사회주의의 주요 실천 전략이었다. 이는 아시아도 마찬가지였다. 하지만 1927년 국공합작이 깨지면서 중국공산당에 중대 변화가 일어났다. 중국공산당을 지휘하던 독일인 고문 오토 브라운과 리리싼(이립삼李立三) 등은 도시 노동자 봉기를 통해 국민당과 싸웠지만 번번이 참패했다. 이에 마오쩌둥은 리리싼을 비판하고 농민과 농촌을 중심으로 하는 새로운 사회주의의 길을 제시하였고, 이에 따라 중국 내륙 깊숙이 공산당의 근거지를 옮기는 대장정이 시작되었다. 1934년 시작되어 1935년 마무리된 대장정은 사회주의 진영의 전설적 사건이 되었다. 이후 1940년대 베트남 공산당, 1960년대 쿠바 공산당과 함께 농촌 농민 중심의 사회주의가 새로운 노선으로 정착하였다.

고 탈퇴한 뒤 친일파로 변절하였다. 심지어 박영희의 탈퇴를 비난한 김기진(김팔봉)마저 친일파로 변절했다. 어쩌면 심훈은 바로 그런 모습을 비판하고 농촌으로 들어가 농민으로부터 새로운 세상을 찾으려 했는지도 모른다.

"마침내 저바리지 못할 약속이여!"

이육사

교과서 속 한 줄 역사 1930년대에 이르러 일제의 탄압이 심해지자, 식민지 현실을 외면하고 예술성과 작품성을 강조한 순수문학 경향이 나타났다. 그러나 저항문학의 전통이 이어져 이육사, 윤동주 등과 같이 민족의 의지를 문학작품을 통해 표현한 문인들도 있었다.

허생이 이르기를 "내가 와룡 선생臥龍先生 같은 이를 천거하겠으니, 네가 임금께 아뢰어서 삼고초려三顧草廬를 하게 할 수 있겠느냐?"

이 대장은 고개를 숙이고 한참 생각하고 이르기를

"어렵습니다."

허생이 이르기를 "명明나라 장졸들이 조선은 옛 은혜가 있다고 하여, 그 자손들이 많이 우리 나라로 망명해 와서 정처 없이 떠돌고 있으니, 너는 조정에 청하여 종실宗室의 딸들을 내어 모두 그들에게 시집보내고, 훈척勳戚 권귀權貴의 집을 빼앗아서 그들에게 나누어 주게 할 수 있겠느냐?"

이 대장은 또 머리를 숙이고 한참을 생각하더니 말하기를

"어렵습니다"

했다. 허생이 이르기를

"국중의 자제들을 가려 뽑아 머리를 깎고 되놈의 옷을 입혀서, 그중 선비는 가서 빈공과賓貢科에 응시하고, 또 서민은 멀리 강남江南에 건너가서 장사를 하면서, 저 나라의 실정을 정탐하는 한편, 저 땅의 호걸들과 결탁한다면 한번 천하를 뒤집고 국치國恥를 씻을 수 있을 것이다."

이공이 무안하여 이르기를

"사대부들이 모두 조심스럽게 예법禮法을 지키는데, 누가 변발辮髮을 하고 호복胡服을 입으려 하겠습니까?"

허생은 크게 꾸짖어 이르기를

"내가 세 가지를 들어 말하였는데, 너는 한 가지도 행하지 못한다면서 그래도 스스로 신임받는 신하라 하겠는가?"

좌우를 돌아보며 칼을 찾아서 찌르려 했다. 이 대장은 놀라서 일어나 급히 뒷문으로 뛰쳐나가 도망쳐서 돌아갔다. – 〈허생전〉

일제강점기 독립운동 이야기를 하다 갑자기 18세기 연암 박지원이 쓴 《허생전》이 나오니 의아할 것이다. 하지만 지식인의 위선은 동서고금을 막론하고 언제나 이와 같아서, 입으로는 정의와 명분을 설파하면서 실제로는 기득권을 포기하지 않고 변명으로 일관한다.

식민지 지식인의 두 갈래 길

1930년대에도 그랬다. 입으로는 정의와 혁신을 부르짖었지만 감히 일제와 맞서 싸울 용기는 없고 자신들이 누리는 명예와 돈도 잃기 싫었던 사람들, 그들이 선택할 수 있는 것은 만만한 상대를 찾아 비판의 칼을 휘두르는 것이었다. 만만한 상대가 누구인가? 바로 일제 지배 하에 신음하는 조선인들이다. 그들은 조선인의 열등함과 우매함을 비판하고 조선인이 바뀌어야 독립도 하고 근대국가도 수립할 수 있다고 열변을 토했다.

그들은 조선 대표 지식인이라는 명예도, 일제에 협조함으로써 얻는 안정적인 경제력도 잃고 싶지 않았다. 그래서 이광수는 민족 개조론을 설파하고, 서정주는 조선의 신분제 문화를 비판하는 시를 썼다. 하지만 그들은 전근대적 일본 천황제나 야만적 착취제도를 비판하는 것은 꺼려했다. 이효석처럼 막연한 국제주의로 향하기도 했다. 이효석은 일본어로 소설을 쓰고 세계 평화와 세계인의 이상을 논하고, 백화점에서 커피를 사서 마시며 아름다운 조선의 산하를 노래했다.

일제강점기 많은 문학가들이 갈등에 빠졌다. 붓을 잡은 지식인으로서 독립운동에 나설 용기는 없으나 친일에 나설 만큼 양심이 없지도 않은 사람들, 이런 사람들이 택할 길은 침묵과 절필이었다. 많은 이들이 일제강점기 시를 쓰지 않고 평범한 일상을 보내다가 해방 이후 비로소 활동하기 시작했다.

윤동주는 시집 출판의 꿈을 꺾었고, 김수영은 징병을 피해 도피 생활을 하다 해방 이후 본격적인 활동을 시작했다. 문학가로서의 삶을 포기하고 살아간 사람들, 문학가로서 화려한 명성을 추구하다 일제의 강요에 못 이겨 친일의 길을 걸어간 사람들, 모두 일제강점기 힘든 시간을 보냈을 것이다. 하지만 그렇다고 이들이 보낸 시간을 똑같이 평가할 수는 없다.

독립운동을 시로 토로하다

동방은 하늘도 다 끝나고
비 한 방울 나리잖는 그때에도
오히려 꽃은 빨갛게 피지 않는가
내 목숨을 꾸며 쉬임 없는 날이여
북쪽 쓴드라에도 찬 새벽은
눈 속 깊이 꽃 맹아리가 옴자거려
제비떼 까맣게 날라오길 기다리나니
마침내 저바리지 못할 약속이여
한 바다복판 용솟음치는 곳
바람결 따라 타오르는 꽃성에는
나비처럼 취하는 회상의 무리들아
오늘 내 여기서 너를 불러 보노라

― 이육사 〈꽃〉

육사의 외동딸이 독립투사 아버지를 가장 느낄 수 있는 작품으로 꼽은 시이다. 이육사는 절필하지도 친일하지도 않고 죽는 그 순

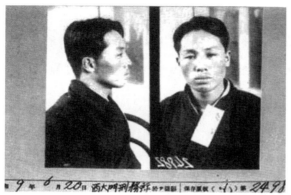

1934년 6월 20일 서대문 형무소 수감 당시 신원카드의 이육사(이원록)
사진. 서른 살 때이다.

간까지 치열하게 투쟁한 시인이었다. 안동에서 태어나 대구를 근거
로 활동한 이육사는 1925년 의열단에 가입하였다. 1927년 조선은
행 대구지점에서 폭탄이 터지자(장진홍 의거), 일제는 이 사건을 계
기로 대구 지역 독립운동가들을 체포했다. 이때 이육사도 3형제와
함께 끌려갔다. 육사의 본명은 이원록인데, 이때 감옥의 수인번호
264를 별명으로 썼던 것이 이름으로 굳어졌다.

　이육사는 1925년 의열단 가입 이후 자주 중국과 만주를 오가며
독립운동을 하였다. 그가 어떤 사상적 배경에서 어떤 조직과 연계
하여 독립운동을 했는지는 확실치 않다. 다만 의열단원 윤세주 등
과 연락하고 의열단의 조선혁명군사정치간부학교를 다녔다는 기
록으로 보아 김원봉과 연관되었던 것으로 보인다. 김원봉은 1920
년대 의열단, 1930년대 독립군 활동을 하였고, 1935년 민족혁명당,
1938년 조선의용대, 1942년에 광복군에서 주도적으로 활동하였는

데 바로 이 기간 동안 이육사도 여러 차례 중국을 드나들며 활동하여 총 17차례나 투옥당했다. 그는 잦은 투옥으로 건강을 해쳤지만 멈추지 않고 투혼을 불살랐다.*

그는 독립운동을 하면서 수십 편의 시를 썼다. 1930년《조선일보》에 실린 〈말〉이 최초의 발표작일 것이다. 대표작 〈청포도〉와 〈광야〉는 1939년에 발표되었다. 발표하지 못한 유고작도 많았다. 〈꽃〉도 그 중 하나이다. 그의 작품은 그가 활동했던 무대처럼 광대하고 그의 투혼처럼 강인했다. 그래서 일제강점기 시인들 중에서도 산 같고 바다 같은 시인으로 평가받는다.

시로 독립운동을 한 것이 아니라 독립운동을 시로 토로한 이육사는 1943년 서울에서 체포되어 중국 베이징 감옥으로 끌려갔다. 몇 년 전부터 폐 질환으로 요양 치료를 받던 터라 건강이 급격히 악화되어 해방을 1년 앞둔 1944년 옥중에서 순국하였다. 40세의 한창 나이였다. 당시 이육사의 친척으로 김원봉 쪽에서 활동하던 이병희가 시신을 인수하였는데 "코에서 거품과 피가 나왔다. 아무래도 고문으로 죽은 것 같다."라는 증언을 남겼다.

이육사와 동년배로 1년 먼저 죽은 〈빼앗긴 들에도 봄은 오는가〉의 시인 이상화는 1930년대 이후 깊은 절망 속에 낭만적 자연주의적 시를 썼다. 변절하지 않은 대표적 민족시인으로서 의열단과 연

---

* 한국 근대사를 연구한 미즈노 나오키가 사회주의 혁명가 김산의 생애를 정리한《격동의 서른 해》는 의열단과 사회주의자들이 조직한 조선혁명청년회(한국혁명동지회) 집행위원 명단을 소개하고 있다. 이 중 이활이라는 사람이 있는데, 이 이활이 바로 이육사라고 한다. 이육사는 1932년에는 중국에서 조선혁명간부학교 1기생으로 활약하였다.

결되어 있었고 카프에서 활약했던 그였지만, 말년으로 갈수록 힘이 빠지는 모습이 역력했다. 실천의 빈곤 속에서 정신을 지키려는 악전고투가 시에 녹아든 것이리라. 이상화 역시 민족시인이자 투사였지만, 육사의 시와 상화의 시가 비교되는 것은 실천의 차이에서 비롯된 필연적 결과일 것이다.

청년 시인의 삶과 우정

윤동주

교과서 속 한 줄 역사 　윤동주는 어두운 시대에도 끝까지 일제에 항거하다 28세의 젊은 나이로 감옥에서 숨을 거두었다.

"동주가 없는 문익환이는 생각할 수 없는 것 같습니다. 스물아홉 살 젊음으로 동주는 지금도 제 옆에, 아니 제 속에 살아 있습니다. 민족정신과 기독교 정신이 혼연일체가 된 그의 시 정신이 그가 자리를 비운 이 역사를 살아가도록 늘 저에게 힘과 용기를 주었던 것입니다."

　1994년 작고한 문익환 목사가 민주화 운동으로 투옥되었을 때 썼던 옥중 서신의 내용이다. 문익환은 공동번역성서 번역실장을 역임한 개신교계의 권위 있는 신학자이자 70~80년대 민주화 운동을 이끈 재야의 지도자였으며, 90년대 통일운동에서 맹활약한 인물이

1930년대 중반 평양 숭실중학교 시절의 윤동주와 친구들. 뒷줄 오른쪽부터 윤동주, 문익환, 장준하.

다. 한편에서는 그를 '빨갱이'라고 손가락질했고 지금도 김대중·노무현과 함께 종북의 우두머리라고 욕하지만, 문익환은 장준하·함석헌과 함께 한국 현대 민주화 역사에 큰 족적을 남긴 사람이다.

그런 문익환이 자신에게 큰 영향을 미친 인물로 윤동주를 꼽았다. 문익환은 윤동주와 만주에서 함께 학교를 다닌 절친한 친구였다. 두 사람과 간도의 은진중학교를 함께 다닌 학생들 중에는 해방 이후 민주화 운동 과정에서 진보적 기독교를 주도한 강원룡 목사, 안병무 교수도 있었다. 이들은 민족과 신앙을 함께 추구하며 민족의 해방과 미래를 설계했다. 이들에게 윤동주는 어떤 사람이었을까? 문익환은 이렇게 회상한다.

"동주는 민족해방만으로는 참 아침이 되었다고 경망한 생각을 하지 말라고 했다. 그가 기다린 것은 민족해방과 그리스도의 빛이었다."

간도에서 보낸 학창 시절

윤동주는 중국 간도에서 태어났다. 그의 집안은 할아버지 때 민씨 세도정치의 탐학을 피해 간도로 이주하여 3대째 살고 있었다. 이민 3세대라 민족의식이 희박할 만도 하지만, 일제강점기 독립군의 근거지인 간도에서 살고 교육받았기 때문에 오히려 더욱 투철한 민족의식을 갖게 되었다.

간도의 명동소학교와 은진중학교에서 문익환 · 강원룡 등과 우정을 나누었고, 1935년에는 기독교 신앙이 독실한 평양의 숭실중학교로 전학하였다.

10대 후반의 감수성 풍부한 동주는 이때부터 시를 써서 학예지에 신곤 했다. 숭실중학교가 신사참배를 거부하여 폐교당한 뒤 다시 간도로 와서 광명중학교를 다녔는데, 이때는 장준하와 함께 학교를 다녔다. 문익환과는 숭실중학교와 광명중학교까지 모두 함께 다녔다. 윤동주의 학창 시절은 독립운동가들 그리고 해방 이후 민주화 운동가들과 함께한 시간이었다.

1937년 20대가 된 동주는 연희전문에 진학했다. 대학 시절 동주의 문학은 만개하였다. 그는 여러 편의 시를 쓰고 잡지에 신기도 했으며, 작품을 모아 시집을 내려고도 했다. 하지만 그의 시가 일제의 검열에 걸릴 것을 우려한 주변의 만류로 시집 발간은 성사되지 못했다. 결국 동주가 사망한 뒤에야 유고 시집《바람과 구름과 별과 시》가 세상에 나왔고, 그중 〈서시〉가 대표작이 되었다. 민족의 아픈 현실을 외면하지 못한 그였기에, 죽은 뒤에야 문학적 재능이 빛을 보게 된 것이다.

후쿠오카 형무소, 의문의 죽음

태평양전쟁이 발발하자 동주의 집안은 아들의 징병 문제를 걱정하다 마침내 일본 유학을 결정했다. 당시 징병 회피는 청년층의 독립운동 중 하나였다. 유학을 결심한 동주는 1942년 3월 일본으로 건너가 도쿄 릿쿄 대학 문학부 영문과에 진학했다. 이때 집안에서 그의 이름을 창씨개명하는 바람에 마음에 큰 상처를 입은 그는 〈참회록〉이라는 시를 통해 그 마음을 토로하기도 했다.

유학 초기 향수병에 시달리며 힘들어했던 동주는, 그해 10월 교토의 도시샤 대학 영문과로 전입학하였다. 도시샤 대학은 연희전문 시절 친교를 맺은, 그가 가장 존경하는 시인 정지용이 다녔던 학교였다.

그러나 다음 해인 1943년 윤동주는 '재교토 조선인 학생 민족주의 그룹 사건'으로 체포되었다. 이 조직은 교토제국대 송몽규(윤동주의 고종사촌) 등 조선인 교토 유학생들이 만든 비밀단체로서 징병을 적극 피하고 이를 위해 저항운동까지 펼쳐야 한다고 주장했는데, 이는 1943년부터 대학생들을 군인으로 징발하기 시작한 일제에 심각한 위협이었다. 송몽규는 징역 3년, 윤동주는 징역 2년을 선고받고 후쿠오카 형무소에 수감되었다.

전쟁이 막바지에 이르면서 더욱 포악해진 일제는, 감옥에 갇힌 조선인 재소자들을 대상으로 생체 실험까지 실시했다. 나치가 유대인에게 생체 실험을 한 사실은 영화에서도 자주 다루어 널리 알려졌지만, 일제가 조선인에게 생체 실험을 한 사실을 아는 이는 많지 않다. 유대인들이 나치의 만행을 알리려고 할리우드에 막대한 자본을 투자했던 것을 생각하면, 이렇게 된 데에는 우리의 책임도 있다. 동주도 일제 생체 실험의 희생자 중 하나였다. 그는 후쿠오카 형무소에서 이름 모를 주사를 맞고 20대의 꽃다운 나이에 절명하였다. 동주뿐만 아니라 송몽규 역시 생체 실험을 당해 옥중에서 사망했다.

동주가 남긴 사람들

윤동주는 생전에 이렇다 할 업적을 남기지 못했으나, 그와 함께 고민하고 독립을 꿈꾼 이들 중 살아남은 이들은 해방 이후 대한민국에서 새로운 길을 걸었다. 그들은 모두 동주를 그리워했지만 정작 동주는 그 자리에 없었다.

사람들은 그의 시를 통해 고뇌하는 청춘 윤동주를 기억했다. 비운의 천재 시인, "독립 투쟁의 목소리를 높인 열혈청년이 아닌" "순수하고 참된 인간의 본성을 되새기게 한" 순수시인으로서, 서정주나 모윤숙과 같은 부류의 시인으로 윤동주를 평가하기도 한다.

그러나 사람은 살면서 족적을 남기는 법. 동주는 비록 시집 한 권만 남겼을 뿐이지만 그 시집이 나오기까지 치열한 고민과 행동이 있었으며, 이는 그와 함께했던 인물들을 통해 확인할 수 있다. 윤동주와 문익환, 윤동주와 강원룡, 윤동주와 장준하, 이들에게서 우리는 동주의 진면목을 보게 된다.

《하늘과 바람과 별과 시》 1948년 초판본. 사후에 발표된 이 시집으로 윤동주는 우리나라 사람들이 가장 사랑하는 시인이 되었다.

조선 독립을 지지한 일본인들

가네코 후미코 · 후세 다츠지

교과서 속 한 줄 역사　교과서에는 일본에서 조선 독
립운동을 지원했던 이들에 관한 내용이 없다.

제국주의 일본에 맞선 아나키스트 전사, 가네코 후미코

대역범 박열의 애인 금자문자金子文子(가네코 후미코) 복역 중 옥중
에서 자살. 간수의 못 보는 틈을 타서 돌연 자살 지난 23일 휴목
형무소에서 – 《동아일보》 1926년 7월 31일

조선인 아나키스트 박열과 그 애인 가네코 사건은 세간을 떠들
썩하게 만들었다. 박열은 1923년 '불령사不逞社'라는 조직을 만들어
일제 요인 암살을 계획하던 중 그해 예정된 히로히토 황태자 결혼
식 때 폭탄을 던져 천황과 황태자 모두를 죽이려 했다. 하지만 그의

계획은 곧 탄로 났고, 일제는 이 사건을 대역죄로 몰아 대대적으로 선전하며 독립운동 탄압에 이용하였다. 특히 박열의 애인 가네코가 일본인임에도 불구하고 천황 암살 기도에 전혀 죄의식을 느끼지 않고 자신의 행동을 정당화하면서 여론이 들끓었다.

> 금자(가네코)는 생글생글 웃어 가며 토실토실하고 뽀얀 손을 내밀며 "이렇게 건강합니다. 이제부터는 조선 옷을 입겠습니다."라고 말하며 또다시 의미 깊은 부탁을 많이 하였다. 그들은 옥중에서도 아무 근심 없이 호방한 생활을 하고 있다. – 《동아일보》 1925년 12월 14일

일제는 박열과 가네코를 죄의식을 느끼지 못하는 사이코패스로 규정하였다.

> 가네코 역시 박열과 같은 처지(가난)에서 그의 반생이 가엾은 학대의 역사로 꾸미어 있는데 거기에 천재라 할 만한 재주를 갖고 있습니다. – 《동아일보》 1926년 3월 3일

가네코는 요코하마에서 빈민의 자식으로 태어났다. 가네코의 부모는 가네코를 제대로 보살피지 않았을 뿐만 아니라, 심지어 술집에 팔아 버리려 했다. 가네코는 가출하여 친척 집에 얹혀살며 배달원이나 점원 등으로 생계를 이었다.

가네코는 1912년부터 1919년까지 조선에 사는 고모 집에서 식

모처럼 살았는데, 그때 3·1 운동을 경험하면서 일본인이 지만 조선인의 감성을 갖게 되었다. 가네코는 자서전에서 "헌병이 조선인의 옷을 찢어 발가벗겨 엉덩이를 채찍으로 후려치는 광경"에 분노를 느 꼈다고 썼다. 또한 자신이 다 닌 심상고등학교 교사 핫토리 도미에게 보낸 편지(1923년 6~7월경)에서 "저는 일본인이 지만 일본인이 밉고 또 미워

1926년 옥중에서 재판관의 배려로 함께 사진을 찍게 된 박열과 가네코 후미코. 이 사진이 외부로 유출되며 일본 내각이 총사퇴할 정도로 큰 파장이 일었다.

서 뱃속이 요동치는 것을 느낍니다. 제국주의를 상대로 한 조선인 의 모든 반항 운동에 이상하리만치 동정을 갖게 됐습니다."라고 털 어놓았다. 핫토리 도미는 가네코가 유일하게 존경한 은사였다.

1920년 이후 가네코는 일본에서 영어 학원을 다니며 사회주의 자들과 만나 여러 사상을 접했으며, 1922년 박열을 만나 그의 평 생 동지가 되었다. 박열과 함께 천황 암살을 기도하여 기소된 가네 코는 재판에서 자신은 '신성한' 평민이며, 직업은 일제 통치를 파괴 하는 것이라고 거침없이 쏘아붙였다. 불행한 어린 시절의 경험으로 비뚤어진 여자, 사랑 때문에 테러리스트가 된 여자라는 선정적 시 각에 맞서, 일본 자본의 착취 속에 일본 민중들이 어떻게 투사로 성 장하는지를 당당히 밝혔다. 박열과 가네코는 옥중에서도 아나키즘

을 선전하고 일제의 만행을 공격하였으며, 거침없는 행동으로 물의를 일으켰다. 이는 보수적 일본인을 분노케 해서 내각 사퇴운동이 일어나고 사건 담당 판사가 사임하기도 했다.

"죽어야 한다면 민중을 위해" 후세 다츠지

천황을 '아라히토가미現人神'(신이 현세에 인간으로 나타남)로 신격화하며 일본을 신국神國으로 높이는 나라에서 천황 암살을 시도한 것은 대역죄 중 대역죄였다. 박열과 가네코는 예수를 배신한 유다 같은 존재였다. 그런데 이 엄청난 사건의 변론을 맡은 용감한 변호사가 있었다. 그는 놀랍게도 조선인이 아닌 일본인이었으며, 심지어 무료로 변론을 맡았다.

그 변호사의 이름은 후세 다츠지布施辰治, 가네코의 변론을 맡을 당시 40대의 중년이었다. 후세 변호사는 메이지 법대를 졸업한 전도유망한 법조인이었지만, 검사 시절 겪은 사건을 계기로 인권변호사가되었다. 그는 "살아야 한다면 민중과 함께, 죽어야 한다면 민중을 위해"를 좌우명 삼아 평생 일본의 차별받고 억압받는 민중의 편에 서서 변론을 맡았으며, 식민지 민중의 사건도 적극 변호하였다.

그가 맡은 대표적 사건으로 박열 사건 외에도 조선공산당 사건, 의열단 김지섭 의거(1925년 일본 궁성에 폭탄을 던진 일명 '니주바시 사건'), 타이완 농민조합 소요 사건 등이 있다. 그는 일본의 민주와 진보를 위해서도 적극 활동하여, 일본공산당 탄압 사건인 3·15 사건 변론 도중 법정모독죄로 2년형을 받아 변호사 자격을 박탈당하기도 했다. 그는 조선 민중의 저항에 대해 "일본 정부의 무책임과 무대책이 낳은 결과"라고 비판했다.

박열 사건의 변호를 맡은 후세 다츠지는 적극 무죄 석방을 주장하였다. 박열의 재판 기록은 지금까지 공개되지 않아 그가 어떻게 변론했는지는 확실히 알기 어렵다. 당시《동아일보》는 "천황에 대한 불경죄가 발각되었으나 일체 기사화할 수 없다"고 보도했다. 다

조선의 독립운동을 지지한 일본의 검사 출신 변호사 후세 다츠지. 박열과 김지섭 등 조선 청년들의 의혈 활동도 무료로 변호해 주었다.

만 1925년 12월 변호사가 정신감정을 의뢰하였다는 기사로 보아, 두 사람을 사이코패스로 모는 일부의 주장을 이용하여 정신 병력으로 무죄 석방을 추진한 듯하다. 하지만 정신감정은 박열과 가네코의 거부로 무산되었다. 이후 후세는 박열과 가네코의 결혼, 가네코 사후 그녀의 시신을 조선에 안장하는 데도 큰 도움을 주었다.

후세 변호의 또 하나의 백미는 의열단 김지섭 변론이다. 궁성에 폭탄을 던진 것은 반역죄에 해당한다며 검사가 사형을 구형하자, 그는 폭탄이 터지지도 않았는데 모의만으로 사형을 선고할 수 없다고 반박했다. 후세 변호사는 대역죄든 반국가죄든 정의로운 일이라면 변호를 마다하지 않았고 대부분 무료로 변론하였다. 조선 형평운동에도 참여하여 힘을 실어 주었다. 그는 2004년 일본인으로는 최초로 대한민국 정부가 독립운동가에게 수여하는 건국훈장을

받았다.

우리가 기억해야 할 사람들

가네코와 후세 외에도 1930년대 물의(?)를 일으킨 일본인이 있다. 바로 경성제국대학의 미야케 시카노스케 교수가 그 주인공이다. 최고 지식인으로서 명예와 지위를 누리는 경성제대 교수였던 그가 당시 조선의 일급 사상범 이재유를 숨겨 준 것이다.

언론에서 "조선 공산운동 사상 초유의 사태"라고 칭한 이 사건으로 미야케는 교수 직에서 해고당하고 일제 패망 때까지 실업자 신세가 되었다. 그는 일본 최고 학부인 도쿄제국대 경제학부를 나와 유럽에서 유학한 마르크스 경제학 권위자로서, 자신의 사상적 지향에 따라 이재유를 도왔다가 투옥되고 모든 명예를 잃었다.(341쪽 참조)

일본의 좌파들만 한국 독립을 돕거나 동조한 것은 아니다. 1956년 자민당 총재이자 수상을 역임한 일본의 대표 우파 정치인이자 자유주의자인 이시바시 단잔石橋湛山은, 1920년대《동경경제신보》논설위원으로 경제 논설을 쓰면서 조선 독립을 주장하였다.

> 만주를 포기하고 조선과 대만의 독립을 인정하고 이들 약소국과 함께 살아가라. … 과거의 오류에서 벗어나 광명의 미래를 맞이하는 것이다. - 〈중국과 제휴하여 태평양회의에 임해야 한다〉(1921)

가네코, 후세, 미야케 모두 자신의 사상적 신념에 따라 조선 독립을 도왔다. 해방 이후 대한민국은 이들이 사회주의자였다는 이유로 외면하다 노무현 정부 때 후세 변호사에게만 건국훈장을 수여했다. 이제 우리도 당시 일본의 사회주의자들이 식민지 해방을 지지하고 일본 제국주의를 부정한 점, 우리 독립운동에 기여했던 것을 인정해야 하지 않을까? 앞에서도 언급했듯, 식민지의 독립은 이념 이전에 인류의 양심 문제이기 때문이다.

대중정치인이 될 수 없었던 뚝심의 투사

김구

교과서 속 한 줄 역사   1940년대 들어 중국 관내에서 활동하던 항일 단체들은 임시정부를 중심으로 통합하려는 움직임을 보였다. 새로운 한국독립당을 만들고 … 주석 중심의 단일지도체제를 마련하고 김구를 주석으로 선출하였다.

2000년 방영된 KBS 〈역사스페셜〉(81화) '발굴! 스티코프의 비밀수첩, 김구는 왜 북으로 갔나?' 편에서는 김구 선생의 육성을 들을 수 있었다. 1948년 평양에서 열린 남북정당사회단체 대표자 회담에서 연설하는 모습이었는데, 보면서 안타까운 마음이 들었다.

책을 읽는 것 같은 단조로운 목소리, 중간중간 말을 끊고 나오는 헛기침… 낭독인지 연설인지 모를 그의 육성을 들으면서 그가 정열적인 혁명가일 수는 있어도 대중적 정치인이 되기는 어려웠을 거라는 생각이 들었다.

1946년 8·15 기념 연설도 마찬가지였다. 목소리는 조금 커서 잘 들렸지만 "민족하구 나라하구" 식의 어투도 거슬리고, 갑자기 억

1945년 12월 19일 서울운동장에서 개최된 대한민국 임시정부 환영식에서 연설하는 김구.

양이 내려가는 등 대중 정치인들의 선동적 연설과는 거리가 멀었다. 다만, 사자후를 토할 때 그의 힘과 기개가 느껴져 머리끝이 쭈뼛 서면서 역시 투사라는 감탄이 나왔다.

투쟁의 현장에서 모든 사람이 명연설가일 필요는 없다. 하지만 선거를 통한 당선이 목표인 독립된 민주국가의 정치인에게 연설 능력은 매우 중요한 자질이다. 비단 김구 선생뿐만 아니라, 해방 이후 필연적으로 대중정치인이 되어야 했던 독립운동가들에게도 이는 마찬가지의 과제였을 것이다.

국모의 원수 갚은 '쌍놈'의 활약

김구 선생의 본명은 김창수. 강화도조약 체결로 근대화의 물결이 밀려들던 1876년에 태어났다. 김구는 내세울 것 없는 평민 집안 출신이었지만, 그의 아버지가 자식만은 잘 키우겠다는 일념으로 서당에 보낸 덕에 학식을 쌓을 수 있었다. 이는 김구가 '쌍놈 콤플렉스'에 시달리면서도 독립과 근대화로 나아가는 데 큰 힘이 되었다.

정부의 학정과 일제 침략에 분노한 여느 평민들처럼 김구도 동학에 가입했고, 1894년 동학농민운동이 일어나자 소년 장수가 되어 싸웠다. 그의 인생은 당시 조선 민중 독립운동가가 걸었던 전형적인 코스, 즉 동학농민운동 - 의병 - 독립군 - 임시정부의 길로 이어졌다.

동학농민운동이 실패하면서 은둔 생활을 하던 김구는 을미사변이 터지고 을미의병이 일어나자 다시 나서서 싸웠다. 하지만 의병이 해산하자 갈 곳이 없어졌다. 그 즈음 김구가 주막에 들러 밥을 먹는데 행색이 수상한 남자 한 명이 눈에 띄었다. 삿갓을 쓰고 칼을 숨기고 있는 모양이 일본인인 듯싶었다. 필시 을미사변에 가담한 일본 자객일 것이라고 생각한 김구는 대담하게 사람들이 보는 앞에서 그를 칼로 찔러 죽였다. 놀라 소리치는 사람들에게 김구는 태연하게 말했다.

"나는 산신령인데 국모 시해범이 있어 처단하러 잠시 내려왔다. 오늘 700리 길을 걸어 돌아가야 하니 주모는 밥을 일곱 그릇을 내오게."

당시 밥그릇은 지금보다 훨씬 컸다. 일곱 그릇이라면 지금으로 치면 족히 열댓 명이 먹을 분량이다. 하지만 목숨이 걸린 일이니 그 밥을 꾸역꾸역 다 먹었다. 그러고는 죽은 자의 옷을 뒤져 그가 일본인임을 증명하고 소지품에서 나온 돈을 사람들에게 나누어준 뒤, 천벌을 받고 싶지 않으면 자신을 쫓지 말라 하고 그 자리를 떠났다. 하지만 김구는 얼마 못 가 잡혔고, 평범한 상인을 죽인 살해범으로 몰렸다. 사실 김구가 죽인 그 남자는 당시 조선과 만주 전역에서 활동하던 밀정 중 한 명인 일본 육군 쓰치다 중위였다. 밀정들은 대개 상인 등으로 신분을 위장하고 있었다. 광개토대왕비문 변조로 유명한 사코오 대위도 골동품 상인으로 위장했으며, '대륙낭인'이라 해서 민간인 신분으로 일본 육군 참모부의 명령을 받고 스파이 행위를 하는 자들도 많았다. 을미사변에 가담했던 수십 명의 '낭인浪人'들이 바로 이들이었다.

어쨌든 김구는 사형을 언도받고 처형장으로 끌려갈 신세가 되었다. 하지만 고종은 국모의 원수를 갚으려 했다는 김구를 살려주고 싶어했다. 일본의 눈치를 보는 신하들과 갑론을박하는 사이에 처형일이 다가왔는데, 결국 고종의 뜻대로 김구를 사면하기로 결정했다. 그때 급히 시종이 다가와 아뢰었다.

"전하, 지금 파발을 보내도 처형이 끝난 뒤에 도착할 것입니다."

"그런가, 진정 그를 살릴 도리가 없는가?"

"전하, 마침 전화가 해주 감영에 개통되었습니다. 전화를 사용하소서."

김구는 서양의 이기利器인 전화 덕에 극적으로 목숨을 구하였다. 하지만 사형은 면해도 감옥에 갇힌 몸이었던 그는 끝내 탈옥하여 여기저기 방랑하다가 친러 정부가 들어서면서 일본의 위세가 한풀 꺾이자 비로소 세상에 나올 수 있었다.

하지만 '쌍놈' 김구의 삶은 그닥 편치 못했다. 국모의 원수를 갚은 사람이라 해서 지역 양반이 부르는 자리에 초청받았다가 감히 쌍놈이 양반과 동석하려 했다는 이유로 뺨을 맞고 쫓겨나기도 했다. 김구의 쌍놈 콤플렉스는 훗날 해방 이후 자신이 신라 경순왕의 후손임을 강조하고 몰락 양반으로 자기 집안을 미화하는 것으로 나타난다.

뚝심 하나로 버티고 지켜 낸 임시정부

김구는 을사조약 체결 이후 애국계몽운동에 참여하여 교육운동을 하였지만 한계를 절감하고 신민회에 가입했으나, 신민회 탄압 사건인 '105인 사건'으로 투옥되었다. 3년 만에 풀려난 후 3·1운동이 일어나자 중국으로 망명하여 임시정부에 참여했다. 신민회 출신인 김구는 신민회 지도자인 안창호와 일했다. 초기에 그가 맡은 일은 임시정부 경호 및 변절자 처단으로, 사실상 수위나 다름없는 직책이었다. 초기 임정에는 김구가 요직을 맡기에는 기라성 같은 독립운동가들이 너무 많았다.

1923년 국민대표회의가 열리고 임정이 개조파와 창조파로 갈려 대립하다 깨지면서 김구의 역할이 시작되었다. 창조파가 무력 투쟁을 위해 베이징으로 떠나고 개조파도 뿔뿔이 흩어진 가운데, 김구는 이승만을 탄핵하고 박은식을 새로운 대통령으로 모셔 임정 개혁을 시도하였다. 하지만 1925년 박은식마저 죽자, 소수의 남은 사람들과 함께 임정을 꾸려가게 되었다.

그때부터 임정은 고난의 연속이었다. 여관방 몇 개를 빌려 임시정부 청사라 했지만 방세가 밀려 여관 주인에게 독촉당하고, 끼니를 걸러 영양실조로 누렇게 떠서 죽는 사람들이 속출했다. 보다 못한 김구의 어머니 곽낙원 여사가 상하이로 와서 부잣집 쓰레기통을 뒤져 배추 시래기를 모아 죽을 끓여 먹이기도 했다. 거지인지 투사인지 구분이 안 가는 비참한 시절이었다.

하지만 김구는 임시정부를 지켰고, 임시정부야말로 유일한 독립운동의 최고 지도부라고 고집했다. 독립운동 단체 통합 이야기가 나올 때마다 임정은 단체가 아니라 정부라며 거부하고, 통합단체는 임정으로 들어와야 한다고 주장했다. 그래서 지금까지 독립운동의 통일을 방해한 분열주의자로 비판받기도 한다.

1931년 만주사변이 터져 일제가 중국을 침략하고 만보산 사건으로 한중 갈등이 심화되면서 중국 내 독립운동이 심각한 위기를 맞았다. 김구는 한중 연대를 강화하고 독립투쟁의 돌파구를 마련하고자 한인애국단을 조직했다. 1932년 이봉창과 윤봉길의 연이은 의거로 김구는 제국주의자들에게는 '30년대 아시아판 오사마 빈라덴'이 되었지만,* 일제 침략에 반대하는 모든 국제사회를 든든한 친구로 두게 되었다. 윤봉길의 의거로 일본 경찰이 국제경찰과 함

---

* 동지를 사지로 보내는 일을 냉정하게 즐기는 성품은 물론 아니었다. 임정 재정위원 김의한의 아내로 임정 살림꾼이었던 정정화는 윤봉길 의거 날을 이렇게 회고하였다. "점심 식사가 끝난 후 백범이 난데없이 나에게 술 한 병과 신문을 사 오라고 일렀다. 평소 술을 입에 대는 일이 없는 분이 더욱이 낮에 술을 찾는 게 의아했다."(정정화, 《장강일기》)

께 김구를 찾아 상하이를 샅샅이 뒤질 때 그는 비밀리에 중국의 지도자 장제스와 연락하였다.

"김구 선생, 당신은 우리 중국 30만 대군이 못한 일을 해냈습니다. 지금 일본 놈들이 혈안이 되어 당신을 찾고 있는데, 내가 꼭 지켜 드리겠습니다."

"감사합니다. 한중 양국 간 우호와 연대가 튼튼해지기를 바랍니다."

"김구 선생, 우리 손잡고 일본과 멋지게 싸워 봅시다. 어떻게 도와드리면 되겠습니까?"

"100만 원의 돈을 허락하면 2년 이내 세 방면에서 대폭동을 일으켜 대륙 침략을 위한 일본의 교량을 파괴하겠습니다."

"아닙니다. 난 당신이 무엇을 원하는지 잘 압니다. 임시정부의 군대를 만들려고 하지 않나요?"

"감히 부탁할 수 없었으나 진실로 바라던 바입니다."

장제스는 김구가 바란 것 이상으로 협조하겠다는 의사를 밝혔다. 바로 임시정부의 군대를 양성하는 것이었다. 김구는 임시정부의 청년들을 뤄양 군관학교로 보냈다. 이 학교에서 윤동주와 함께했던 송몽규 등을 비롯하여, 장차 임시정부 무력 활동의 핵심 인물로 활약하는 지청천·김원봉·이범석 등 광복군 주요 장교들이 훈련받았다.

1935년 중국 관내 독립운동 단체 통합운동인 '민족유일당 운동'이 일어나 민족혁명당(민혁당)이 건설되었다. 조선혁명당, 한국독립당, 의열단 등 대표적 단체들이 모두 망라되었는데, 김구는 끝까지

1935년 11월 대한민국 임시정부 요인들. 앞줄 왼쪽부터 송병조, 이시영, 김구, 이동녕.

민혁당 가입에 반대했다. 임정은 정부이므로 단체 통합에는 참가할 수 없다는 것이었다. 임정은 당시 중국 내 가장 중요한 독립운동 조직으로 중국 정부와 긴밀한 관계를 맺고 있었다. 임정을 배제하고 중국에서 독립운동을 펼치기는 어려웠다. 결국 민혁당에 참가한 일부 세력들이 다시 뛰쳐나오면서 민혁당은 그 의미를 잃었다. 이 일로 김구는 많은 비난을 받았으며, 1937년 조선혁명당 당원에게 저격당하기도 했다. 김구는 목숨은 건졌지만 총알을 빼내지 못해 남은 여생을 몸속에 탄환을 지닌 채 살았다.

　김구는 임정의 주도성을 고집했고, 사상적으로 좌익을 싫어했다. 그는 중국 국민당과 가까운 만큼 마오쩌둥의 공산당을 적대시했고, 그래서 사회주의 계열 독립운동 단체와 같이 갈 수 없었다. 민혁당은 조직 개편 이후 중일전쟁이 일어나자 조선의용대를 만들어 일본군과 싸웠는데, 결국 임정 참여를 놓고 분열하였다. 그중 사회주의 계열인 '화북지대'는 옌안에서 중국공산당과 함께 싸우는 사회주의 계열의 독립군 '조선의용군'이 되었다. 조선의용군을 이끈 김두봉은 대종교인이자 한글학자인 민족주의적 사회주의자였고 김구와도 함께 일했지만 이때 결국 결별하고 말았다.

하지만 김구의 뚝심은 우파 및 중도파 독립단체를 임정 밑으로 끌어들었다. 조소앙 등과 한국독립당을 만든 데 이어, 김원봉도 조선의용대 2지대 병력을 이끌고 합류하였다. 40년대 임시정부는 명실상부한 중국 관내 독립운동의 대표 조직이 되었다. 이를 토대로 제2차 세계대전이 일어나자 주축국에 선전포고하고 연합국의 일원으로 참전하여, 우리가 독립을 전리품으로 챙길 외교적 토대를 마련하고 미국과 국내 진공작전을 합동으로 추진할 수 있었다.

미군정과의 충돌

해방 이후 38선 분할 점령 상황에서 임정과 김구는 집중 견제를 당했다. 미국은 김구를 친중파로 보고 친미파 이승만과 비교하였고, 소련도 그의 반공 사상을 꺼려하며 김일성 중심의 새로운 체제를 구상하였다. 결국 미군정은 임정을 정부로 인정하지 않고 개인 자격으로 귀국하도록 했다.

"당시 조선에서 제일 높은 사람이 미군정 사령관 하지 장군인데 이 사람이 이승만을 게걸음으로 안내했어. 이승만이 연설하는데 옆에 하지 장군이 부동자세로 서 있으니까 이승만이 "Sit down, please." 하니까, "Thank you, sir" 하더라구. … (한 달 뒤) 김구가 귀국할 때 아무도 안 왔어. 내가 먼저 갔으니까, 아무도 몰랐어."

– 문제안 당시 중앙방송 기자의 증언, KBS 다큐멘터리 〈한국사전〉 '이승만'편

임정 귀국이 11월로 예정되어 있었는데 한 달 전인 10월에 갑자기 이승만이 귀국했다. 이승만은 미군정 사령관인 하지 장군의 안내를 받았고, 그의 환영 대회는 미군정 군악대가 연주하는 가운데 5만 군중이 모여 성황을 이루었다. 이승만은 순종이 쓰던 차를 탔고, 하지 장군의 부관을 부관으로 배속받았다. 반면 김구는 미군 몇 명의 환영인지 감시인지 모를 주시를 받으며 귀국했다. 미군정은 김구를 위해 아무것도 해 주지 않았다. 김구 선생의 비서 윤경빈의 증언이다.

"미군 장교와 사병 몇 명만 있고 우리 사람은 아무도 없었어. 우리가 태극기를 가져갔는데 미국 헌병이 그것도 흔들지 못하게 했어."

김구와 미군정은 결정적으로 반탁운동에서 충돌했다. 모스크바 3국 외상회의에서 미국은 신탁통치 20년, 소련은 즉시 독립을 주장하여 결국 신탁통치 5년으로 타협이 되었다. 김구는 신탁통치를 제 2의 한일병합으로 규정하고 반탁투쟁을 전개했다. 김구가 주도한 반탁 총파업 투쟁으로 미군정 업무가 마비되고 이로 인해 갈등이

심화되었다.

　김구는 이승만과 긴밀히 협조하며 북한의 김일성과 남한의 사회주의 세력을 견제하였다. 그는 철저한 반공주의자였고, 김일성과 소련을 적대시했다. 무엇보다 임정의 법통을 계승한 독립 정부 수립을 줄기차게 주장했다. 1946년 남한 단독정부 수립을 주장한 이승만의 정읍 발언으로 분단이 가시화되면서 통일 정부 수립을 위한 좌우합작운동이 일어났을 때, 김구는 이를 지지한다고 발표했지만 주도적으로 참가하지 않았고, 신탁통치 반대를 전제로 하지 않는 좌우합작은 반대한다고 천명하여[*] 사실상 분단을 방관했다는 비난도 받았다.

38선을 베고 쓰러질지언정…

김구의 원칙은 반공, 통일, 임정 중심 정부 수립, 세 가지였다.[**] 이는 1919년 임정에 몸담을 때부터 일관된 그의 노선이었고, 일제강점기 민족유일당 운동 때나 해방 이후 좌우합작 때도 그 원칙을 꺾

....

[*] 　좌우합작운동에서 좌익과 우익의 가장 큰 차이는 신탁통치 문제와 토지개혁 문제였다. 좌익은 모스크바 3상 결정의 총체적 지지를, 우익은 임시정부 수립 이후 신탁통치 문제 논의를 주장했다. 이에 대한 합의를 시도한 것이 '좌우합작 7원칙'이었다. 하지만 김구는 1947년 초 2차 반탁운동을 전개하였다.

[**] 　김구의 투철한 반공 사상을 알 수 있는 일화가 있다. 김구의 비서이자 애국단 대원이었던 이화림이 사회주의 활동을 하자, 김구가 이렇게 말했다고 한다. "우리 앞으로 다시는 만나지 말자꾸나." 김구 관련 기록과《백범일지》에서 이화림이 완전히 지워진 것도 이 때문이라고 한다.

지 않았다. 하지만 분단 앞에서는 세 가지 원칙을 모두 고집하기 어렵게 되었다. 마침내 1948년 유엔에서 분단 결정을 가시화하자, 김구는 〈삼천만 동포에게 읍고함〉을 발표하였다.

"현재 우리나라에 있어서도 남북에서 외력에 아부하는 자만은 흑왈 남정, 흑왈 북벌 하면서 막연하게 전쟁을 희망하고 있지마는 실지에 있어서는 아직 그 현실성도 없을 뿐만 아니라 전쟁이 촉발된다 하여도 그 결과는 세계의 평화를 파괴하는 동시에 동족의 피를 흘려서 왜적을 살릴 것밖에 아무것도 아니 될 것이다. … 우리가 기다리던 해방은 우리 국토를 양분하였으며 앞으로는 그것을 영원히 양국의 영토로 만들 위험성을 내포하고 있다. … 3천만 자매 형제여! 한국이 있고야 한국 사람이 있고 한국 사람이 있고야 민주주의도 공산주의도 또 무슨 단체도 있을 수 있는 것이다. … 마음속에 38선이 무너지고야 땅 위에 38선도 철폐될 수 있다. … 나는 통일된 조국을 건설하려다가 38선을 베고 쓰러질지언정 일신에 구차한 안일을 취하여 단독정부를 세우는 데는 협력하지 아니하겠다."

이 글은 몇 가지 점에서 매우 중요한 의미를 담고 있다. 먼저, 분단이 동족상잔의 비극을 불러올 것이며, 분단이 영원토록 오래 갈 위험이 있음을 경고하였다. 한국전쟁과 현재까지 이어지는 분단 70년을 예언한 것이다. 분단을 일시적인 것으로, 그리고 통일전쟁을 단기간에 끝날 군인들과 정치인들의 전쟁으로 여기는 안이함을 지

1948년 4월 19일, 남북연석회의 참석차 38선에 도착한 김구 일행. 수행원은 비서 선우진(맨 왼쪽)과 아들(오른쪽에서 두 번째)뿐이었다.

적하였다.[*]

또 하나는 사상을 넘어선 통일을 주장하였다. 그는 자신은 적을 용서할 용기가 없었는데 이제는 반성한다며 임정도 통일을 위해서 주장했을 뿐이라고 말했다. 분단의 위기 앞에 자신의 모든 것을 던지는 용기를 70세의 노투사가 보여 준 것이다.

유엔 소총회에서 분단이 결정 나자, 김구는 당시 북한의 유력 정치인이던 김두봉에게 편지를 보내 남북협상을 제안하였다. 분단을

---

[*] 당시 대한민국 국방장관 신성모는 "전쟁이 나면 점심은 평양에서 먹고 저녁은 압록강에서 먹을 것"이라고 호언했고, 북한의 김일성은 1949년 신년사에서 "우리는 머지않은 장래에 조국통일을 이룩할 것"이라고 선언했다. 이승만도 "장기간의 남북 분열을 용납하지 않을 것"이라고 말했다.

1949년 7월 5일, 육군 소위 안두희에게 암살당한 한국독립당 김구 선생의 운구 행렬. 대학생 100명이 김구 선생의 관대를 잡고 장례식장인 동대문운동장으로 향하고 있다. 국민장이 열린 동대문운동장에는 25만여 명이 모였다.

반대하면 빨갱이로 몰려 죽을 각오를 해야 하는 시절이었다. 더군다나 김구의 지지 기반인 반공 우익 진영에서 북쪽과의 대화는 어불성설이었다. 그의 집은 남북협상을 반대하는 우익 진영(김구의 지지자들을 포함한)에게 포위되었다. 하지만 김구는 몰래 집을 빠져나와 북으로 향했다. 모든 것을 버리고 남북협상에 임한, 또 한 번 뚝심을 보여준 사건이다.

남북협상은 실패했다. 김구는 분단 정부에 일체 협력하지 않겠다고 선언했다. 남한 단독정부 수립을 추진하는 세력에게 눈엣가시였던 김구는 결국 1949년 6월 26일 현역 육군 대위 안두희의 총에 쓰러졌다. 안두희는 한국전쟁 때 사면받아 소령으로 예편한 뒤 군납 업체를 경영하며 유복하게 살았으나, 4·19혁명 이후 많은 이들에게 쫓기며 인생 대부분을 숨어살다 1996년 살해당했다.

김구는 투사이며 외골수였고 정의로운 사람이었다. 하지만 해방 이후 급변하는 정치 상황에서 자기 자리를 찾지 못했다. 해방된 나라, 그러나 냉전이라는 국제 정세와 분단이라는 민족적 대사건은 평생 일제에 맞서 싸워 온 노 투사에게는 벅찬 환경이었을 것이다.

해방 이후 역사에서 가장 안타까운 것은, 수많은 독립운동가들이 새로운 환경에 적응하지 못한 것이다. 투쟁으로만 살던 이들이 목표를 이룬 뒤 열린 새로운 환경에 적응하는 것은 매우 힘든 일일 것이다. 우리 독립운동가들은 무려 35년을 싸웠다. 20세에 독립운동을 시작했다면 55세에 해방을 맞은 것이니, 인생의 전부를 투쟁으로 보낸 셈이다.

이들이 새로운 세상에 적응하기 위해서는 많은 시간과 주변의 이해가 필요했다. 그러나 곧이어 분단이라는 엄청난 시련이 닥치면서 그럴 여유가 없었다. 이 속에서 많은 투사들이 방황하거나 다치거나 죽었다. 분단이야말로 역사의 단절이고 상처임을 다시 한 번 확인하게 된다.

대륙의 전사들

김산

교과서 속 한 줄 역사   중국 국민당이 일제에 맞서기를 꺼리자 조선의용대 일부는 적극적인 항일 투쟁을 위해 일본과 교전 중인 화베이(화북) 지방으로 이동하였다. 화베이 지방에서는 사회주의 계열의 조선독립동맹이 결성되었다. 조선의용군은 조선의용대 화북지대를 흡수하고 중국공산당군과 함께 일본군과 항쟁하였다.

김산은 추종자가 아니라 천부적 지도자의 자질을 타고난 진보적 사고의 소유자로서 유망하고 훌륭한 모범적 인물이었다. 그는 이 책을 읽는 독자들에게 생각의 변화를 주었다. 그 예로 펄 벅 여사와 그녀의 남편을 들 수 있다. 그들은 1941년에 《아리랑》을 출간하였다. … 루스벨트 대통령의 친서를 받았다. 그는 나의 글을 통해 조선에 관해 알게 되었음을 감사하면서 시간을 내서 나와 만나고 싶다는 의사를 전달했다. – 님 웨일스, 《아리랑》 한국어판 서문

님 웨일스와 남편 에드거 스노는 1930년대 미국의 동북아시아 전문 저널리스트였다. 에드거 스노가 쓴 《중국의 붉은 별Red Star

Over China》은 중국 국공내전에 관한 최초의 객관적 보고로 큰 반향을 불러일으켰다. 님 웨일스는 중국뿐만 아니라 조선 관련 글도 여러 편 썼는데,《아리랑The song of Ariran》이 대표적이다. 이 책의 주인공 김산은 중국공산당원으로 활동한 조선 사회주의자로서, 당시 민족적 사회주의자의 전형을 보여 준 인물이다. 우리는 그를 통해 대륙에서 활동하던 투사들의 생생한 모습을 볼 수 있다.

중국공산당원이 되다

김산, 본명 장지학(장지락으로 알려져 있으나 1998년 베이징대 교수 홍정선이 정정하였다.), 그와 관련된 이야기는 거의 대부분《아리랑》에 의거한다. 김산은 1905년 평안북도 용천에서 태어나 3·1운동에 가담한 이후 중국으로 건너가 임시정부가 운영하는 독립신문사에서 기술자로 일했다. 그는 안창호 · 김성숙에게 영향을 받았는데, 특히 김성숙의 아나키즘에 관심이 컸다.* 김성숙은 승려 출신 독립운동가로 의열단과 조선의용대 등에서 일한 인물이다. 김산은《아리랑》에서 3·1운동에 느낀 실망과 사회주의를 선택한 이유를 다음과 같이 설명했다.

----

* 김산은 안창호가 사회주의자는 아니지만 사회주의를 반대한 적이 없다고 말했다. "안창호는 프롤레타리아의 혁명적 역할을 인정한다. … 안창호는 공산주의의 이론과 전술에 관심을 가지게 되었다. 그는 결코 공산주의자가 되지는 않았다. 그러나 미숙한 조선공산당을 반대한 적이 한 번도 없다."

"저 평화적 시위가 피를 뿌리며 산산이 부서져 버리고 … 조선은 멍청하게도 세계 열강을 향하여 국제정의의 실현과 민족자결주의의 약속 이행을 애원하고 있는 어리석은 할망구였다. 결국 우리는 그 어리석음에 배반당하고 말았다. … 러시아와 시베리아에서는 남자건 여자건 모두 싸우고 있었고 또한 이기고 있었다. 그 사람들은 자유를 구걸하지 않았다."

20년대 초반 사람들과의 교류와 독서를 통해 점차 아나키즘과 사회주의에 경도된 그는 마침내 1925년 중국공산당에 가입하였다. 모든 피압박 민족이 해방되어야만 진정한 해방이 가능하다고 생각한 것이다.

"나는 조직적인 국제주의의 의미를 알게 되었다. 우리는 억압받고 있는 모든 민족을 해방시킬 것이다. 중국도, 조선도, 또한 후에는 일본까지도 모두 함께 힘을 합하여 극동의 하늘 위에 휘황찬란한 자유의 성화를 높이 올리리라. 그래서 나는 중국에 귀화하였고 중국 공산당원이 되었다. … 내 삶의 목표는 실패한 중국혁명을 강화하고 재건하는 것, 중국혁명운동과 조선혁명운동을 상호 조정하여 공동투쟁을 하도록 만드는 것이었다."

이민족 아나키스트의 슬픈 최후
물론 그가 독서만으로 이러한 사상을 갖게 된 것은 아니었다. 그는 신흥무관학교를 나와 의열단에서 활동하였으며, 중국공산당에 가입한 이후에는 북벌, 4·15 쿠데타, 광동코뮌, 해륙풍 소비에트 등에 참가하였다. 20년대 중국사에서 가장 중요한 사건들을 경험하면서 김산은 숱하게 생사를 넘나들었고 가슴 아픈 일을 겪기도 했다.

> 적의 맹렬한 기총소사를 뚫고 예쁜 아가씨 한 명이 뛰어와 방긋 웃으며 내 옆에 섰다. 그녀는 자기가 나의 특별한 여자 친구라고 생각하였다.
> "당신이 죽으면 나도 함께 죽겠어요."
> "빨리 엎드려. 총알이 날아오고 있잖아."
> 잠시 후 그녀에게 말을 걸려고 뒤를 돌아보니 남의를 입은 채 축 늘어져 있는 작은 몸만이 보이고, 그녀의 머리에서는 피가 흐르고 있었다.

김산은 1930년 중국 베이징 시 공산당 비서가 되어 화북과 만주의 조선인과 중국인의 혁명 활동을 조정하는 역할을 맡았는데, 그해 겨울 일제에 체포되었다. 모진 고문을 받으면서도 자백하지 않아 6개월 만에 증거불충분으로 풀려났으나, 그 사이 새로 사귄 애인은 중국 경찰에 체포돼 처형당했고 그는 일본 첩자로 오해를 받게 되었다. 1933년에도 체포되었다가 역시 징역 1개월을 받고 풀려났는데, 이것이 훗날 비극의 원인이 되고 말았다. 그는 중국공산당으로 복당하지 못했다.

김산은 이후 중국의 조선인 사회주의자들과 활동하였다. 1936년

조선민족해방동맹을 만들어 중
앙위원이 되었고, 조직의 대표로
당시 대장정을 마치고 옌안에
둥지를 튼 중국공산당으로 파견
되었다. 이때 님 웨일스를 만났
고, 그 결과가 《아리랑》이다.

1930년 베이징 공산당 비서로 활동하
다 일제에 체포되어 천진 주재 일본영
사관에 구금된 김산. 가슴에 붙인 종
이에 본명과 죄목 등이 적혀 있다.

'중화 소비에트에 파견된 조
선 대표' 김산은 30년대 초 일본
감옥에서 모진 고문을 받았지만
출옥 후 일본 밀정으로 의심 받
았다. 아무리 국제 프롤레타리아
주의를 주장하고 국제연대를 주
장해도 결정적인 순간 이민족은
쉽게 의심받기 마련이다. 김산은 이때 처음에는 죽여 버릴까, 다음
에는 자살할까, 그 다음에는 모든 걸 포기하고 방랑 생활을 할까 고
민할 만큼 힘들어했다. 그는 극복하려 노력했지만, 결국 1938년 트
로츠키파, 일본 첩자로 몰려 처형당했다.

중국혁명에 참여한 조선 독립운동가들

김산 외에도 대륙에서 중국혁명에 참가하여 활동한 독립운동가들
이 여럿 있다. 일본 교토대 미즈노 나오키 교수는 중국의 혁명운동
인 광주 코뮌에 참가한 조선인에 관하여 쓴 〈광주 봉기에 참가한

조선 동지들)《격동의 30년》, 1982)에서 김성숙(임시정부 국무위원, 해방 후 혁신계 정당 활동), 박건웅(임시정부 의정원 의원, 해방 후 좌우합작운동 참가), 이영(헤이그 밀사 이준의 아들), 최용건 등을 언급하고, 그 외에 250여 명이 참가했다고 기술하였다.

중국공산당이나 국민당에서 활동하고 해방 이후에도 중국에서 계속 활동한 이들은 더 많다. 한위건, 김옥반, 한빈, 이유민, 정율성 등 많은 이름이 거명되었는데, 이 중 중국에서 고위직에 오른 인물로 문정일이 있다. 70년대 중국 군사위원회 위원이었고 계급이 상장에 이른 그는 일제시대 김구, 김원봉 등과 폭넓은 관계를 맺으며 중요한 역할을 했던 인물이다. 문정일은 김산 관련 인터뷰에서 이렇게 말했다.

김산의 죽음과 스탈린주의

1924년 러시아 사회주의 혁명의 지도자 레닌이 사망하자, 트로츠키와 스탈린의 후계 다툼이 일어났다. 트로츠키는 세계동시혁명을 주장했고 스탈린은 일국사회주의를 주장했다. 권력투쟁 끝에 트로츠키는 패배하여 망명했고, 스탈린이 모든 권력을 장악했다. 스탈린은 세계 사회주의의 본부가 소련이므로 세계 모든 사회주의자들은 소련을 보호하는 것을 제일 목표로 투쟁해야 한다고 주장했다. 그 과정에서 독재정치와 소련 패권주의가 정착했으며, 이에 저항하는 사회주의자들은 혁명의 적으로서 처형되거나 시베리아에 강제 유형을 당하였다. 그리고 스탈린주의는 사회주의 독재정치의 대명사가 되었다.

김산 처형에 앞장선 캉성康生도 열렬한 스탈린주의자였다. 그는 30년대 간첩 색출과 60년대 문화대혁명 때 악명을 떨쳤다. 1975년 병사했지만 70년대 문화대혁명과 공산독재를 주도하던 4인방(장칭 · 왕훙원 · 장춘차오 · 야오원위안) 몰락 후 비판받고 당에서 제명됐으며 그의 무덤도 혁명공원에서 쫓겨났다.

"왜 김산에 관심을 갖나? 중국 혁명과 조선 혁명에 공헌한 조선인은 많아. 김산은 거의 공헌이 없다고 해도 과언이 아니야. 스노우 부인의 책으로 유명해진 사람일 뿐이야."

문정일이 이렇게 자신 있게 이야기할 만큼 많은 조선인이 중국에서 큰 활약을 펼쳤다. 중국의 해방, 아시아의 해방과 조선 독립이 동의어였기 때문이다. 이들 역시 독립운동가들이다.

김산은 〈아리랑〉 노래에 대해 이렇게 설명했다. 서울 근처에 아리랑 고개가 있는데, 이 고개 꼭대기에 있는 커다란 소나무가 조선 시대 사형대로 사용되었다. 조선 왕조에 저항한 청년과 지식인들이 여기서 목숨을 잃었다. 그중 한 청년이 이 고개를 올라가며 부른 노래가 〈아리랑〉이다. 이 노래는 비극의 노래이다. 하지만 수많은 죽음과 패배 뒤에 승리가 찾아온다. 이 노래의 마지막 구절은 아직 만들어지지 않았다.

님 웨일스는 이 이야기에 큰 감동을 받아 책의 제목을 '아리랑'으로 붙였다. 아리랑은 바로 부정과 압제에 저항하며 끊임없이 '고개를 넘어가는' 우리 민족의 노래이자, 해방 세상을 건설하고자 불굴의 투지로 살아간 김산을 가장 잘 드러내는 노래였던 것이다.

광복군 출신 우익 민족주의자

장준하

교과서 속 한 줄 역사 1940년 광복군은 임시정부의
정규군으로 창설되었다. 임시정부는 미국 전략정보
국(OSS)과 합작하여 광복군을 국내 투입 요원으로
훈련시켰다. 이들을 중심으로 '국내정진군'을 조직하
여 1945년 8월 국내 진공작전을 계획하였으나 일본
의 때 이른 항복으로 실현되지 못하였다.

분단의 역사를 다룬 조정래의 기념비적 소설 《태백산맥》의 주인공
김범우는 일본군에 끌려간 학도병이었지만 탈영해서 미국 전략정보
국(OSS)에 소속되어 한반도 침투 훈련을 받는다. 하지만 갑작스런
해방으로 일본군 포로 신분이 되고 미국의 본질을 이해하게 된다.

고국으로 송환된 김범우는 중도 민족주의 성향의 인물로서 좌도
우도 아닌 통일 조국을 염원한다. 하지만 한국전쟁이 일어나고 좌
와 우 중 하나를 선택할 것을 강요받게 되자, 좌를 택해 지리산 빨
치산이 된다. 그는 그러나 한국전쟁이 끝난 뒤 월북을 거부하고 남
한에 남아 새로운 투쟁을 기약한다.

임시정부로 간 학도병

김범우의 실제 모델은 1999년 건국훈장을 받은 박순동으로 알려졌다. 전남에서 태어나 일본으로 유학을 간 박순동은 1944년 학도병으로 끌려갔으나 일제를 위해 총을 들 수 없어 버마 전선에서 동료들과 탈출한다.

이후 영국군에 체포되었다가 OSS에 포섭되어 한반도 침투 작전 훈련을 받았다. 하지만 갑작스런 일제 패망으로 다시 일본군 포로가 되어 수용소 생활 끝에 귀국하였다. 해방 이후 교편을 잡아 민족교육에 매진하였으며 자신의 경험을 담은《모멸의 시대》라는 책을 썼다. 이 책이 조정래에게 큰 영감을 주었다.

김범우의 빨치산 가담은 당시 중도 민족주의자들이 선택한 길 중 하나였다. 그들이 빨치산이 된 가장 큰 이유는 친일파들의 재등용이었다. 의열단장 김원봉의 월북도 같은 이유로 설명되곤 한다. 하지만 민족주의자였기에 사회주의자들과도 불화를 겪었다. 소설 속에서도 김범우는 특히 북한에 대해 시종 비판적 자세를 유지한다. 그렇다면 지리산에서 다시 한국 사회로 돌아온 김범우는 어떻게 살았을까? 여기서 떠오르는 사람이 있다. 바로 장준하이다.

1945년 8월, 중국 산둥성 유현에서 OSS 훈련을 받을 당시의 '광복군' 장준하. 왼쪽부터 노능서, 김준엽, 장준하.

평안도 목사의 아들로 태어난 장준하는 1944년 징병당해 중국 전선에 끌려갔다. 그 역시 일본군 노릇을 할 수 없어 탈영을 감행하고, 무려 두 달 동안 중국을 횡단하여 충칭의 임정 청사를 찾아갔다. 이에 대해 김구는《백범일지》에서 이렇게 적고 있다.

몇 개월 동안 광복군이 유명무실하여 연합국의 인기를 끌 만한 아무것도 없었다. 그러던 어느 날 홀연 우리 임시정부 정청으로 가슴에 태극기를 붙이고 일제히 애국가를 부르며 들어서는 일단의 청년들이 있었다. 이들은 화복 각지의 왜군 부대를 탈주한 한인 학병들인데, … 이것이 중경에는 커다란 반응을 불러일으켰다. … 환영회를 개최하니 서양 각 통신사 기자들과 각국 대사관원들도 호기심 어린 눈길로 참석하여 청년들에게 수시로 문답하였다. 그중 중요한 일화는 한 청년의 다음과 같은 답변이었다. 우리는 어렸을 때부터 일본의 교육을 받았습니다. 그런 까닭에 우리 역사는 고사하고 우리 언어도 능숙치 못합니다. 부모와 조부모들이 비밀히 교육하기를, 우리의 독립정부가 중경(충칭)에 있으니 왜군 앞잡이로 끌려 다니다가 개죽음을 당하지 말고 우리 정부를 찾아가서 독립전쟁을 하다 영광스러운 죽음을 하라는 명을 받았습니다. 이 말에 한인 동포는 말할 것도 없고 연합국 인사들까지 감격에 넘쳤던 모양이다.

그 청년이 바로 장준하이다. 그는 곧 광복군 소위로 임관하여 2지대에서 이범석과 근무하였으며, OSS의 국내 진공작전에 참여했다. 하지만 일제의 조기 패망으로 작전이 취소되면서 광복군 대위로서 김구와 함께 임정 1진으로 귀국하였다.

이승만·박정희와 불화한 반공주의자

해방 이후 장준하의 행적은 김범우와는 많이 다르다. 장준하는 확고한 민족주의자이자 반공주의자였다. 같은 임정 사람임에도 좌파인 김원봉을 싫어했다. 민족주의적 성향이 강했던 그는 당시 극우 정치인으로 분류되는 이범석과 손을 잡았는데, 연이은 분단으로 그의 정치 인생도 굴곡지기 시작했다.

50년대까지는 전형적인 반공 민족주의자였다. 이승만 정권에서 공무원 생활을 했고, 그가 창간한 시사잡지 《사상계》도 반정부적 성향을 띠지는 않았다. 《사상계》에 글을 싣는 사람들 중에는 정신대 모집을 하고 다닌 박순천, 일본 군대 입대를 선전하던 주요한 같은 친일파들도 있었다. 그는 미국 같은 민주적이고 부강한 민족국가를 원했지만, 그럼에도 종종 이승만 정부와 불편한 관계를 맺곤 했다.

4·19 이후 장면 정부가 들어서자 장준하는 경제개발 5개년 계획과 국토건설사업에 적극 참여하여 국토건설단 기획부장을 맡았다. 하지만 장면 정부의 무능과 파벌 싸움에 질색했고, 교원 노조나 통일운동에 대해서도 그리 우호적이지 않았다. 그래서 5·16 쿠데타가 일어나자 지지 성명을 발표하기도 했다.

그러나 박정희와의 좋은 관계는 오래가지 않았다. 장준하가 결정적으로 등을 돌린 것은 한일 국교 정상화(1965)였다. 그는 이것이 한국 경제를 일본에 예속시키는 위험한 계획이라고 판단했고, 실제로 박정희 정권 내내 한국 경제는 일본으로부터 자유롭지 못했다. 장준하의 반일적 태도는 일본과의 협력을 통해 경제성장을 이루려는 박정희와 번번이 충돌했다.

일본과 연결된 재벌의 부정과 정치인의 정경유착에 따른 부패도 문제였다. 대표적인 것이 사카린 밀수 사건(1966)이다. 삼성이 일본과 경제 교류를 하는 과정에서 리베이트를 챙겨 박정희에게 정치자금을 주고, 정권의 묵인 하에 수입 금지품(사카린 등)을 밀수하여 암시장에 팔아 막대한 이익을 챙긴 것이다.[*] 이 사건은 일본 정재계에까지 파문을 일으켰다.

장준하와 박정희의 대립은 그가 운영하는 《사상계》에도 영향을 미쳤다. 《창작과 비평》, 《청맥》 등과 함께 대표적 시사잡지로 꼽혔던 《사상계》는 박정희 정부의 탄압으로 점점 경영난을 겪었고, 결국 장준하가 손을 떼기에 이르렀다. 결국 1970년 김지하의 〈오적〉을 실었다가 《사상계》는 폐간당하고 말았다.

---

[*] 당시 야당 국회의원 김두한은 이 사건에 대한 대정부 질의 중 똥물을 양동이에 들고 와 국무총리 정일권 등에게 끼얹었다('김두한 오물사건'). 이 일로 김두한은 일약 국민적 영웅이 되었다. 하지만 김두한은 이후 국회의원 직을 잃었고, 몇 차례 중앙정보부(현 국정원)에 끌려가 고문을 당했다. 그 후유증으로 1972년 고혈압으로 죽었다. 1985년 소설가 홍성유가 《조선일보》에 연재한 〈장군의 아들〉(연재 당시에는 '인생극장')이 대히트를 기록하면서 김두한의 명성은 이어졌다.

'재야 대통령' 의문의 추락사

장준하는 정계로 진출했다. 그는 신민당 국회의원으로 박정희에게 날선 비판의 칼을 겨누었고, 1972년 유신 독재가 시작되자 재야의 지도자로서 민주화운동을 이끌었다. 당시 그와 함께 박정희 독재에 저항한 인물로는 정치인 김대중·윤보선, 기독교 문익환·인명진 목사, 천주교 김수환 추기경·지학순 주교, 지식인 리영희·한완상 교수, 시인 고은·김지하, 소설가 이호철 등이 있다.

장준하는 이들을 이끌면서 '재야 대통령'이란 별명까지 얻었다. 유신헌법에 반대하는 개헌청원 100만인 서명운동을 주도하면서 장준하는 박정희와 '같은 하늘을 이고 살 수 없는' 사람이 되었다.

장준하는 1975년 8월 17일 포천의 약사봉을 등반하던 도중 추락사하였다. 그의 죽음은 유신 독재 시절 대표적 의문사(정권에 의해 타살 가능성이 있는 사인이 불명확한 죽음)로 규정되었고, 현재까지도 논란이 되고 있다. 2016년 8월 15일 김해영 국회의원은 '장준하 의문사 진상규명 특별법'을
발의하였다.

장준하는 조정래가 그린 《태백산맥》의 김범우와는 다르다. 김범우는 김구를 존경하는 중도 민족주의자로서 좌와 우 모두에 포용적이지만, 장준하는 분단과 함께 김구와 사실

1969년 9월 박정희의 3선 개헌 저지를 위한 전국 유세에서 연설하는 장준하. 당시 신민당 국회의원이었다.

상 결별한 확실한 우익 민족주의자였다.

하지만 장준하가 꿈꾼 자주적·민주적 민족국가의 꿈은 이승만이나 박정희와 함께 갈 수 없는 길이었다. 그것은 오직 김구와 함께 갈 수 있는 길이었다. 김범우 – 김구 – 장준하는 이렇게 연결된다. 많은 이들이《태백산맥》의 김범우에서 장준하를 떠올리는 것은 바로 이 때문일 것이다.

'경성 트로이카', 조선공산당을 재건하라

이재유

교과서 속 한 줄 역사   1930년대 노동운동은 농민운동과 마찬가지로 사회주의자들과 연결된 비합법적인 혁명적 조합을 중심으로 전개되었다. 이들은 생산 현장에서 노동쟁의를 주도하는 한편 조선공산당을 재건하려 하였지만, 대다수 노동자에 뿌리내리지 못하고 비합법 투쟁과 정치투쟁에 치우쳤다.

20대 시절, 우연한 기회에 미술계의 유명한 학자 한 분과 식사를 한 적이 있다.

"자네 출신이 어디인가?"

"본적은 충남 예산입니다. 서울에서 태어났고요."

"예산 어디?"

"금치리입니다."

"쇠재 놈이구나. 예로부터 쇠재는 땅이 험해서 아무리 일해도 가난을 면치 못해 인물이 나면 역적만 나온다고 했다."

일해도 가난을 면치 못해 나온 '역적'이라면 그는 '혁명가'일 것이다. 혁명이란 말을 좋아하던 20대 시절이라 그 말이 좋게 들렸다. 금치리에서 어떤 인물들이 나왔는지 몰라도, 예산 일대에서 유명한 '역적'은 여럿 나왔다. 일제강점기 대표적 역적은 박헌영과 윤봉길이다.

박헌영은 조선 사회주의 운동 역사의 전설이자 논쟁적 인물이다. 하지만 그의 생애를 보면 대부분을 중국 혹은 감옥에서 보냈으며, 20년대 중반 이후에는 눈에 띄는 실천 활동을 펼치지 못했다. 박헌영뿐 아니라 대부분의 공산당 지도자들이 망명과 투옥을 반복했다. 그래서 오늘날 많은 학자들이 조선공산당에 대해 파벌 투쟁, 노동 농민과의 분리, 관념적 급진성을 지적하고, 심지어 그들만의 공산당이라고 비판한다.

30년대에는 이러한 문제를 해결하기 위해 '노동자와 함께하는 공산당'을 실천하려고 노력했다. 하지만 일제 경찰이 이를 가만 두고 볼 리 없었다. 일제는 독립운동만 전담하는 고등경찰제를 만들어 전문성을 높였는데, 그들의 실력은 국제공산당 코민테른도 인정할 만큼 대단했다. 이런 경찰의 감시를 피해 은둔하지 않고 노동자들과 함께 생활하고 투쟁한다는 것은 거의 불가능한 일이었다. 그런 상황에서 탄생한 것이 '이재유의 전설'이다.

모든 파업투쟁의 배후

이재유는 1905년 함경남도 가난한 화전민 가정에서 태어났다. 동맹휴업 참여 등으로 여러 번 퇴학당하는 등 순탄치 못한 학창 시절을 보낸 그는, 1926년 일본으로 건너가 낮에는 일을 하고 저녁에는 야학을 다니면서 배움을 이어 갔다. 일본의 조선공산당 지부에서 활동할 때는 수십 차례 연행당하여 경찰서가 집보다 더 편할 정도였다. 결국 1928년 제4차 조선공산당 사건으로 체포되어 조선으로 이송되어 1933년까지 징역형을 살았다.

1933년 그가 감옥에서 나왔을 때 조선공산당은 문제가 곪을 대로 곪아 소련 코민테른으로부터 당 해체 지시를 받았고, 이에 대한 반성의 분위기가 무르익고 있었다. 그는 김삼룡, 이현상 등과 함께 새로운 조직 '경성 트로이카'를 건설했다. 트로이카는 원래 세 명을 의미하지만, 이재유는 지도부(1명)와 조직원(2명)이라는 수직적 구조를 넘어 모두 힘을 합치는 조직이라는 의미로 이름을 트로이카라 정했다.

경성 트로이카는 곧 동맹휴업과 파업 투쟁의 배후로 맹활약했다. 특히 1930년대 대표적 파업 투쟁인 고무공장 노동자 파업은 일제와 친일파들의 가혹한 노동 착취에 저항한 사건이었다. 당연히 일제는 파업의 배후를 색출하는 데 혈안이 되었고, 여러 조직원들이 체포되었다. 이들을 고문하고 취조하는 과정에서 모든 사건의 중심에 이재유가 있음이 드러났다.

신출귀몰 도피 행각

이재유는 조직원 이순금과 신혼부부로 위장하고 은신처를 마련한 뒤, 이순금이 전에 살던 집에 잠시 들렀다 경찰과 맞닥뜨렸다. 당시

1930년대에 활약한 대표적인 공산주의 운동가 이재유는 특히 일본과 조선에서 수십 차례의 체포와 수감, 도주로 이어지는 신출귀몰한 도피 행각을 벌인 것으로 유명하다.

경찰은 이재유의 얼굴을 몰랐다. 경찰이 누구냐고 묻자, 친척인데 급해서 화장실을 쓰려 들어왔다고 둘러댄 뒤 화장실 유리창을 깨고 줄행랑을 쳤다.

은신처로 돌아왔지만 이틀 후 경찰이 들이닥쳐 이순금을 연행했다. 겨우 체포를 면한 이재유는 다른 조직원을 만나러 갔다가 미리 정보를 입수하여 잠복하고 있던 경찰에 체포되어 서대문경찰서로 끌려갔다. 일제는 이재유를 모질게 고문하면서 동지들과의 접촉을 막기 위해 유치장이 아닌 사무실에 가둬 놓았다. 이재유는 감시자가 조는 사이 2층 사무실에서 뛰어내려 달아났다. 경찰들이 추격하자 일단 눈앞의 담을 넘었는데 하필 미국 영사관이었다. 미국 영사가 도둑으로 신고했으나 경찰이 이재유 잡느라 도둑 잡을 시간이 없다며 오지 않는 바람에, 결국 몇 시간을 영사관에 갇혀 있다 수색을 포기하고 빈둥빈둥 출동한 경찰에 잡혀갔다.

행운으로 이재유를 잡은 경찰은 이번에는 수갑에다 발에 차꼬까지 채웠다. 하지만 이재유는 감시하던 경찰이 잠시 자리를 비운 사이 밥알을 빚어 만든 열쇠로 차꼬를 풀고 옷을 잘라 만든 마스크를 차고 경찰 행세를 하며 정문으로 유유히 걸어 나갔다. 보초를 서던 경찰은 이재유가 형사인 줄 알고 경례까지 붙였다.

새로운 은신처를 찾던 이재유는 경성제대 미야케 교수를 찾아갔다. 유명한 마르크스 경제학자인 미야케 교수를 '전투적 사회주의자'라고 판단하고 일신을 맡긴 것이다. 교수는 다다미방 밑에 한 사람이 누울 만한 크기의 토굴을 파고 이재유를 숨겨 주었다. 이재유는 낮에는 토굴에 누워서 시간을 보내고 밤에는 독립운동과 사회주의 운동에 대해 교수와 토론하였다. 미야케 교수와 경성 트로이카 조직원의 관계를 눈치 챈 경찰이 덮쳐 교수는 연행되었지만, 이재유는 토굴에 숨어 체포를 면했다. 그는 교수가 비밀을 지키는 사이 새로운 은신처로 달아났다.

민중과 함께한 치열한 실천가

이재유는 측량기사 노순길로 위장 취업하고 박진홍이라는 여성 조직원과 부부로 행세하며 은신처를 마련했다. 그는 박진홍의 헌신적 도움으로 활동을 재개하여, 기존의 경성 트로이카를 조선공산당 경성 재건그룹으로 개편하고 이관술 등과 함께 운동을 이어 갔다. 박진홍은 재건 그룹 여성부 책임자로 활동하며 이재유의 아내가 되었으나 얼마 후 체포되었고, 이재유는 또다시 도피해야 했다.

1936년 크리스마스 날, 이재유는 마지막으로 체포되었다. 농민으로 위장해 활동하던 중 연행된 동지의 자백으로 약속 장소가 들통 난 것이다. 이재유에게 걸린 현상금은 500원, 당시 회사원 1년 연봉에 해당하는 거금이었다. 그는 8년 동안 투옥 생활을 하다 1944년 해방을 1년 앞두고 폐결핵으로 사망하였다. 《동아일보》는 이재유를 "그야말로 문자 그대로 신출귀몰하게 피해 다니던 조선

우파 신문 《동아일보》, 좌파 신문 《조선일보》

우리나라의 대표적 보수 신문을 꼽으라면 많은 이들이 《조선일보》를 으뜸, 《동아일보》를 그 다음으로 거론하지만, 일제시대에는 좀 달랐다. 20년대 독립운동을 대변하는 신문으로서 진보적 성향을 띨 수밖에 없었던 데다, 신문사가 처한 환경 탓도 있었다.

《동아일보》는 김성수, 박영효 등이 자본을 모아 창간한 신문이다. 김성수는 자본가였고 박영효는 일제에게 작위까지 받은 대표적 친일파였는데, 박영효가 한 달 만에 《동아일보》 초대 사장 직을 사퇴하면서 김성수로 대표되는 민족자본 신문이 되었다. 신문의 자본이 든든하고 월급이 많아서 민족주의 독립운동의 대표 언론으로 활동하는 데 큰 어려움이 없었다.

《조선일보》는 처음에는 대정친목회의 조진태, 이어 한일병합의 원흉 송병준이 경영했다. 초기에는 기만적 문화통치의 상징적 신문이었던 셈이다. 하지만 신석우·이상재 등 유명한 독립운동가들이 경영권을 인수하면서 민족신문 성격이 강화되었다. 대신 자본력이 부족해서 항상 경영난에 시달렸다. 그러다 보니 현장의 영업부와 기자들의 정의감이 신문을 지탱하는 힘이었고, 사회주의자들이 많이 참여했다. 조선공산당 트로이카인 박헌영·김단야·임원근이 사회부 기자였고, 김재봉·홍남표 등 공산당 책임비서 같은 핵심들이 지방부에 포진했으며, 영업국장 홍증식은 공산당 최대 파벌인 화요회 핵심 간부였다.

공산당 재건 운동의 거두"(1937년 6월 22일)라고 표현하였다.

　혹자는 이재유가 살아 있었으면 해방 이후 공산당 역사가 바뀌었을 것이라고 한다. 박헌영과 민족 좌파 진영의 불화를 생각하면 과연 이재유가 어떻게 했을지 궁금하다. 이재유는 민중의 입장에서 민족의 독립과 사회주의 문제를 가장 치열하게 고민하고 실천한 사람이었다. '마르크스 보이'라 불렸던 겉멋 들린 지식인들의 액세서리 같은 마르크스주의가 유행하던 조선에서, 외국 공산당과 연계하여 비현실적 이념성을 보이던 사회주의 운동의 현실에서, 이재유의 존재와 실천은 매우 큰 시사점을 던진다.

"내 무슨 낮으로 주님을 대하오리까?"

주기철

교과서 속 한 줄 역사 개신교는 교육과 계몽운동을 활발히 하여 민족 지도자들 중 개신교 계통의 학교를 세우거나 교사로 활동하는 사람들이 많았다. 이들 중 일부는 신사참배를 거부하는 운동을 벌이다가 일제의 탄압을 받았다.

첫째, 죽음의 권세를 이기게 하여 주옵소서. 오, 주여! 이 목숨을 아끼어 주님께 욕되지 않게 하시옵소서. 이 몸이 부셔져 가루가 되어도 주님의 계명을 지키게 하시옵소서.

둘째, 장기의 고난을 견디게 하여 주시옵소서. 그것도 절대 면할 수 없는 형벌이라면 할 수 없이 당하지만, 한 걸음만 양보하면 그 무서운 형벌을 면하고 도리어 상을 준다는 데에 많은 사람들이 넘어갑니다. 그래서 나는 십자가! 십자가! 오직 내 주님의 십자가만 바라보고 나아갑니다. 주님을 위하여 오는 고난을 내가 이제 피하였다가 이 다음 내 무슨 낮으로 주님을 대하오리까?

셋째, 노모와 처자와 교우를 주님께 부탁합니다. 주님 십자가에

달리실 때 당신의 아픔도 잊으시고, 십자가 밑에서 애통하는 어머님을 제자 요한에게 부탁하시던 주님 심정 어떠하셨을꼬? 오, 당신 어머님을 요한에게 부탁한 주님께 나도 내 어머님을 부탁합니다.

넷째, 의에 살고 의에 죽게 하여 주시옵소서. 못합니다. 못합니다. 그리스도의 신부는 우상 때문에 정절을 잃어버리지 못합니다. 아무도 우리를 우리 주 그리스도 예수 안에 있는 하나님의 사랑에서 끊을 수 없으리라. 여러분, 예수님은 살아 계십니다. 예수로 죽고 예수로 살으사이다.

다섯째, 내 영혼을 주님께 부탁합니다. 더러운 땅을 밟던 내 발을 씻어서 나로 하여금 하늘나라 황금길을 걷게 하옵시고, 죄악 세상에서 부대끼던 나를 깨끗케 하사 영광의 조건에 서게 하옵소서. 내 영혼을 주께 부탁하나이다. 아멘

1940년 2월 평양 산정현교회 담임목사 주기철이 남긴 유언 설교 〈다섯 종목의 나의 기도〉 중 일부이다. 주기철은 이 설교 이후 일본 경찰에 잡혀가 징역 10년형을 받았다. 감옥에서 전향을 요구하는 모진 고문을 받아 건강이 악화되었지만, 그는 신앙을 버리지 않았고 1944년 옥중 순국하였다. 그

일제강점기 장로교 목사 주기철의 신사참배 거부는 종교적 항거이자, 그 자체가 독립운동이었다.

는 무엇을 지키기 위해 죽음을 선택했을까? 그것은 '십계명'이었다.

신사참배 강요당한 종교인

1937년 중일전쟁을 계기로 일제는 발악적인 민족말살 정책을 펼쳤다. 민족말살 정책의 핵심은 한국 사람들을 마음속까지 일본인으로 만드는 것이었다. 이를 위해 일본어, 일본 역사, 일본 의식을 강요했는데, 일제가 강조한 일본 의식의 핵심이 국가신도國家神道였다.

국가신도는 메이지 천황(재위 1867~1912) 때 완성된 신도神道의 일파이다. 신도는 일종의 조상신 혹은 자연신을 섬기는 일본의 전통 신앙인데, 천황을 아라히토카미現人神(살아 있는 신)로 숭배하는 천황 중심 신앙(국가신도)을 만든 것이다. 국가신도의 핵심은 태양신 아미테라스오미카미天照大神의 자손으로 강림한 진무천황이 일본을 건국한 이래 그 자손들이 2,500년 동안 나라를 다스렸다는 만세일계萬世一系 사상이다. 이에 따라 일본을 신이 다스리는 나라(신국)로 보고, 일본인들은 천황신의 직접 통치를 받는 축복받은 백성들(황국신민)이라는 선민의식을 가지며, 이러한 천황신의 정신(황도皇道)을 세계에 퍼뜨리는 것이 일본인들의 천명이라고 주장했다. 이 황도 앙양의 실천이 바로 한일병합, 만주사변, 중일전쟁, 태평양전쟁 등의 대외 침략이다.

일제는 '황국신민화' 정책에 따라 모든 조선인에게 국가신도를 강요하였다. 기독교, 불교, 유교 등의 종교인들도 예외가 아니었다. 이들은 국가신도를 따르고 천황에 절할 것(신사참배)을 강요받았다.

일제강점기인 1925년 완공된 남산의 조선신궁. 경성(서울)을 한눈에 내려다볼 수 있는 남산 중턱에 한양성곽을 부수고 지었다.

조선의 모든 민중들이 천황신에게 날마다 고개를 숙이는 곤욕을 치러야 했다.

　모든 종교인이 괴롭힘을 당했지만, 특히 엄격한 유일신 사상인 기독교가 가장 큰 곤란에 빠졌다. 수많은 목사들이 '연성소錬成所'로 끌려가 신도의 주문을 외우고 신도의 정화 의식(일본 전통 속옷인 훈도시만 입고 얼음물을 끼얹는 의식)을 치렀다. 이에 응하지 않으면 교회가 폐쇄되고 목사와 신도가 감옥에 가거나 전쟁터로 끌려갔다. 교회를 지키는 것과 기독 신앙을 지키는 문제 사이에서 많은 이들이 고통스러워했다. 신앙을 지키려다 콜로세움에서 학살당했던 로마 시대 기독인들과 같은 처지였다.

오직 하나님만 두려워할 뿐

천주교는 로마 교황청의 해석으로 돌파구를 마련했다. 로마 교황청은 신사참배를 애국심 고취를 위한 국가의 활동으로 보고 우상숭배에 해당하지 않는다고 해석했다. 당시 로마 교황청이 개신교보다 가톨릭에 우호적인 무솔리니나 히틀러와 밀접했던 탓이었으리라.* 개신교도 신사참배를 국가의식으로 규정하여 수용하였지만 반발하는 세력이 많았다. 교단은 이들을 제명하고 추방했으나 저항은 멈추지 않았다. 아미테라스오미가미가 여호와보다 높으신 분이라고 외치거나, 구약성경이 일본 창조신화에 위배된다는 이유로 성서에서 제외되는 수모를 참을 수 없었다. 결국 200여 개 교회가 폐쇄되고, 2천여 명이 투옥되었으며, 50여 명이 옥사했다.

주기철은 기독교계의 저항 흐름을 대변하는 인물이다. 그는 오산학교, 연희전문을 거쳐 장로회신학교를 졸업했다. 부산·마산 등에서 저명한 목사로 활동하던 그는 조만식 선생의 부탁으로 평양 산정현교회 목사로 부임했다. 그때부터 신사참배 거부로 거의 해마다 감옥을 드나들었고, 결국 교단에서도 추방당했다. 그는 유명한 다섯 종목의 기도를 올리고 얼마 후 마지막으로 투옥되었다. 그것은 그대로 죽음의 길이 되었다.

주기철 목사가 신사참배를 거부한 이유는 간단하다. 그는 하나

---

* 히틀러에 대한 교황청의 우호적 태도는 제2차 세계대전 이후 가톨릭의 대반성으로 이어졌다. 그럼에도 가톨릭은 히틀러의 유대인 학살을 묵인했다는 비판을 받았다. 현대 가톨릭의 진보적 성향은 이와 무관하지 않다.

평양신사를 참배하는 장로교 총회 임원들. 1938년 9월 12일자 《조선일보》(왼쪽). 1944년 4월 2일 평양 산정현교회에서 치러진 주기철 목사의 장례식 장면.

님을 두려워했기 때문이다.

"주님을 위하여 오는 고난을 내가 이제 피하였다가 이 다음 내 무슨 낯으로 주님을 대하오리까? 예수님은 살아 계십니다."

이 기도가 그의 모든 것을 웅변하고 있다. 살아 있는 사람들의 어떠한 궤변과 합리화도 신을 속일 수는 없기 때문이다. 그것이 신앙인의 기본 마음이 아닐까?

'구국기도회'로 부활한 악습

우리나라에서는 1975년부터 구국기도회가 많이 열리기 시작했다. 영생교 교주 최태민이 주도하는 기도회였는데, '초超교파'라는 명분 아래 많은 목사들이 참가했다. 하지만 당시에도 최태민이 '목사'를 참칭한다는 것은 공공연한 사실이었고, 90년대부터는 언론에도 자주 보도되었다.

최태민은 박근혜에게 접근하여 봉사단 총재 신분을 이용 각종 이권에 개입 – 《동아일보》 1994년 7월 13일

김재규가 구국봉사단 비리와 최태민에 대해 진술 – 《동아일보》 1993년 11월 13일

박근혜 씨가 지나치게 최태민과 밀착해 있다. – 《동아일보》 1991년 5월 12일

4개교 교리를 합친 영생교 교주, 75년 근혜 씨에 접근 관계 밀착 – 《동아일보》 1990년 11월 23일

박 이사장(박근혜)를 싸고 도는 소문 중에 대표적인 것은 최태민 목사가 강력하게 영향을 끼친다는 것 – 《경향신문》 1988년 8월 23일

박정희 시대 영생교 교주의 선동에 많은 종교인들이 호응하여 참가한 것은 '국가의식'이나 '국가행사'라면 종교 교리나 신앙의 원칙과 상관없이 참여하는 일제시대 악습이 이어진 때문이 아닐까? 2016년의 대한민국을 파국으로 몰고 간 국정농단 사태 또한 역사의 경고를 소홀히 한 때문이 아닐까?

최태민 문제는 지난 30년 동안 숱하게 제기되었지만, 교계에서 '목사' 칭호를 쓰지 못하게 해 달라는 청원이나 고발을 했다는 이야기는 들어 보지 못했다. 지금 우리가 주기철 목사의 삶을 돌아봐야 하는 이유다.

청년들이 산으로 간 까닭은?

병역기피 운동

교과서 속 한 줄 역사 일제는 지원병제, 학도 지원병제, 징병제를 실시하여 우리 청년들을 전쟁터로 끌고 갔다. 일제가 패망하는 1945년까지 20만여 명의 한국 청년들이 전쟁에 내몰렸다.

"일군에게 끌려가 죽기를 기다리느니 차라리 싸워서 죽음을 이기자."

서북 지방의 매서운 겨울바람이 몰아치는 1944년 1월의 밤, 추위에 떨면서도 모여 앉은 청년들의 눈빛은 형형했다. 평양사단 42보병부대 학병 김완룡·박성화 등은 학도병으로 끌려와 군사훈련을 받고 있었지만, 일제를 위해 싸우는 전쟁에서 개죽음을 당하지는 않겠다는 의지에 불타올랐다. 부모들은 자식들이 학도병으로 끌려가 총알받이가 될 거라는 소문에 두려워하며 몸조심하라고 신신당부했다. 학생들 사이에는 일제가 전쟁에서 패할 거라는 이야기가 퍼져 있었다.

"동지들을 모아 일본군을 처단하고 탈출하여 국경 지대에서 게릴라전을 펼치며 해방을 기다리자."

총책 김완룡의 선동에 이어 참모장 박성화가 목표를 제시하고, 이어 조직책 최정수가 행동강령을 제안했다.

"이념을 초월하여 단결하고, 조직에 복종하며, 관용으로 동지애를 굳건히 하여 독립을 위해 목숨 바쳐 투쟁한다."

"좋아. 조직을 확대한 뒤 가을에 거사하자."

그들은 손을 모아 굳게 다짐했다.

일제의 총알받이 거부한 청년들

평양사단 학생의거 초기 모임을 재구성해 본 것이다. 학도병으로 끌려간 북부 지방 출신 학생들은 1944년 1월부터 10월까지 수십 명이 조직을 꾸려 무장봉기를 계획하였다. 그들은 학병부대 평양사단을 파괴하고 국경 지대에서 독립군으로 활동할 것을 목표로 하였다. 그러나 헌병보조 임 모에게 발각되어 70여 명이 체포되고, 이중 주모자급 26명이 징역 13년 등 중형을 언도받았다. 다행히 이들은 이듬해 8·15 해방으로 자유의 몸이 되었다.

1944년 전후 일제는 발악적으로 우리 청년들을 전쟁터로 끌고 갔다. 조선인 병사들은 일본군 최전선에서 총알받이로 내몰렸다. 현재 야스쿠니 신사에 합사되어 있는 자살특공대 가미카제 대원들 일부가 조선인인 것은 이 때문이다. 전투에서 져도 일본군은 항복하지만 조선군은 할복자살을 강요당했다. 미군들이 이를 보고 일본

일제강점기에 출정식을 치르고 있는 조선 학도병. 일제가 태평양전쟁과 제 2차 세계대전에 참전하면서 수많은 조선 청년들을 학병(학도병)으로 끌고 갔다.

인들을 두려워하며 사무라이 정신을 찬양했다니, 어이없는 일이 아 닐 수 없다.

　우리 청년과 학생들은 병역기피 운동을 벌이면서 깊은 산속으로 들어가 숨었다. 대표적인 것이 덕유산의 '보광당', 포천의 '조선민 족해방협동단', 설악산의 '산악대'이다. 보광당을 조직한 사람은 하 준수다. 하준수가 친구와 둘이서 징병을 피해 덕유산으로 들어갔는 데, 얼마 후 자신처럼 징병을 피하려고 들어온 청년 수십 명이 모이 자 이들을 묶어 보광당이라는 조직을 만들고 반일 무장대를 만들 려 했다. 이들은 경찰서를 습격해 총을 탈취하고 이것을 토대로 전 투훈련을 했다.

　조선민족해방협동단은 염윤구 등이 징병을 피해 포천의 산악지 대로 들어가 같은 처지의 사람들을 모아 만든 단체이다. 이들은 굴을 파고 생활하며 동지를 규합하고 무기를 탈취하여 무장투쟁을 준비했지만 일제 경찰에 발각되어 체포되었다. 이 조직은 여운형의 건국동맹과 연계된 무장투쟁을 준비한 것으로 알려져 있으며, 조직원 계훈제는 해방 이후 김구의 남북협상에 참가한 것을 계기로 한국의 대표적 민주화 운동가의 삶을 살았다.

'산악대'도 설악산에 숨어든 이혁기 등의 징병 기피자들이 만든 단체이다. 이혁기는 경성제대 학생으로 학병에서 탈출하여 설악산에 들어와 기피자들을 규합하였다. 이 조직 역시 건국동맹과 연결되기 위해 노력했으며, 해방 이후 여운형이 건국준비위원회를 만들 때 염윤구 등과 함께 활동하였다. 이외에도 깊은 산에는 예외 없이 징병 기피자들이 모여들어 이들의 수가 1만여 명이 넘었을 것으로 추정된다.[*]

전쟁터에서도 이어진 탈출

어쩔 수 없이 학병에 끌려간 학생들은 군대 안에서 조직을 만들어 탈출 계획을 세웠다. 대표적인 평양사단 의거 외에 대구 24부대 의거도 있다. 경상도 출신 학병 600여 명이 훈련을 받은 뒤 일부만 남기고 중국 전선으로 끌려갔는데, 남은 27명 중 권혁조 · 문한우 ·

---

[*] 해방 이후 일부 좌파들은 이때의 경험을 살려 빨치산 활동을 했다. 대표적 인물이 남한 유격대 사령관 남도부인데, 그의 본명이 하준수이다. 소설 《태백산맥》의 빨치산 대장 염상진은 이런 인물들을 모델로 만들어진 캐릭터이다.

김이현 등이 중심이 되어 탈출 계획을 세웠다. 1944년 8월 8일, 6명이 탈출을 시도하였으나 2명만 성공하고 4명은 체포되었다. 이들은 징역 5년과 4년을 선고받고 복역 중 해방과 함께 자유의 몸이 되었다.

앞서 언급한 박순동이나 장준하처럼 중국이나 버마 전선에서 전투 도중 탈출한 이들도 많았다. 장준하와 함께 탈출한 학병들 중에는 게이오 대학 김준엽도 있었다. 그는 광복군에 가담해 미 전략정보국(OSS)과 함께 국내 진공작전 훈련을 받았으며, 해방 이후 임시정부와 함께 귀국하였다. 김준엽은 1949년 고려대 사학과 교수가 되어 고려대의 민족주의 학풍 형성에 영향을 미쳤다. 80년대에는 고려대 총장으로서 전두환 정부의 학원 정책에 항거하다 해임당하기도 했다.

1944년 징병의 목전에서 비밀조직 활동으로 체포되어 옥사한 윤동주처럼, 당시 청년들에게 징병 기피는 절체절명의 문제였다. 이를 위해 많은 이들이 투쟁하고 희생하였다. 그 이름은 잊혔지만 우리나라 방방곡곡 산골짜기마자 이들의 희생이 아로새겨져 있다. 이 또한 우리가 소중히 간직해야 할 역사이다.

51

일제 하 마지막 의거

부민관 사건

교과서 속 한 줄 역사 일제는 우리 민족성을 말살하기 위한 민족말살정책을 추진하였다.

1945년 7월 24일, 삼복더위가 기승을 부리는 가운데 서울 부민관 강당에는 수백 명의 사람이 모였다. 패색이 짙어 감에도 불구하고 일제에 대한 충성과 전쟁에 매진하겠다는 의지를 천명하기 위해 열린 '아시아 민족 분격 대회'에 참여하러 온 사람들이었다.

총독부 관료와 친일파들이 총출동한 이 대회의 주최자 대의당 대표 박춘금이 연설을 하려고 연단으로 나올 때, 요란한 폭음이 울리더니 파편이 튀고 연기가 자욱하게 피어올랐다. 연단에 있던 사람들이 피를 흘리며 쓰러지고 청중들은 비명을 지르며 앞 다투어 밖으로 나가려 이리 뛰고 저리 뛰었다.

국내에서 일어난 마지막 의거, 부민관 의거였다. 왜 독립운동가들은 아시아 민족 분격 대회를 노렸을까?

조선인 30만 학살 결의대회

1924년 4월 2일 밤, 동아일보사 김성수 사장은 이풍재라는 사람과 만나기 위해 요리집 식도원에 들렀다. 들어가 보니 이풍재 외에 여러 명이 와 있었고, 그중에 조폭으로 유명한 박춘금도 있었다. 박춘금은 흉악한 얼굴로 김성수를 위협했다.

"왜 각파유지연맹을 비난하는 거요?"

'각파유지연맹'은 총독부 경무국장 마루야마가 조폭 박춘금을 앞세워 민족주의 진영에 테러를 가하려고 만든 친일단체 연합조직이었다. 《동아일보》가 이를 비난하자 사장 김성수를 유인하여 협박한 것이다. 그는 권총을 뽑아들고 김성수를 겨누었다.

"공개 사과하고 돈 3천 원을 내놓아. 그렇지 않으면 머리에 구멍을 뚫어 주겠어!"

김성수는 원하는 대로 해 주겠다고 약속하고 겨우 풀려났다. 이 일로 《동아일보》는 개망신을 당했고, 박춘금은 흉악범으로 이름을 떨치게 되었다.

박춘금은 일본 야쿠자 출신이다. 집안이 가난해서 10대 시절에 일본으로 건너가 막일을 하며 생계를 유

친일 조폭 박춘금.

지하다 동네 깡패가 되었는데, 이때 일본 야쿠자의 대부 도야마 미쓰루를 만나 상구회라는 조직의 회장 자리에 앉으면서 거물 조폭이 되었다. 거기서 그는 온갖 나쁜 짓을 도맡았다. 관동대지진 (1923) 당시 일제가 조선인을 학살할 때 앞잡이 노릇을 했고, 가혹한 노동 착취에 항의하는 조선인 노동자들에게 청부폭력을 휘둘렀다. 1924년부터는 총독부 경무국장을 등에 업고 조선에서도 폭력을 휘둘러 반일 집회, 노동쟁의, 소작쟁의 등 반일 투쟁 때마다 깡패들을 동원하여 폭력을 휘둘렀다. 그는 이 공을 인정받아 일본 국회의원에도 당선되었다. 일본 유일의 조선인 국회의원이었다.

40년대에는 전쟁 참여를 선동하고, 1945년에는 대의당을 조직했다. 대의당은 일제 패망을 대비하여 만든 조직으로 알려졌다. 즉, 조선에서 일제에 적극 반대할 만한 인사 30만 명을 죽이면 일제가 패전해도 조선은 독립하지 못한다는 것이다. 이를 위해 30만 명의 명단을 만들고, 이들을 죽일 출정식으로 '아시아 민족 분격 대회'를 개최한 것이라고 한다.

친일 테러리스트와 열혈 독립운동가의 엇갈린 삶

조문기 등 열혈 청년 20여 명이 부민관에서 열리는 이 대회를 저지하기 위한 준비에 들어갔다. 조문기 등은 공사장에 취업하여 몰래 다이너마이트를 빼돌리고 대회 관련 정보를 수집했다. 어느 정도 준비를 마치자 모임을 해산하고 조문기, 유만수, 강윤국 세 명이 직접 거사를 실행했다. 이들은 대회 당일 연단 뒤에 다이너마이트를 설치하여 결정적 순간에 터뜨리려 했다. 하지만 대의당원 한 명이 선을 잘못 건드리는 바람에 조금 일찍 터졌고, 그 통에 박춘금과 요인들을 죽이는 데 실패했다. 단지 그 덕에 세 사람은 의심받지 않고 빠져나올 수 있었고, 다행히 세 사람 모두 체포되지 않고 해방을 맞이했다. 이것이 일제 하

1945년 부민관 의거 직전 촬영한 '기념사진'. 왼쪽부터 강윤국, 조문기, 유만수.

마지막 의거, 부민관 의거이다.

해방 이후, 세 사람의 삶은 어땠을까? 부민관 의거 당사자들은 이승만, 박정희 정부에서 친일파들이 득세하는 꼴을 볼 수 없어 정권에 협력하지 않았다. 이승만 정부 시절 옥고를 치른 조문기는 농사를 지으며 살다가 민족문제연구소 이사장을 맡아 친일파 문제 해결에 앞장섰다. 유만수는 독립운동가 신고도 하지 않고 작은 철공소 일을 하며 생계를 이었고, 강윤국도 행상을 하며 평범하게 살다 생을 마쳤다.

반면 친일 조폭 박춘금은 해방 이후 일본으로 건너가 재일 한국 민단民團의 요직을 맡아 행세하며 살았다. 도쿄 민단 고문, 일한문화협회 상임고문을 역임했다. 일한문화협회는 지금도 한국인의 일본 유학 장학생 선발제도를 운영하는 등 한국과 활발히 교류하는 단

체다. 이 단체는 박정희 시대부터 한일 관계에서 나름의 역할을 한 것으로 보인다. 재단 개요에서는 한일 간의 문제를 해결하기 위해 만들어졌다고 창립 취지를 설명하고 있다.

일제는 마지막까지 한반도 지배 야욕을 버리지 않았다. 그들은 박춘금 같은 흉악한 친일 테러리스트들을 앞세워 우리 민족의 독립을 저지하려 했다. 하지만 우리 독립운동가들 역시 끝까지 최선을 다해 이들과 맞서 싸웠다. 독립은 결코 일제 패망 덕에 거저 얻은 것이 아니다. 일제는 패전 이후 조선에 대한 지배도 염두에 두고 있었다. 부민관 의거는 마지막의 긴박했던 순간을 엿볼 수 있는 중요한 사건이다.

이 한 장의 사진

건준

교과서 속 한 줄 역사 일제가 패망하기 직전 조선 총독부로부터 치안권을 이양받은 여운형은 광복 직후 안재홍 등과 함께 건국동맹을 중심으로 조선건국준비위원회를 조직하였다.

가운데 도산 안창호 선생을 사이에 두고 왼쪽에 몽양 여운형, 오른쪽에 고당 조만식이 나란히 앉았다. 1935년 안창호 선생 출옥 기념으로 찍은 이 사진은, 평안도 민족주의 진영의 대표자(안창호, 조만식)와 서울 사회주의 진영의 대표자(여운형)가 하나였음을 보여 주고 있다.

1930년대 감옥에서 나와 《조선중앙일보》 사장을 맡으면서 국내에서 적극적으로 활동했던 여운형은, 안창호 선생 출옥 때부터 조만식과 함께 안창호를 극진히 보살폈다. 여운형은 소련의 레닌과 면담하고 스탈린의 측근과 함께 일할 정도로 국제적인 거물 좌익 활동가였지만, 독실한 기독교 집안 출신으로 민족 독립의 의지가 투철했기에 조만식의 굳은 신뢰를 받았고, 두 사람은 죽을 때까지 함께 일했다.

'외세'와 '주의'에 흔들린 건준

1941년 태평양전쟁으로 일본이 미국과 전면전에 돌입하면서, 많은 이들이 일제의 패망을 예측했다. 이제 일제와 싸우다 아까운 인명을 잃을 것이 아니라, 일제 패망 후 새로운 정부를 세우고 새 정부에서 일할 인재를 확보하는 것이 중요한 과제가 되었다. 여운형은 국내 독립운동가들을 모아 건국동맹을 건설하고 조만식에게 평양 지역을 부탁했다.

해방 이후 여운형은 건국동맹을 모태로 '건국준비위원회'를 만들었고, 조만식은 건국준비위원회 평남위원장으로서 사실상 북한 지역 조직을 총괄했다. 해방 후 우리 힘으로 나라를 세우고자 건설한 건국준비위원회의 양대 지도자는 이렇게 뭉쳤다.

여운형의 건국동맹은 국내 독립운동가들만 망라한 것이 아니었다. 여운형은 김구의 한국독립당, 김두봉의 독립동맹 등 중국의 건국 준비 단체들과도 접촉하여 통일 단체를 만들려고 노력했다. 이

1945년 8월 말, 서울 종로 YMCA에서 조선건국준비위원회 집회를 열고 있는 여운형. 이 사진은 여운형의 밀사로 조만식을 만나러 갔던 손치웅 씨가 2007년 몽양기념사업회에 기증한 것이다.

일이 성사되었다면 아마도 우리 역사는 달라졌을 것이다. 여운형은 해방 직후 가장 유력한 대한민국 초대 대통령 후보였다.

하지만 독립운동과 건국 사업은 달랐다. 일제 패망에 따른 불완전한 독립으로 해외 독립운동가들의 귀국이 늦어졌고, 미국은 국내 독립운동가들이 하나로 뭉쳐 조직한 건국준비위원회(건준)를 인정하지 않았다. 소련과 미국이 각기 친소, 친미 정부를 만들려고 공작을 벌이면서 건준은 흔들리기 시작했다. 시간이 흐르면서 민족국가 수립보다 이념이 더 중요해졌고, 건준도 이념에 따라 분열되었다.

해외파들이 귀국하면서 정부 수립은 더욱 복잡해졌다. 이미 무력화된 건준은 중국에서 돌아온 김구, 미국에서 돌아온 이승만, 이르쿠츠크 파 공산당 박헌영, 88여단 김일성 등과 갈등을 겪었다. 김일성은 조만식과, 여운형은 박헌영과 충돌했다. 통일 정부 수립을 위한 타협과 단결은 개량주의나 민족 배신으로 간주되고, 선명한 자유주의, 선명한 공산주의가 대세를 장악했다. 신채호가 비판했던 "조선의 '주의'가 아니라 '주의'의 조선"이 되고 만 것이다. 공산화를 막으려면 분단도 해야 하고, 공산화를 위해서라면 전쟁도 불사한다는 극단적인 주장이 대세를 장악했다.

루뭄바의 좌절, 아프리카의 눈물

콩고민주공화국, 즉, 자이르(콩고의 옛 이름)는 1876년 벨기에의 식민지가 되었다. 벨기에의 식민지 학정은 잔인하기 그지없었다. 벨기에 인들은 그저 일손이 느리다는 이유로 자이르 인들의 손을 잘랐고, 건방지다는 이유로 죽을 때까지 그들을 때렸다. 80여 년의 식민지 통치 기간 동안 1천만 명의 자이르 인이 목숨을 잃었다.

그러나 벨기에는 그들이 자이르에 근대 문명을 전파해 준 은인으로 기억되기를 원했다. 그래서 자이르 독립선포식 때 초대 대통령 루뭄바가 벨기에의 학정을 비판하는 것에 분개했다. 벨기에는 자이르를 침략했다. 루뭄바가 유엔에 도움을 청했지만 유엔은 벨기에 편이었다. 그래서 소련에 도움을 청하자, 미국은 루뭄바 정부를 친소 정부로 규정하고 루뭄바의 정적들을 후원했다. 쿠데타가 일어났고 루뭄바는 체포되었다. 루뭄바는 벨기에 인들이 원하던 대로 외신 기자들의 카메라 앞에서 매를 맞은 뒤 총살당했다. '은인'을 모욕하면 어떤 일을 당하는지 본보기를 보여 준 것이다. 이후 자이르는 바콩고족과 카탕가 지방 사람들이 친미와 친소로 나뉘어 갈등하면서 종족 간 내전에 휩싸였다. 군사독재와 내전의 악순환으로 자이르는 세계에서 가장 가난한 나라가 되었다. 이러한 정치적 혼란은 아프리카의 많은 나라들이 겪은 일이었다. 해방 이후 국가 수립은 쉽지 않다. 많은 나라들이 냉전과 독재의 악순환에 고통 받았고, 지금도 그렇다. 민족국가 수립이 얼마나 험난한 길인지는 20세기 현대사가 웅변하고 있다.

그들이 한자리에 모인 뜻

1946년 1월, 김일성에 대항하던 조만식이 연금당했다. 그는 한국 전쟁으로 사망할 때까지 풀려나지 못했다. 1947년 7월 19일에는 공산화를 막으려면 분단을 해야 한다고 외치는 청년의 총에 여운 형이 쓰러졌다. 그리고 통일 정부 수립을 주장하던 많은 이들이 남 과 북의 자기 조직에서 축출당했다. 일제와 싸울 때 동지이던 사람 들이 해방이 되면서 이념에 따라 적으로 간주되어 쫓겨났다.

몽양과 도산과 고당이 함께한 한 장의 사진, 좌익이건 우익이건 자유와 민주와 독립과 해방이라는 목표를 향해 함께 싸우고 토론 하고 단결했던 이들이 한자리에 모인 이 사진은, 해방 이후 질곡의 역사를 걸어 온 우리에게 묻는다.

왜 우리는 분단되었고, 동족상잔의 비극을 겪었고, 독재를 겪었 고, 3대 세습과 '헬조선'을 겪고 있는가. 이때의 정신으로 돌아가지 않으면 우리는 또다시 이념에 따른 분열과 그에 따른 대가를 계속 치러야 할 것이다. 우리에게 필요한 것은 저 세 사람이 한자리에 모 여 앉은 그 마음과 실천이 아닐까?

"독립운동가 자식들 중 제대로 학교를 다니는 애들이 없네"

해방 이후 귀국한 독립운동가 한 분이 객지에서 사망한 독립운동가들의 유족을 일일이 찾아다니며 인사를 드리고 돌아와서 이렇게 말했다고 한다.

"독립운동가 자식들 중에 학교를 제대로 다니는 애들이 없네."

식민지 시대 가장이나 부모가 객지에 나가 연락도 제대로 되지 않는 경우, 그 자식들은 거지나 다름없었다. 친척 집에 얹혀살거나 빈민촌에서 날품팔이 등으로 하루하루를 겨우 연명하는 처지에, 학교를 제대로 다녔을 리 없다. 해방 공간에서 그들은 무식하고 무능한 사람일 뿐이었다. 정상적인 나라라면 독립운동가의 자식들을 먹이고 입히고 교육시켜 부모의 유지를 이어받도록 했어야 한다. 갓 해방된 가난한 나라에서 그 돈을 어떻게 충당하느냐고? 친일파 재산을 환수해서 사용할 밖에.

하지만 해방과 함께 시작한 나라는, 일제에 협력하여 막대한 부를 축적한 친일파와 독립운동 하느라 거지꼴을 면치 못한 사람들이 시장경제 체제에서 같이 경쟁하는 세상이었다. 자본주의는 돈을 버는 것이 정의이고, 부자가 세상을 주도하는 체제이다. 그래서 부자가 되는 과정이 공정하고 정의로워야 한다. 그러나 해방된 한국은 그렇지 못했다. 정의롭지 못한 왜곡된 체제, 기울어진 운동장을 바로잡지 못한 채 출발했다. 이런 나라에서 민족을 배신한 대가로 돈을 번 부자들을 어떻게 정의로 여기고 자신의 목표로 삼을 수 있겠는가.*

프랑스는 나치 협력자를 청산하면서 나치와의 협력으로 번 모든 돈을 국고로 환수했다. 부정한 사람에게 갱생의 기회는 주어도 부정한 돈은 반드시 환수하는 것이 자본주의의 정의이다. 우리는 친일파 청산을 하지 못했고, 그 속에서 왜곡이 시작되었다.

독립운동가 안용봉 선생은 사회주의 계열 활동가로, 적색노조 활동을 했으며 일제 하에서 여러 차례 파업투쟁을 벌였다. "내부에서 우량분자를 포섭, … 대일본제국에서 이탈, 독립코자 국체를 변혁"하자는, 명백한 독립을 목표로 하는 투쟁이었다. 그는 1940년 체포되어 징역 1년 6개월을 선고 받았다. 하지만 해방 이후 남쪽에서 안용봉은 그저 빨갱이였다. 이승만 정부는 분단에 반대하는 안용봉을 한국전쟁 때 재판도 없이 산으로 끌고 가 총살해 버렸다.

....

* 미국의 대표적 자유주의 철학자인 하버드대 로버트 노직 교수는 자유로운 시장경제의 전제 조건으로 "돈을 벌기 위해 사용한 자원이 정당해야 한다"고 주장했다. 노직은 그런 전제 하에서 분배나 시장에 대한 국가의 개입을 모두 반대했다. 정당한 돈벌이야말로 자유시장경제의 전제 조건이다.

비극은 여기서 끝나지 않았다. 유족들은 빨갱이의 가족이라 해서 항상 경찰에게 감시당하고 취업 길도 막혔으며, 4·19 직후에 그 억울함을 호소했다가 5·16 직후 투옥당했다. 심지어 유족들이 학살 현장에서 발굴해 안장한 안용봉 선생의 무덤을 군인들이 파헤쳐 유골을 흩어 버렸다. 조선시대 역적들에게 했다는 부관참시였다.

유족들은 살기 위해 안용봉 선생의 독립운동 경력을 숨겼으며, 그 자손들은 생존을 위해 박정희 정권에 최대한 협력했다. 선거 때마다 공화당과 그 후계자들을 찍었다. 아버지는 일제와 친일파와 싸웠지만, 자식들은 친일파와 손을 잡고 아버지를 부정했다. 그렇게 하지 않으면 해방 이후 60년 동안 살아남을 수 없었다. 다행히 세상이 좋아져 2006년 안용봉 선생의 아들 안인영 씨가 재심사를 청구해 독립운동 경력을 인정받았다.

이렇게 자손들이 숨긴 독립운동가가 하나 둘이 아닐 것이다. 2016년 8월 현재 독립운동으로 포상을 받은 사람은 총 1만 4,564명이다. 을사조약 이후 항일의병 전쟁으로 5년간 전사한 의병만 1만 6,700여 명, 3·1운동 당시 투옥된 사람은 4만 6,948명이다. 우리는 이들을 잊고 살고 있다.

그렇게 숨겨지고 구멍이 숭숭 뚫린 독립운동의 역사를, 일제에게 억압당하고 착취당한 기억들로 땜질하면서 모든 조선인이 피해자였다는 의식이 부풀려졌다. 친일파들은 자신들도 피해자라고 주장하면서 스스로 면죄부를 부여하고, 대한민국 건국에 참여했다는 것만으로 건국공신의 반열에 올랐으며, 과거 역사와 단절하기 위해 '건국절'을 운운하기에 이르렀다. '건국절' 주장을 학계에서 불순하게 보는 것은 바로 이 때문이다.

친일파를 민족 반역자라고 하면서 친일파 덕에 이만큼 먹고 살게 되었다는 한국인들의 독특한 사고 구조, 이 모순된 사고방식을 설명하려면 일제 지배와 대한민국의 발전 사이에 비어 있는 무엇을 채워 넣어야 한다. 그것이 독립운동이다.

독립운동은 그저 나라를 되찾자는 운동이 아니었다. 착취와 억압에서 해방되고자 하는 민중의 주권 찾기 운동이었으며, 국가와 국가, 민족과 민족의 평등과 공존을 추구하는 인류 양심을 수호하는 실천이었다. 우리는 이것을 역사의 중심에 두지 못했다.

그러다 보니 민주주의를 세우지 못한 채 모든 것을 지도자의 덕으로 돌리며 독재를 찬양하고, 자주를 추구하기보다 강대국에 의존하는 사대주의가 판을 치게 되었다. 오늘날의 대한민국이 민주와 국제정의 위에 세워진 것이 아니라 독재와 사대주의 덕이라고 여기고 반역자를 비판하면서 은인으로 섬기는 모순에 빠져 버렸다.

나는 이 책에서 분단 속에서 지워지거나 외면된 민중의 투쟁, 좌파의 투쟁, 소외된 자의 투쟁을 부각시키려고 했다. 독립운동 이야기가 풍부해질수록 역사의 빈자리를 메울 수 있다고 믿기 때문이다. 물론 이외에도 이야기할 사람은 무궁무진하다. 안창호·이승만·손병희·한용운·이상재 같은 기라성 같은 인물들, 해방 이후까지 맹활약한 신익희·조봉암·김창숙·김규식, 좌익으로 굵직한 이름을 남긴 박헌영·이현상 등…. 그러나 이처럼 유명한 사람들은 교과서를 비롯하여 여러 책에서 많이 다루어졌으니, 그보다는 좀 더 이야기되어야 하고 상징성이 강한 인물에 초점을 맞추고자 했다. 혹여 이 책이 편향적으로 서술된 듯 보인다면 그런 이유 때문일 것이다. 독자들의 이해를 바란다.

독립운동을 많이 알수록 우리는 균형 잡힌 역사의식을 갖게 될 것이다. 이를 바탕으로 일제 침략과 친일파 문제를 이야기할 때 비로소 단호한 역사적 평가를 내릴 수 있다. 또한 그래야만 비로소 자주적이고 강한 민주국가를 건설할 수 있을 것이며, 미래를 향한 대안으로서의 역사 연구라는 본연의 목적에 도달할 수 있을 것이다.

교과서가 담지 못한
에피소드 독립운동사

2017년 6월 20일 초판 1쇄 발행
2022년 6월 20일   2쇄 발행

지은이 ㅣ 표학렬
펴낸이 ㅣ 노경인 · 김주영

펴낸곳 ㅣ 도서출판 앨피
출판등록 ㅣ 2004년 11월 23일 제2011-000087호
주소 ㅣ 우)07275 서울시 영등포구 영등포로 5길 19(37-1 동아프라임밸리) 1202-1호
전화 ㅣ 02-336-2776 팩스 ㅣ 0505-115-0525
전자우편 ㅣ lpbook12@naver.com
블로그 ㅣ blog.naver.com/lpbook12

ISBN 978-89-87430-14-8